财务会计"云"系列智慧型教材

基础会计

（第3版）

主　编　张　岐　赵建群

副主编　张立阳

电子工业出版社

Publishing House of Electronics Industry

北京·BEIJING

内 容 简 介

本教材按照工作过程的理念和《会计基础工作规范》的要求,以会计工作的实际工作过程为载体,在详细分解会计业务循环各环节工作任务的基础上,打破原有教材的学科体系,以会计循环各环节的任务为统领,建立了一种崭新的教学逻辑路径,将学生的学习与会计工作任务相衔接,环环相扣,使学生在对本课程建立起整体观念的同时,能把握会计工作的职业能力体系和要求,为今后深入学习本专业的后续课程奠定了基础。

本教材可作为会计、财务管理、金融、工商管理、市场营销、电子商务、国际商务等经济类专业的基础会计课程教学用书,也可作为在职会计人员或有意从事会计工作的人员的学习参考用书。

未经许可,不得以任何方式复制或抄袭本书之部分或全部内容。
版权所有,侵权必究。

图书在版编目(CIP)数据

基础会计 / 张岐,赵建群主编. —3 版. —北京:电子工业出版社,2021.8
ISBN 978-7-121-37917-8

Ⅰ. ①基… Ⅱ. ①张… ②赵… Ⅲ. ①会计学—高等职业教育—教材 Ⅳ. ①F230

中国版本图书馆 CIP 数据核字(2019)第 259246 号

责任编辑:张云怡   特约编辑:尹杰康
印　　刷:北京市大天乐投资管理有限公司
装　　订:北京市大天乐投资管理有限公司
出版发行:电子工业出版社
　　　　　北京市海淀区万寿路 173 信箱　邮编　100036
开　　本:787×1 092　1/16　印张:16.25　字数:416 千字
版　　次:2010 年 9 月第 1 版
　　　　　2021 年 8 月第 3 版
印　　次:2021 年 8 月第 1 次印刷
定　　价:49.80 元

凡所购买电子工业出版社图书有缺损问题,请向购买书店调换。若书店售缺,请与本社发行部联系,联系及邮购电话:(010)88254888,88258888。

质量投诉请发邮件至 zlts@phei.com.cn,盗版侵权举报请发邮件至 dbqq@phei.com.cn。
本书咨询联系方式:(010)88254573,zyy@phei.com.cn。

第3版 前言

本教材自 2014 年 7 月再版以来，得到了高职院校同行的认可，并给予了较高的评价，同时也对本教材提出了许多中肯的建议，有鉴于此，我们对全书进行了修订。

本次修订，除了继续保持原有的体例及特色外，充分汲取了当前高职教学改革的新成果，进一步对教材的结构进行了优化，使教材的内容与会计工作过程的衔接更加紧密。与此同时，重点在以下几方面进行了修订：

第一，在教材的内容上充实了作者在实践中对教学方法的积累成果；

第二，对于重要的知识点、能力点和易于混淆的问题通过重点提示的方式进行强化，使整个教材内容的呈现方式更加多样化；

第三，通过扫描二维码，学生可直接观看重点业务环节的知识点和技能点的视频资源，极大提升了学生自主学习的效率；

第四，适时根据国家相关会计法规的变化对相关内容进行调整，修订了因相关税制变化引起的数据变化，对电子发票的普遍应用引起的单证变化等内容进行了讲解。

本教材充分体现了"理念新""体系新""教学做一体化"的特点，并配有理念统一的实训教材。

本教材的修订工作由张岐、赵建群、张立阳、曾映方共同完成。由张岐负责修订工作的整体策划和组织。具体修订工作分工如下：张岐负责第 1、3、9 章内容的修订；赵建群负责第 4、5、8 章内容的修订；张立阳负责第 6、7 章内容的修订；曾映方负责第 2 章内容的修订。

本教材的修订是校企合作共同开发的成果。在修订过程中，得到了相关企业、会计师事务所同行的大力支持。

由于时间仓促，不足之处在所难免，请广大读者指正。

编　者

2021年5月

目 录

第1篇 会计与会计职业篇

第1章 会计与会计职业 （2）
- 1.1 经济活动与会计 （2）
  - 1.1.1 经济活动的类型与特点 （2）
  - 1.1.2 会计与社会经济发展 （5）
  - 1.1.3 会计的含义与本质 （6）
- 1.2 会计的目标与职能 （8）
  - 1.2.1 会计的目标 （8）
  - 1.2.2 会计的职能 （8）
- 1.3 会计核算的基本前提、基础、质量要求及会计计量要求 （12）
  - 1.3.1 会计核算的基本前提和基础 （12）
  - 1.3.2 会计核算的质量要求 （13）
  - 1.3.3 会计计量的要求 （14）
- 1.4 会计方法体系 （15）
  - 1.4.1 会计方法 （15）
  - 1.4.2 会计核算方法 （17）
- 1.5 会计职业分析与会计法规 （18）
  - 1.5.1 会计职业分析 （18）
  - 1.5.2 会计法规 （24）
- 本章小结 （26）
- 思考与实践1 （28）

第2篇 会计核算基础篇

第2章 会计要素 （30）
- 2.1 企业经济活动与会计要素 （30）
  - 2.1.1 企业经济活动与会计要素的关系 （30）
  - 2.1.2 会计要素的构成 （31）
- 2.2 会计等式 （36）
  - 2.2.1 会计等式的形式 （36）
  - 2.2.2 会计等式的扩展 （37）
  - 2.2.3 经济业务对会计等式的影响 （37）
- 本章小结 （39）
- 思考与实践2 （39）

第3章 会计核算原理与方法 （43）
- 3.1 会计科目 （43）
  - 3.1.1 会计科目与会计核算 （43）
  - 3.1.2 会计科目的设置原则 （44）
  - 3.1.3 企业常用会计科目 （45）
  - 3.1.4 会计科目的分类 （47）
- 3.2 账户 （48）
  - 3.2.1 账户与会计核算 （48）
  - 3.2.2 账户的基本结构与内容 （48）
  - 3.2.3 账户的分类 （50）
- 3.3 复式记账原理与借贷记账法 （59）
  - 3.3.1 复式记账原理 （59）
  - 3.3.2 借贷记账法 （59）
- 本章小结 （65）
- 思考与实践3 （66）

第4章 会计信息载体之一——会计凭证 （70）
- 4.1 会计凭证的作用和种类 （70）
  - 4.1.1 会计凭证的作用 （71）
  - 4.1.2 会计凭证的种类 （71）

4.2 原始凭证的填制和审核 …………… (77)
    4.2.1 原始凭证的基本内容 …… (77)
    4.2.2 原始凭证的填制要求 …… (78)
    4.2.3 原始凭证的填制方法 …… (80)
    4.2.4 原始凭证的审核 ………… (82)
4.3 记账凭证的填制和审核 …………… (83)
    4.3.1 记账凭证的基本内容 …… (83)
    4.3.2 记账凭证的填制要求 …… (84)
    4.3.3 记账凭证的填制方法 …… (86)
    4.3.4 记账凭证的审核 ………… (91)
4.4 会计凭证的传递和保管 …………… (91)
    4.4.1 会计凭证的传递 ………… (91)
    4.4.2 会计凭证的保管 ………… (92)
本章小结 …………………………………… (93)
思考与实践 4 ……………………………… (94)

第 5 章 会计信息载体之二——账簿 (96)
5.1 账簿的基本内容 …………………… (96)
    5.1.1 账簿的意义 ……………… (96)
    5.1.2 账簿的种类 ……………… (98)
    5.1.3 账簿的组成内容 ………… (101)
5.2 账簿的设置和登记 ………………… (101)
    5.2.1 账簿的设置与登记的原则和
         要点 …………………… (101)
    5.2.2 账务处理程序的选择与总账
         登记方法 ……………… (116)

    5.2.3 总分类账户和明细分类账户
         的平行登记 …………… (124)
本章小结 …………………………………… (129)
思考与实践 5 ……………………………… (130)

第 6 章 会计信息载体之三——财务会计报告 (131)
6.1 财务会计报告概述 ………………… (131)
    6.1.1 财务会计报告的作用 …… (131)
    6.1.2 财务会计报告的构成 …… (132)
    6.1.3 会计报表的种类和编制
         要求 …………………… (133)
6.2 资产负债表 ………………………… (136)
    6.2.1 资产负债表的内容和
         结构 …………………… (136)
    6.2.2 资产负债表的列报要求 … (137)
6.3 利润表 ……………………………… (139)
6.4 现金流量表 ………………………… (141)
    6.4.1 现金流量 ………………… (141)
    6.4.2 现金流量表的作用和结构 … (142)
6.5 会计报表附注 ……………………… (143)
    6.5.1 会计报表附注的作用 …… (143)
    6.5.2 会计报表附注披露信息的
         顺序和基本内容 ……… (144)
本章小结 …………………………………… (144)
思考与实践 6 ……………………………… (145)

第 3 篇 基于会计工作过程的实务处理篇

第 7 章 期初业务——建账 (147)
7.1 会计循环概述 ……………………… (147)
7.2 期初建账 …………………………… (150)
    7.2.1 启用账簿 ………………… (150)
    7.2.2 设置账簿 ………………… (151)
    7.2.3 登记期初余额 …………… (153)
    7.2.4 试算平衡 ………………… (155)
    7.2.5 填写账户目录 …………… (156)
本章小结 …………………………………… (156)
思考与实践 7 ……………………………… (157)

第 8 章 日常业务处理——经济业务的核算 (158)
8.1 筹资业务的核算 …………………… (159)
    8.1.1 投入资本的核算 ………… (159)
    8.1.2 借入资金的核算 ………… (161)
8.2 生产准备业务的核算 ……………… (163)
    8.2.1 购入固定资产的核算 …… (163)
    8.2.2 材料采购业务的核算 …… (165)
8.3 产品生产业务的核算 ……………… (169)

8.3.1　产品生产阶段的主要交易或事项……………………（169）
　　8.3.2　产品生产业务核算的账户设置………………………（170）
　　8.3.3　产品生产业务的会计处理………………………（172）
8.4　销售业务的核算……………（180）
　　8.4.1　销售业务阶段的主要交易或事项……………………（180）
　　8.4.2　销售业务核算的账户设置………………………（180）
　　8.4.3　销售业务的会计处理……（183）
本章小结……………………………（190）
思考与实践8…………………………（190）

第9章　期末业务处理……………（195）

9.1　财产清查……………………（196）
　　9.1.1　财产清查的含义、意义和种类……………………（196）
　　9.1.2　财产清查的程序和方法…（198）
　　9.1.3　财产清查结果的处理……（202）
9.2　试算平衡、账项调整与结账……（205）
　　9.2.1　试算平衡…………………（205）
　　9.2.2　对账和错账更正…………（207）
　　9.2.3　会计核算原则与账项调整………………………（210）
9.3　财务成果的核算……………（213）
9.4　结账…………………………（217）
9.5　账簿的更换和保管…………（220）
9.6　财务会计报告的编报………（221）
　　9.6.1　资产负债表的编制方法…（221）
　　9.6.2　利润表的编制……………（230）
　　9.6.3　现金流量表的编制………（234）
　　9.6.4　财务报表的报送与审核…（245）
本章小结……………………………（245）
思考与实践9…………………………（246）

参考文献……………………………（250）

第1篇

会计与会计职业篇

第1章 会计与会计职业

【知识目标】
1. 了解会计职业及会计法规体系
2. 理解会计的含义、基本职能及目标
3. 理解会计确认、计量和报告的基本前提及会计信息质量要求
4. 掌握会计核算的基本方法

【能力目标】
1. 用通俗的语言描述什么是会计、会计能做什么、要做到什么程度、如何去做
2. 通过调研,写一篇报告,分析为什么社会发展与家庭发展都离不开会计

案例导入

从小华参加完高考到选择会计专业时起,以下问题就一直困扰着她。
1. 小华在参加完高考填报志愿时发现,很多高校都设有会计专业。这是为什么?
2. 通过查阅相关资料发现:几乎任何一个单位,包括以营利为目的的企业组织和不以营利为目的的非企业组织,如政府机关、学校、医院等,都设有会计部门和聘用专职会计人员。这是为什么?
3. 为什么在社会上有那么多的会计培训机构?
4. 会计是一个什么样的职业,有哪些要求,就业方向和职业成长空间有多大?
5. 为什么在书店有那么多针对非会计专业人员或企业管理人员的会计书籍?不从事会计职业的人也要掌握会计知识和具备会计能力吗?

1.1 经济活动与会计

1.1.1 经济活动的类型与特点

经济活动是指人们在一定的社会规则约束下通过一定的手段和方式获取物质财富的行为统称,其主体包括政府、经营者和消费者三种。以组织行为参与经济活动的主体包括各种行政事业单位、企业及各种中介服务机构等。

作为以获取物质财富为目标的经济活动,无疑都具有目的性和可监控性的特征。但任何

一个单位或组织的经济活动都是千差万别的，即使是同一单位，在不同的时期或不同的目标阶段，其经济活动也是有差别的，所以，要想综合反映经济活动的过程和效果，就必须寻找到一种具有共识性的反映手段。如果抽象掉经济活动的具体特征，所有的经济活动都具有一般性的特征——价值特征，即以货币来度量经济活动的价值方面，由此就可以通过价值信息来反映、分析各主体的各种经济活动的过程及效果。以货币表现的经济活动通常又称为价值运动或资金运动。

在国民经济体系中，主要包括制造业企业、商品流通企业和服务类企业，同时还包括政府机构和一些承担公益职能的事业单位。我们可以透过多种视角来考察某个企业经济活动的状态，但如果从价值的角度看，企业的经济活动过程也是其资金运动的过程，企业为了盈利而进行的商品生产和销售等经营活动过程及筹资、投资、利润分配等主要方面形成的错综复杂的经济关系，均以资金为载体，它贯穿于企业生产经营的全过程。因此，资金运动就成了各种经济关系的集中体现。由于企业的经济活动内容不同，所引起的资金运动也具有不同的路径和特点。

1. 制造业企业的业务流程与资金运动

制造业企业的基本经济活动是生产各种产品，其经营活动是以生产过程为中心的供应、生产和销售过程的统一。

企业为了独立进行生产经营活动，必须拥有一定的财产，这些财产的货币表现就是企业的资金。企业从一定来源渠道取得的资金，在生产经营过程中，随着供、产、销过程的不断进行，经常改变其形态。概括来说就是，从货币资金开始，顺次通过供应过程、生产过程和销售过程，分别表现为储备资金、生产资金、产成品资金、结算资金等各种不同的形态，然后又回到货币资金。从货币资金开始又回到货币资金的这一运动过程称为资金循环。由于再生产不断进行所引起的连续不断的资金循环，称为资金的周转。企业资金的周转，是企业供、产、销过程，或者说是企业再生产过程的综合货币反映。企业资金完成一次循环取得的销售收入，扣除销售税金和成本后就是企业创造的利润，企业利润要在国家和企业间进行合理的分配。企业的资金，由于某些原因，也会退出企业的经营过程，不再参加企业的资金周转。

制造业企业会计对象的具体内容归纳起来表现在如下方面。

（1）由于资金的取得、运用和退出企业等经济活动所引起的各项资金的增减变化情况。

（2）在经营过程中各项生产费用的支出和产品成本的形成情况。

（3）企业销售收入的取得和税金的缴纳，以及利润的形成与利润的分配。

制造业企业的资金运动如图1.1所示。

2. 商品流通企业的业务流程与资金运动

商品流通企业主要是组织商品流通的经营实体。商品流通企业从不同的来源渠道筹集资金，开展供销活动，通过购入、储存、销售等环节把生产部门生产的产品从生产领域转移到消费领域。因此，商品流通企业的货币资金循环也有资金筹集、资金投入、资金周转和资金退出四个阶段。

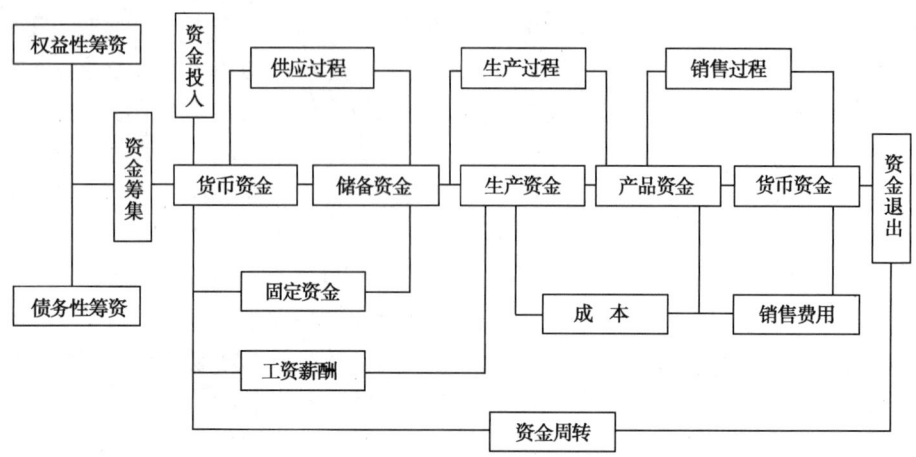

图 1.1　制造业企业的资金运动

商品流通企业的部分资金运动如图 1.2 所示。

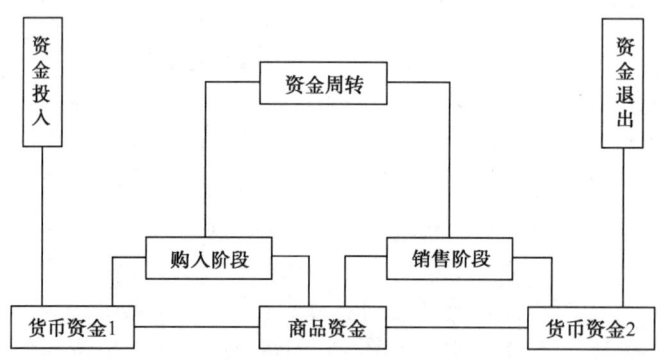

图 1.2　商品流通企业的部分资金运动

3. 行政事业单位的资金运动

行政事业单位不以营利为目的，不直接从事物质产品的生产和销售。行政事业单位经营的目标主要是完成国家赋予的任务，因而其货币资金运动情况相对简单。行政事业单位所需要的资金大部分都是国家的行政拨款，在获得后按照预算规定的用途开支标准和各项财经制度，办理各项经费支出，形成单位预算资金运用，尚未运用的库存现金、银行存款、库存材料及构建的固定资产形成资金结存。行政事业单位的资金运动就是行政事业单位资金的申领（拨付）、使用和结存（退出）三个环节。

行政事业单位的资金运动如图 1.3 所示。

通过对上述不同主体的资金运动进行分析，就可以了解和掌握参与经济活动主体的效率和效果。无论是制造业企业还是商品流通企业，通过不断的业务循环，其资金也在发生着变化。也就是说，虽然在其业务循环过程中，其资金运动虽始于货币资金，又终于货币资金，但二者的资金数量已经发生了变化。同时，在生产经营环节所得的货币资金，还要通过纳税和利润分配等方式退出企业，剩余部分通过再次参与到企业的生产经营活动中而进入下一个阶段的循环之中。

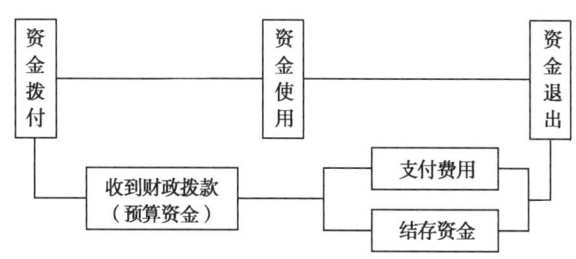

图 1.3　行政事业单位的资金运动

在市场经济环境下，企业的生产经营活动是在一个开放的环境下进行的，任何一个企业要想生存和发展，就要与各方面发生各种联系，具体包括政府管理机构、所有者（股东）、债权人、客户、供应商。同时，企业的管理层、员工等都要通过某种具有普适性的信息来了解企业的财务状况和经营情况，而这种信息就是通过会计工作所形成的财务信息。

1.1.2　会计与社会经济发展

会计是一门既古老又年轻的科学，是人类社会发展到一定历史阶段的产物，是随着社会生产的发展和经济管理的要求而产生、发展并不断完善起来的。会计的最初表现形态是人类对经济活动的计量与记录行为，早在原始社会初期，我国就有了会计的萌芽，"刻木计数""结绳记事"便是其最原始的表现形式。西周时设有专职的"司书"和"司会"等官职，进行"月计岁会"，负责对政府的财政收支进行记录与核算，并定期向统治者报告。如当时建立的"日成""月要""岁会"等报告文书，初步具备了旬报、月报、年报等会计报告的作用。唐宋时期，出现了"四柱结算法"，官厅中办理钱粮报销或移交，要编造"四柱清册"，将全部经济活动分为"旧管""新收""开除""实在"四个方面，其基本关系是"旧管+新收-开除=实在"，通过四柱平衡公式，结算财产物资增减变化及其结果。"四柱结算法"说明我国古代会计已经发展到相当高的水平。明清时期，出现了"龙门账"和"四脚账"，把全部账目划分为"进"（各项收入）、"缴"（各项支出）、"存"（各项资产）、"该"（资本及其负债）四大类，运用"进-缴=存-该"的平衡公式试算平衡，标志着我国复式记账法的正式产生。

在欧洲，复式簿记诞生于资本主义萌芽时期的意大利，1494年意大利数学家卢卡·巴其阿勒编写了《算术、几何、比及比例概要》，详细阐述了借贷记账原理，并介绍了以日记账、分录账和总账三种账簿为基础的会计制度，标志着现代会计的正式产生，卢卡·巴其阿勒也被后人尊称为"会计学之父"。

会计是随着社会经济的发展而产生和发展起来的。早期的会计只是"生产职能的附带部分"（《马克思恩格斯全集》第24卷，第15页），随着社会经济的不断发展和生产力水平的不断提高，会计逐渐"从生产经营的附属职能中分离出来，成为特殊的、专门委任的当事人的独立职能"（《马克思恩格斯全集》第24卷，第15页）。股份公司的出现，使会计职能实现了质的飞跃，并促使会计作为独立职业中介正式出现和以向企业外部提供财务信息为主要任务的财务会计的产生。

20世纪20年代后，随着市场经济的进一步发展和市场竞争的日趋激烈，会计又进一步分为财务会计和管理会计两大分支，前者又称为对外报告会计，主要向企业外部利益集团提供相关会计信息，后者则主要侧重于为企业内部的预测、决策、规划与控制提供信息，所以又称为对内会计。广义的现代会计包含了财务会计、管理会计、成本会计、财务管理、审计等在内的会计管理系统，会计的管理职能日益突出。

经济的发展，社会的进步，科学技术的日新月异，促使会计向更广、更深的领域发展。随着电子计算机在会计领域中的广泛运用，会计方法产生了质的飞跃，快捷的会计数据搜集和处理能力，使会计参与管理的职能进一步延伸。物价变动会计、绿色会计、人力资源会计等新兴会计的产生，使会计向社会经济延伸的领域更加广泛，参与社会经济管理的幅度更加广泛和深入。

综上所述，从以上对会计产生与发展历史的简要回顾中，可以发现如下规律性的结论。

（1）会计是一种管理手段（信息系统），更是一种管理工作，其本质无论过去、现在或是将来，始终是以提供经济信息和从事价值管理为主的一种经济管理活动，社会存在的基础是生产经济活动，生产经济活动离不开管理，管理离不开会计。

（2）会计本身是一个不断发展、变化、提高和完善的过程。会计的发展取决于生产力水平的提高和社会制度的变革。不同历史阶段促进会计发展的共同性因素，则是经济资源的有限性和人类对资源运用最佳效益的追求。

（3）社会生产越向前发展，生产技术与生产关系越复杂，会计就越重要。

1.1.3 会计的含义与本质

1. 会计的含义

作为与人类生产及经济活动相伴随产生和发展的会计，其本身也是一个不断发展的过程，不同时期的会计，其内涵和外延也是不尽相同的。同时，人们对会计的认识也有一个不断深化的过程，只有用历史的发展观点，才能对会计的基本概念做出科学的解释。

基于上述认识，可以将会计的含义概括为以下内容：是以货币为主要计量单位，以凭证为依据，通过一系列专门的方法，对一定单位的经济活动进行连续、系统、综合的核算和监督，旨在提供财务会计信息，以此参与单位的经营管理，并以提高经济效益为目标的一种管理活动。

从上述会计的含义可知，作为现代企业管理系统的重要组成部分的会计工作，与其他管理系统相比较，具有以下几方面的特征。

（1）会计总是服务于"一定单位"。这个"一定单位"就是会计的主体，即会计服务的对象。该"一定单位"包括营利性的企业、政府机构和非营利性组织的教育、医疗、文化、科研、体育，以及各类社会团体等，据此会计可分为企业会计、政府机构会计和非营利性组织会计。会计主体可以是一个完整的组织，如公司；也可以是组织的某个组成部分，如分公司。本教材主要以企业会计为对象进行阐述，但其一般原理和方法同样适用于其他组织的会计。

（2）会计是运用价值形式的管理，以货币为统一的、主要计量单位。这是会计区别于统计及其他业务核算的主要特点。计量单位是指用来度量事物数量的尺度标准，通常包括实物计量、时间计量和货币计量三种计量单位。其中，实物单位是用来度量实物数量的单位，如1块木头的"块"、10千克水果的"千克"、20件商品的"件"等；时间单位如"小时""星期""月份"等，通常劳动单位也用时间单位，如工作小时等。会计之所以要以货币作为计量单位，是因为会计可以对不同形态的资产进行汇总与分割，具有其他计量单位所无法比拟的统一价值尺度的优势，可以满足会计核算中综合反映经济业务的需要。需要说明的是，会计在以货币为计量单位的同时，有时还需要辅之以其他计量单位，来进一步补充说明货币单位的具体内容，如用实物单位反映原材料和库存商品的数量，用时间单位作为计算劳动报酬的基础等。所以，会计以货币为主要计量单位，并不排除同时运用其他计量单位，货币不是会计的唯一计量单位。

（3）会计是对经济活动的核算和监督，亦即会计的对象和内容是经济活动。从而说明了会计与企业其他管理系统范围的区别，即凡是能够用货币反映的经济活动均属于会计核算和监督的内容。

（4）对经济活动的核算和监督是综合、连续、系统、完整的。综合性是指通过统一的货币量度对经济活动进行综合，以得到反映经济活动过程和结果的各项总括的价值指标；连续性是指按经济活动发生的顺序来反映，自始至终不可间断地进行记录；系统性是指会计要运用一系列专门的方法对各种经济活动进行科学的、有规律的归类整理和记录，最后提供系统化的信息；完整性是指对发生的经济业务都要加以记录，不得遗漏。

（5）采用专门的方法。会计职能的发挥是通过一系列专门的方法来实现的，这说明了会计为什么能成为一门学科或职业的关键所在，也就是说，要想实现会计的职能，必须通过系统的训练，按照一定的准则和规范才能达到目标。

2. 会计的本质

伴随着会计的产生与发展，人类对于会计本质的讨论从未停止过。其代表性的观点主要表现为两种：一种观点是，会计是"一个以提供财务信息为主的经济信息系统的信息系统论"，其侧重点为会计是一种处理信息系统的手段，其主要功能在于将企事业单位的财务会计信息提供给有关使用者；另一种观点是，会计是"人们管理生产过程的一种社会活动的管理活动论"，其侧重点为会计本身就是一种管理活动，而不仅仅是一种手段。

客观而言，上述两种观点并不是对立的，事实上，会计本身即具有双重属性，它既是一种经济信息系统，又是一种经济管理活动。正如马克思所指出的：会计是"对生产过程的控制和观念的总结"（《马克思恩格斯全集》第24卷，第152页）。对生产过程的控制，就是参与经济管理活动；对生产过程的观念总结，就是处理和提供财务会计信息。

在市场经济条件下，会计作为现代企业管理系统的重要组成部分，其作用日趋明显，主要表现在以下几方面。

（1）有助于为决策提供有用的信息，提高企业透明度，规范企业行为。企业财务会计通过其反映职能，提供有关企业财务状况、经营成果和现金流量方面的信息，是包括投资者和债权人在内的各方面进行决策的依据。

（2）有助于企业加强经营管理，提高经济效益，促进企业可持续发展。企业经营管理水平的高低直接影响着企业的经济效益、经营成果、竞争能力和发展前景，在一定程度上决定着企业的前途和命运。

（3）有助于考核企业管理层经济责任的履行情况。企业接受了包括国家在内的所有投资者和债权人的投资，就有责任按照其预定的发展目标和要求，合理利用资源，加强经营管理，提高经济效益，接受考核和评价。

特别提示

通过对会计的含义和本质的分析，我们可以掌握以下几个关键点。
1. 明确了会计服务的空间范围，即会计只能核算和监督本主体的经济活动。
2. 明确了会计信息的综合性，即凡是能够用货币反映的经济活动都是会计核算和监督的对象。
3. 明确了会计的职能和目标。对企业经济活动进行核算和监督，说明了会计能够做什么；以提高企业经济活动效益为目标，说明了会计工作的终极目标。
4. 明确了会计的本质。会计是一种管理活动，就是对会计本质的最终注解。

1.2 会计的目标与职能

1.2.1 会计的目标

会计的目标是指进行会计工作所要达到的基本目的要求。会计目标是影响会计活动的决定性因素，一切会计活动都应以达成其基本目标为目的。

会计的基本目标就是要向企业内外部有关方面提供有用的财务会计信息，同时，还应直接或间接地参与控制本单位的经营活动。我国的《企业会计准则》对会计目标做了明确的规定：会计信息应当符合国家宏观经济管理的要求，满足有关方面了解企业财务状况和经营成果的需要，满足企业加强经济管理的需要。会计目标是会计管理的出发点和最终要求。在会计实践活动中，会计目标决定和制约着会计管理活动的方向，是优化会计行为，制定、改进和评价会计程序和方法的依据，涉及会计工作的方方面面。企业会计作为财务会计的组成部分，其目标从属于会计的目标。

企业财务会计信息的使用者包括内部使用者和外部使用者两类。企业的内部使用者是指企业内部的管理人员，由于财务会计信息全面、综合地反映了企业的经营活动及其结果，所以，在企业的整个经营活动过程中，企业各个阶层和各个方面的管理人员，在对其所面临的经营管理问题做出决策时，一般都要借助于会计核算所产生的财务会计信息。企业的外部使用者，泛指与企业有直接利害关系的投资者、债权人，也包括与企业有间接利害关系的政府部门及供应商和客户。

1.2.2 会计的职能

会计的职能是指会计在经济管理中所具有的功能，会计的基本职能是核算和监督。随着经济的发展，会计的职能在不断地拓展，会计人员还要分析经济情况，预测经济远景，参与经济决策。因此，会计除具有核算、监督两种基本职能外，还具有分析、预测、决策三种职能。

《中华人民共和国会计法》（以下简称《会计法》）把会计核算和会计监督作为核心内容，并据此做出了一系列明确的规定，体现了会计所固有的基本功能，也符合会计所要达到的基本目标要求。

1. 会计的核算职能

会计的核算职能是指以货币为主要计量单位，通过确认、计量、记录和报告，对企业的经营活动过程及其结果进行连续、系统、准确地记录、计算、报告，为企业的经济管理提供有用的会计信息。简单地说，会计的核算职能就是记账、算账与报账的过程，会计首先是对原始凭证进行审核，在真实完整的基础上进一步在账簿中进行登记，最后将账簿记录进行分析汇总，编制会计报表，通过会计报表向单位内部和外部的有关方面提供本单位的财务信息。

（1）会计确认。会计确认是指会计数据进入会计系统时确定如何进行记录的过程，即将某一会计事项作为资产、负债、所有者权益、收入、费用和利润等会计要素正式加以记录和列入报表的过程。会计确认是要明确某一经济业务涉及哪个会计要素的问题。某一会计事项一旦被确认，就要同时以文字和数据加以记录，其金额包括在报表总计中。

会计确认主要解决三个问题：一是确定某一经济业务是否需要确认；二是确定该业务应在何时进行确认；三是确定该业务应确认为哪个会计要素。

企业经营过程中大量经济业务所产生的数据的内容十分广泛，并非全部属于会计核算对象。所以会计人员在接收、记录经济业务的有关数据和信息之前，要进行必要的确认（初始确认），排除那些不属于会计对象的经济数据，把符合会计核算特定规范要求的经济数据，归属到适当的会计要素（资产、负债、所有者权益、收入、费用、利润等）及其具体账户，期末还要确定会计账簿中的哪些信息应当列入财务报表，列入哪种报表，以及在财务报表中揭示多少会计信息，以及如何列示这些信息。

会计人员为了做好会计确认，应遵循一定标准，这些标准包括以下几方面的内容。

① 可定义性，即被确认的项目是通过经济业务活动产生的，其交易性质符合会计要素的要求，其项目要符合会计要素的定义和特征。

② 可用货币计量，会计主要是提供财务信息，即货币指标的，不能用货币计量的方面不属于会计核算对象，不能在会计信息系统中予以确认。

③ 所确认项目提供的信息具有相关性，符合会计信息使用者的决策需要，并且是真实的、可验证的。

会计确认是开展会计核算的基础，正是因为它代表会计行为中的识别、选择和判断（决策阶段），只有正确地进行确认，才能正确地记录和报告，也才能产生对会计信息使用者进行决策的有用信息，而正确的会计确认则完全取决于会计人员的专业素养和职业道德水准。

（2）会计计量。会计在确认某一经济业务可以作为会计信息加以接收记录之后，就要对该项经济业务引起的某些会计要素具体项目的金额变动加以正确计量，然后才能予以科学、准确地记录。

会计计量以货币作为统一的计量尺度，以历史成本（取得资产时的实际资金耗费）作为主要计量基础，根据情况需要，也可采用重置成本、可变现净值、现值、公允价值等计量基础。

（3）会计记录。会计记录是各种会计账簿、会计凭证、会计报表及发票、合同、签约等其他原始资料的统称，有时也专指账簿记录。

会计记录是指对经过会计确认、会计计量的经济业务，采用一定方法记录下来的过程。在会计记录中，对于经过确认而可以进入会计信息系统处理的每项数据，要运用预先设计的账户（账户是会计要素的再分类与具体化）和有关文字及金额，按复式记账规则的要求，在账簿上加以登记。它是会计核算中的一个重要环节，形成会计核算的一个子系统——复式簿记系统。通过会计记录，不仅对资本的运动进行详细与具体的描述与量化，还对数据进行了分类、汇总及加工。只有经过这一程序，会计才能生成有助于经济决策等方面的财务信息。

由于要经过会计确认才能记录，记录就必须要以货币作为计量单位并加以表现，因此记录同样也有确认与计量的问题，但在记录时主要运用的会计方法是设置账户、复式记账、填制凭证和登记账簿等。

会计记录是会计的基本程序之一，它将经过初次确认而可以进入会计信息系统的经济交易或事项，根据会计计量确定的各要素的货币数据，按照复式记账原理，采用文字和数字叙述的形式在预先设置的账户中记录、反映，是会计核算的一个重要环节。

（4）会计报告。通过账簿记录形成的会计信息资料，信息量大而且比较分散，不能集中、概括地说明各单位的财务状况和经营成果。因此，必须进行集中，并形成一套全面、综合地反映单位财务状况、经营情况及其成果的财务指标体系，以财务报表的形式反映出来。财务会计报告提供的信息应包含以下几方面内容。

① 企业的经济资源及经济资源的来源或所有权的构成情况，即企业的财务状况（其载体为资产负债表）。

② 企业经济资源的利用效果，即经营绩效（其载体为利润表）。

③ 企业现金流动情况的信息，即企业怎样取得和使用现金（其载体为现金流量表）。

④ 其他有用的信息。

特别提示

会计确认、计量、记录、报告既可以理解为会计核算功能，也可以理解为会计核算的程序。

其中：会计确认是在对经济活动分析的基础上，依据一系列准则与制度而对经济活动进行的职业判断，会计确认的科学、合理与否，是判断会计人员职业能力的关键指标。因为在电算化状态下，会计的计量、记录和报告均可通过会计核算软件根据会计确认的结果自动完成，而其完成的结果是否正确则完全依赖于会计人员的职业判断是否准确。也就是说，在电算化状态下，只有会计确认环节必须要依赖于会计人员的主观能动性，其他环节完全可以借助软件自动完成。

2. 会计的监督职能

会计的监督职能是指以国家的财经法规、政策、制度、纪律和会计信息为依据，对将进行和已经进行的经济活动的合理性、合法性进行检查和控制。

会计的监督应贯穿于企业经济活动的全过程，这种单位内部会计监督具有社会会计监督和国家会计监督不可替代的作用。同时这种监督更应是一种全方位的监督，既包括对货币资金的监督，也包括对实物的监督。现代社会的会计监督职能已扩展到以内部监督为基础、政府监督为主导、社会审计监督为补充的三位一体的会计监督体系。

（1）单位内部会计监督。单位内部会计监督的主要内容包括以下几个方面。

① 对凭证、账簿和会计报告的监督。会计机构、会计人员对不真实、不合法的原始凭证不予受理，对于记载不准确、不完整的原始凭证，予以退回，要求经办人员更正、补充。对于伪造、变造、故意毁灭会计账簿或账外设账的行为，对指使、强令编造、篡改财务报告的行为，有权制止和纠正；制止和纠正无效的，有权向上级主管单位报告。

② 对实物、款项的监督。会计机构、会计人员应督促建立并严格执行财产清查制度，发现账簿记录与实物、款项不符时，应当按照国家有关规定进行处理。

③ 对财务收支的监督。对审批手续不全的财务收支，有权退回，要求补充更正。对违反国家财政、财务、会计制度规定或不纳入单位统一会计核算的财务收支，有权制止和纠正；制止和纠正无效的，有权向主管单位或者财政、审计、税务机关报告。

④ 对其他经济活动的监督。会计机构、会计人员有义务对违反单位内部会计管理制度，以及单位制定的预算、计划等的经济活动实行监督。

（2）国家会计监督。国家会计监督是一种外部监督，主要是指政府财政、审计、税务、人民银行、证券监管、保险监管等管理部门依照法律、行政法规的规定，通过审查会计资料来对有关单位的经济行为所进行的监督检查。

政府对各单位实施会计监督的内容，主要包括是否依法设置会计账簿；会计凭证、会计账簿、财务会计报告和其他会计资料是否真实完整；会计核算是否符合《会计法》和国家统一的会计制度的规定，经济活动是否合理、合法等。

（3）社会会计监督。社会会计监督主要是指会计师事务所依法对受托单位的经济活动进行审计，并据实做出客观评价的一种监督。

注册会计师是依法取得执业资格并接受委托从事社会审计业务的执业人员。其审计业务主要包括审查企业财务会计报告并出具审计报告；验证资本并出具验资报告；办理企业合并、分立、清算事宜中的审计业务，并出具有关报告。

核算和监督是会计的基本职能，二者是相互依存、密切结合、相辅相成的。会计核算是会计监督的基础，而会计监督是会计核算的保证。两者必须结合起来发挥作用，才能正确、及时、完整地反映经济活动，有效地提高经济效益。如果没有可靠的、完整的会计核算资料，会计监督就失去了客观依据；反之，只有会计核算没有会计监督，会计核算资料的质量就难以保证，甚至会变得毫无意义。

 **特别提示**

核算和监督只是会计的基本职能，要想真正发挥会计在企业管理中的作用，企业的会计人员在完成基本职能的基础上，还要充分利用核算所形成的信息，进一步参与到分析经济情况，预测经济远景，参与经济决策之中，这也是判断一个财务会计人员是否优秀的标志。

1.3 会计核算的基本前提、基础、质量要求及会计计量要求

1.3.1 会计核算的基本前提和基础

1. 会计核算的基本前提

会计核算的基本前提是指对会计工作中存在的一些特定关系或尚未明确的因素，根据客观的正常情况或发展趋势所做的合乎逻辑的判断和假定，故又称为会计假设。这些基本前提是进行会计核算的前提条件，是世界各国会计界所公认和接受的会计惯例，具体包括会计主体、持续经营、会计分期、货币计量。

（1）会计主体。会计主体又称为会计实体、会计个体，是指会计信息所反映的特定单位或者组织，它规范了会计工作的空间范围。

在会计主体前提下，会计核算应当以企业发生的各项交易或事项为对象，并与其所有者的活动、债权人的活动及交易对象的活动相分离，记录和反映企业本身的各项生产经营活动。此基本前提的明确，为会计人员在日常的会计核算中对各项交易或事项做出正确判断、对会计处理方法和会计处理程序做出正确选择提供了依据。

（2）持续经营。持续经营是指企业的经营活动将按照当前的形势和既定目标无限期地继续下去，在可预见的将来，不会进行清算。在持续经营前提下，会计核算应当以企业持续、正常的生产经营活动为前提。此前提是权责发生制赖以建立的基础。

由于持续经营是根据企业发展的一般情况所做的假定，而任何企业都存在破产、清算的风险，也就是说，企业不能持续经营的可能性总是存在的。为此，需要企业定期对其持续经营的基本前提做出分析和判断。

（3）会计分期。会计分期又称为会计期间，是指一个企业连续不断的经营过程可以被划分为相等的时间单位，以便对企业的经营状况进行及时、连续的反映。会计期间分为年度、半年度、季度和月度，是按公历起讫日期确定的。我国会计年度自公历每年的 1 月 1 日起至 12 月 31 日止。

（4）货币计量。货币计量是指会计主体在会计核算过程中采用货币作为统一的计量单位，来计量、记录和报告会计主体的生产经营活动。

在货币计量前提下，企业的会计核算以人民币为记账本位币。业务收支以人民币以外的货币为主的企业，可以选定其中一种货币作为记账本位币，但是编报的财务会计报告应当折算为人民币。

2. 会计核算的基础

按照新会计准则的规定："企业应当按照权责发生制为基础进行会计确认、计量和报告。"

虽然企业的资源及其变动都会引起现金流动，但由于会计分期的存在，企业现金的实际收付期间和资源实际变动的期间可能不一致。由此，在确认资产、负债、收入、费用时，就出现两种制度的选择：第一种是现金收付制，即按照期间内实际收付的现金对相关项目进行确认、计量和报告；第二种是应计制，按照资源及其变动的发生期间来确认、计量和报告。

权责发生制又称为"应计原则"，即会计上对收入和费用应以实际发生影响的期间，而不是发生现金收付的期间来确认。将权责发生制作为会计确认、计量和报告的基础，从根本上解决了收入和费用的配比问题，更有利于考核企业在一定期间内的经营业绩和管理水平。

1.3.2 会计核算的质量要求

由于会计核算以企业的经济活动及其结果为对象，所以会计核算所产生的信息的质量必须满足投资者、债权人及其他有关方面的需要，满足企业进行决策的需要。因此，按照《企业会计准则——基本准则》的规定，企业会计核算的质量必须达到以下几个方面的要求。

（1）可靠性。它是指企业应当以实际发生的交易或者事项为依据进行会计确认、计量和报告，如实反映符合确认和计量要求的各项会计要素及其他相关信息，保证会计信息真实可靠、内容完整。这就是要求会计核算资料所反映的财务状况和经营成果，必须是完全真实的、正确的、全面的。

为此，企业应当做到：

第一、以实际发生的交易或者事项为依据进行确认、计量，将符合会计要素定义及其确认条件的资产、负债、所有者权益、收入、费用和利润等如实反映在财务报表中，不得根据虚构的、没有发生的或者尚未发生的交易或者事项进行确认、计量和报告。

第二、在符合重要性和成本效益原则的前提下，保证会计信息的完整性，其中包括应当编报的报表及其附注内容等应当保持完整，不能随意遗漏或者减少应予披露的信息，与使用者决策相关的有用信息都应当充分披露。

（2）相关性。所谓相关性是指会计核算所提供的财务会计信息必须与使用者所面临的决策相关。与决策相关的信息必须具有预测价值、反馈价值和及时性三个方面的品质特性。

为此，企业会计核算所提供的财务会计信息应当与财务会计报告使用者的经济决策需要相关，有助于财务会计报告使用者对企业过去、现在或者未来的情况做出评价或者预测。

（3）可理解性。可理解性要求企业提供的会计信息应当清晰明了，便于投资者等财务报告使用者理解和使用。这一原则对于会计信息的使用者来说至关重要，所以会计信息应尽量做到通俗易懂、简单明了。对重要的经济业务，在报告时还应使用规范的文字加以说明，以便于经营决策。

为此，企业会计核算的一切纪录，包括会计凭证、账簿、财务会计报告等都要清晰、易懂，对重要和复杂的经济业务，在报告时应使用规范化的文字加以说明。

（4）可比性。可比性是指企业提供的会计信息应当具有可比性。

为此，同一企业不同时期发生的相同或者相似的交易或者事项，应当采用一致的会计政策，不得随意变更。确需变更的，应当在附注中说明；不同企业发生的相同或者相似的交易或事项，应当采用规定的会计政策，确保会计信息口径一致、相互可比。

因此，可比性是以会计核算时所采用的确认、计量和报告的方法与口径的一致性为前提的。

（5）实质重于形式。所谓实质重于形式是指企业在会计核算时应当按照交易或者事项的经济实质进行会计确认、计量和报告，不应仅以交易或者事项的法律形式为依据，即当法律形式不能准确表达交易或事项的经济实质的时候，应超越法律形式，按照交易或事项的经济实质进行核算。

从另一个角度看，此要求也可以有另外的理解：税法等法律、法规对相应的会计确认、计量和报告做出了规定，如坏账准备的计提比率等，但这并不表示以真实再现企业财务图像为目标的会计报表也要为遵从此类法规而违背交易或事项的经济实质。这种认识是对会计功能定位的理念性改变。实质重于形式是从制度层面确保会计信息真实性的核心原则，它在我国企业会计准则中地位的确立，为推动我国会计准则变革，以及与国际会计准则趋同奠定了思想基础。

（6）重要性。所谓重要性是指企业提供会计核算所提供的财务会计信息应当反映与企业财务状况、经营成果和现金流量等有关的所有重要交易或者事项，即凡属重要事项，必须按照规定的会计方法和程序进行处理，并在财务会计报告中予以充分、准确地披露；次要事项，则可适当简化处理。

此项要求，企业应当认真理解和把握，对于财务人员而言，必须结合自身企业的经营特点和规模适当地选择适合与企业经营和管理要求的会计核算方法和程序，做到在保证会计核算所产生的财务会计信息质量的前提下，尽量减少环节、简化方法，提高会计核算的效率和效果。

（7）谨慎性。所谓谨慎性是指企业对交易或者事项进行会计确认、计量和报告应当保持应有的谨慎，不应高估资产或者收益、低估负债或者费用。谨慎性原则反映了会计人员对其所承担的责任的一种态度，它可以在一定程度上降低管理当局对企业通常过于乐观的态度所可能导致的风险。

要想更好地贯彻谨慎性要求，必须在提高会计人员业务素质的基础上提高其职业判断能力。

（8）及时性。所谓及时性是指企业对于已经发生的交易或者事项，应当及时进行确认、计量和报告，不得提前或者延后。

只有满足了会计核算及时性的要求，才能使会计核算所产生的财务会计信息具有相关性。

1.3.3 会计计量的要求

企业在将符合确认条件的会计要素登记入账并列报于会计报表及其附注（又称为财务报表）时，应当按照规定的会计计量属性进行计量，确定其金额。

1. 会计计量的属性

企业在进行会计核算时，可根据具体情况选择历史成本、重置成本、可变现净值、现值、公允价值几种计量方式。

（1）历史成本。采用历史成本计量时，资产按照购置时支付的现金或者现金等价物的金额，或者按照购置资产时所付出的对价的公允价值计量。负债按照因承担现时义务而实际收到的款项或者资产的金额，或者承担现时义务的合同金额，或者按照日常活动中为偿还负债预期需要支付的现金或者现金等价物的金额计量。

（2）重置成本。在采用重置成本计量时，资产按照现在购买相同或者相似资产所需支付的现金或者现金等价物的金额计量。负债按照现在偿付该项债务所需支付的现金或者现金等价物的金额计量。

（3）可变现净值。在采用可变现净值计量时，资产按照其正常对外销售所能收到的现金或者现金等价物的金额扣减该资产至完工时估计将要发生的成本、估计的销售费用及相关税费后的金额计量。

（4）现值。在采用现值计量时，资产按照预计从其持续使用和最终处置中所产生的未来净现金流入量的折现金额计量。负债按照预计期限内需要偿还的未来净现金流出量的折现金额计量。

（5）公允价值。在采用公允价值计量时，资产和负债按照在公平交易中，熟悉情况的交易双方自愿进行资产交换或者债务清偿的金额计量。

2．会计计量的标准

企业在对会计要素进行计量时，一般应当采用历史成本；采用重置成本、可变现净值、现值、公允价值计量的，应当保证所确定的会计要素金额能够取得并可靠计量。

1.4 会计方法体系

1.4.1 会计方法

会计方法体系是指由各种彼此独立而又互相联系的会计方法组成的有机统一整体，包括会计核算方法、会计分析方法、会计监督方法、会计预测方法、会计决策方法和会计控制方法。

1．会计核算方法

会计核算方法是指以统一的货币单位为量度标准，连续、系统、完整地对会计对象进行确认、计量、记录和报告的方法。它是会计方法中最基本、最主要的方法，是其他各种方法的基础。在社会再生产过程中，将会产生大量的经济信息，将经济信息依照会计准则等规定进行确认、计量、记录、计算、分析、汇总、加工处理，就会成为会计信息。这些信息转换的过程就是会计核算，它又包括了一系列具体的方法，如设置会计科目和账户、复式记账、填制凭证、登记账簿、成本计算、财产清查和编制会计报表等。

2．会计分析方法

会计分析是利用会计核算提供的信息资料，结合其他有关信息，对企业财务状况和经营成果进行的分析研究。一般按以下程序进行：选定项目，明确对象；了解情况，收集资料；整理资料，分析研究；抓住关键，提出结论。常用的分析方法有指标对比法、因素对比法、比率分析法、趋势分析法等。

3. 会计监督方法

会计监督是通过会计核算及会计分析所提供的资料，以检查企业的生产经营过程或单位的经济业务是否合理合法及会计资料是否完整正确，可通过核对、审阅、分析性复核等方法进行。

4. 会计预测方法

会计预测作为经济管理的重要手段，其目的是定量或定性地判断、推测和规划经济活动的发展变化规律，并对其做出评价，以指导和调节经济活动，谋求最佳经济效果。会计预测的依据主要是会计资料，它是利用已取得的会计信息产生新的会计信息的过程，所以说会计预测是一个信息处理和信息反馈的过程。会计预测的内容主要有：①资金预测；②销售预测；③成本预测；④利润预测；⑤价格预测；⑥财务状况及综合经济效益预测。会计预测的直接目的是为单位经济活动服务，为会计决策提供信息。

5. 会计决策方法

会计决策是会计人员为了解决企业资金运动过程中所出现的问题和把握机会而制定和选择活动方案的过程。由于企业资金运动的方向、方式、状态与效益等方面都具有多种发展可能性，这就在客观上要求企业在多种发展可能性中做出有利的选择。由于企业资金运动具有可控性，人们就可以通过决策和控制，促使企业的资金运动朝着有利的方向发展。

6. 会计控制方法

会计控制就是指施控主体利用会计信息对资金运动进行的控制。具体而言，会计控制是指会计人员（部门）通过财务法规、财务制度、财务定额、财务计划目标等对资金运动（或日常财务活动、现金流转）进行指导、组织督促和约束，确保财务计划（目标）实现的管理活动。这是财务管理的重要环节或基本职能，与财务预测、财务决策、财务分析与评价一起成为财务管理的系统或全部职能。会计控制包括内部会计控制和外部会计控制。

 **特别提示**

1. 会计方法的发展实际上也是会计职能的拓展，两者相辅相成。只有会计方法不断丰富与发展，才会带动会计职能的拓展。

在上述方法体系中，核算仍是最基本的方法，是其他各种方法的基础。这是因为，会计的分析、监督、预测、决策及控制都是建立在准确、完整的会计核算信息基础上的。

2. 上述方法也是在会计学科发展的基础上逐步形成的。会计核算方法的掌握要通过基础会计、财务会计及相关行业会计、成本会计等课程来实现；会计监督方法和控制方法的掌握既通过上述课程来实现，更依赖于审计等课程来实现；会计的预测、决策、控制及分析方法的掌握是通过财务管理、管理会计、财务分析等课程来实现的。

要想成为一名优秀的会计人员，必须系统学习上述课程。

1.4.2 会计核算方法

会计核算方法是对会计对象的具体内容进行确认、计量、记录和报告所运用的方法体系，主要包括设置账户、复式记账、填制和审核凭证、登记账簿、成本计算、财产清查、编制财务会计报告七种具体方法。

（1）设置账户。设置账户是对会计核算和监督的具体内容进行归纳核算和监督的一种专门方法。会计对象的内容是复杂多样的，为了便于系统地核算和监督，就必须按会计对象的特点和经济管理的要求进行科学分类，划分为若干会计科目，并为每一个科目开设具有一定结构内容的账户，通过账户分门别类地登记经济业务，以便取得满足需要的财务会计信息。

（2）复式记账。经济活动中，每一笔经济业务的发生，都会引起至少两方面的变化，复式记账就是指对发生的每一笔经济业务，都要以相等的金额，同时在相互联系的两个或两个以上账户中进行登记的一种记账方法。采用复式记账法，可以全面、完整地反映每一笔经济业务的来龙去脉，而且可以通过账户之间的相互对应关系检查账簿记录的正确性和完整性。

（3）填制和审核凭证。会计凭证是记录经济业务，明确经济责任，作为记账依据的书面证明。填制和审核凭证，是为会计核算提供完整的、真实的原始资料，保证账簿记录正确、完整的一种专门方法。正确填制和审核会计凭证，是核算和监督经济活动的基础和前提。

（4）登记账簿。账簿记录是重要的会计资料，是保存会计数据资料的重要工具，登记账簿就是将会计凭证所提供的分散的会计资料进一步归纳汇总核算的一种专门方法。登记账簿是以审核无误的会计凭证为依据，然后将大量分散的会计凭证归类、加工成系统完整的数据资料，最终为编制会计报表提供完整的核算资料的过程。

（5）成本计算。成本计算是将经营过程中发生的直接费用和间接费用，按照一定对象归集和分配，借以确定该对象的总成本及单位成本的一种专门方法。正确地进行成本计算，可以考核物业企业经营过程的费用支出水平，同时又可作为确定企业盈亏和制定物业管理与服务收费标准的基础。

（6）财产清查。财产清查是通过实地盘点及账目核对，查明各项财产物资及往来款项的实有数，以保证账簿记录真实可靠和保证财产安全的一种专门方法。通过财产清查，一方面可以发现会计核算过程中存在的问题；另一方面可以检查各项财产物资的保管和使用情况，以及各种结算款项的执行情况，以便对积压或损毁的物资和逾期未收回的款项，及时采取措施进行清理，加强对财产物资的管理，保护企业的财产物资安全完整。

（7）编制财务会计报告。财务会计报告是企业对外提供的反映企业某一特定日期财务状况和某一会计期间经营成果、现金流量的文件。企业在日常会计核算的基础上，根据会计信息使用者的要求，定期对日常会计核算资料进行归集、加工、整理，编制成财务会计报告，是向会计信息使用者及时、准确、清晰地提供会计信息资料的一种方法，也是企业内部加强管理，考核、分析计划完成情况的重要手段。

以上会计核算的七种方法，相互联系，密切配合，形成一个统一完整的会计核算方法体系。在会计实务中，对发生的经济业务，根据业务的内容填制和审核会计凭证；按照规定的会计科目，以会计凭证为依据，运用复式记账原理登记账簿；对于生产经营中发生的各项费用，及时进行成本费用计算；对账簿记录，定期进行账实核对（财产清查）；在保证账实相符的基础上编制财务会计报告。

会计核算各方法之间的关系如图1.4所示。

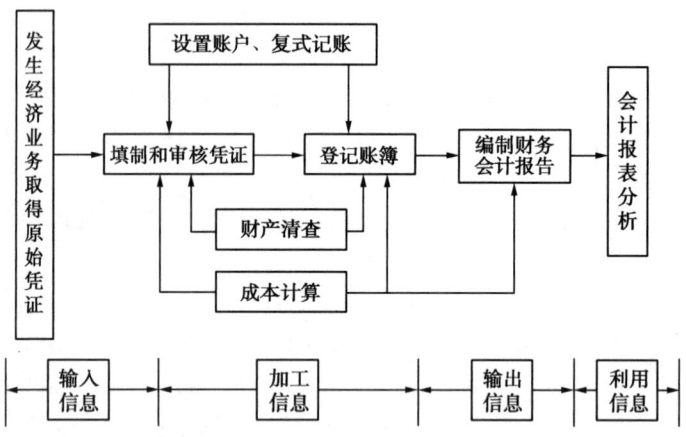

图1.4 会计核算各方法之间的关系

1.5 会计职业分析与会计法规

1.5.1 会计职业分析

1. 会计职业特征

作为人类社会发展到一定历史阶段产物的会计，是随着社会生产的发展和经济管理的要求而不断发展壮大起来的，并随着社会经济发展及现代科学技术发展而不断发展的一个在全世界范围内都比较热门的职业之一。

会计职业具有下述特征。

（1）是基于法律法规约束下的职业判断。会计工作是在一系列的法律规范和制度框架内对单位经济活动进行核算和监督的一项工作，每一个会计人员都必须依据法律法规及相关制度对经济业务进行职业判断。所以，每个会计人员的身份都具有"双重属性"，即会计人员既要在会计法规的框架内维护会计主体的利益，又要在《会计法》的框架内对经济活动进行监督。《会计法》及相关法规均对会计人员的法律责任做出了详细规定。

（2）比较重视专业能力的积累。会计是一门专业性较强的职业，其专业能力一方面来源于系统的专业教育；另一方面来源于实践经验的积累；同时由于国家相关财经法规的变化，必然会对会计处理带来相应的影响，所以会计人员的知识更新要求也比较强。正因如此，成熟的会计人员的发展空间也更大。

（3）对从业人员的综合素质要求较高。除了必备的专业技能外，还需要从业人员具备相应的综合素质，具体包括要有较好的逻辑思维能力和科学的思维方式、较好的心理素质、较强的沟通能力和团队合作意识、较强的自我学习能力和创新精神等。

（4）职业具有准入机制和退出机制。无论是从事一般会计职业还是从事公共会计职业，均有规范化的从业资格要求和退出机制约束。同时，在从业期间内必须按照要求参加继续教育。

2．会计职业分类

会计人员所从事的职业，大体上可以分为注册会计师、行业企业会计和行政事业会计三类。

（1）注册会计师。注册会计师（Certified Public Accountant，CPA），是指取得注册会计师证书并在会计师事务所执业的人员，指的是从事社会审计、中介审计、独立审计的专业人士，是一种以超然独立的地位为客户提供专业性服务的职业。会计人员要想取得注册会计师资格，一般须通过全国统一组织的注册会计师考试。

注册会计师的业务范围主要包括两大类：一是会计查账验证业务，即审计业务；二是会计咨询服务业务。截至 2013 年 12 月 31 日，全国共有会计师事务所 8209 家，执业注册会计师 9.87 万人，非执业会员 9.5 万人，中注协个人会员人数近 20 万人，全国具有注册会计师资质的人员超过 25 万人（包括参加注册会计师全国统一考试成绩合格但尚未入会人员）。随着社会主义市场经济体制的逐步完善，我国的注册会计师行业必将有一个大发展，并成为人们所向往的一种会计职业。

（2）行业企业会计。《会计法》第三十六条规定： 各单位应当根据会计业务的需要，设置会计机构，或者在有关机构中设置会计人员并指定会计主管人员。不具备设置条件的，应当委托经批准设立从事会计代理记账业务的中介机构代理记账。截止到 2013 年年末，全国有一千多万名会计人员在各行业的企业内从事会计工作。

在企业内部要根据企业的规模和会计核算需要，设置相应的会计岗位。《会计基础工作规范》第十一条规定：会计工作岗位一般可分为以下几类：会计机构负责人或者会计主管人员，出纳，财产物资核算，工资核算，成本费用核算；财务成果核算，资金核算，往来结算，总账报表，稽核，档案管理等。开展会计电算化和管理会计的单位，可以根据需要设置相应工作岗位，也可以与其他工作岗位相结合。

在一个单位内部可以根据需要设置一系列的会计管理岗位，如财务总监、财务经理、主管会计、会计员、出纳员等。会计人员除了根据工作需要担任一定的管理职务外，还可以通过考试获得相应的专业技术职务，如高级会计师、会计师、 助理会计师等。年轻一代的会计人员，要取得专业技术职务的任职资格，必须通过国家统一组织的考试。在企业管理人员中，会计人员占有重要的地位，而且不少有作为的会计人员，最终极有可能晋升为企业最高阶层的管理人员。

（3）行政事业会计。政府部门、行政机关和事业单位一般也都设有会计机构，有大批会计人员在这些单位从事行政事业会计工作，这些单位通常实行预算会计制度。因此，行政事业会计又可称为预算会计，并设有相应的管理岗位，同样也可以通过考试获得相应的专业技术职务。

 **特别提示**

1. 除了在会计师事务所、行业企业、行政事业单位从事专业会计外，社会上还有一系列的会计咨询公司等机构，也吸纳了一大批会计人员。这些会计人员可以从事代理记账业务，也有的专门从事与会计相关的管理咨询服务业务。

2. 有一部分会计人员在社会的会计培训机构从事会计培训业务。目前，从县级城市开始，到地级市和省会城市，都设有一定数量的会计培训机构，在这些机构内也吸纳了大批会计专业人员。

3. 在全国的大中专院校和相关科研机构内，一大批接受高等教育的会计专业人员，正在从事会计教育与研究工作。

4. 政府部门也吸纳了大批接受过会计专业教育的人员。在现代市场经济环境下，一大批政府部门的相关岗位都需要具有会计专业教育背景的人员来开展相关工作。如财政、审计、税务、政法机构等部门的相关岗位，要求从业人员必须有会计专业的教育背景。

5. 同样，大多企业的相关岗位也吸纳了大批具有会计专业教育背景的人员。如金融机构、证券机构及企业内部的统计、营销、物流管理、内部审计或控制等岗位也需要一些具有会计专业教育背景的人员来承担相关的工作。

3. 会计从业资格

根据《会计法》修订草案的要求：会计人员应当具备从事会计工作所需要的专业能力。担任单位会计机构负责人（会计主管人员）的，应当具备会计师以上专业技术职务资格或者从事会计工作三年以上经历。

4. 会计人员继续教育

取得会计从业资格的人员必须持续接受一定形式的、有组织的理论知识、专业技能和职业道德的教育和培训活动，不断保持其专业胜任能力和职业道德水平。

财政部 2018 年 7 月 1 日起施行的《会计人员继续教育规定》（以下简称《规定》）明确了会计专业技术人员继续教育内容包括公需科目和专业科目。

公需科目包括专业技术人员应当普遍掌握的法律法规、政策理论、职业道德、技术信息等基本知识。专业科目包括会计专业技术人员从事会计工作应当掌握的财务会计、管理会计、财务管理、内部控制与风险管理、会计信息化、会计职业道德、财税金融、会计法律法规等相关专业知识。

会计专业技术人员参加继续教育实行学分制管理，每年参加继续教育取得的学分不得少于 90 学分。其中，专业科目一般不少于总学分的三分之二。

会计专业技术人员参加继续教育情况实行登记管理。用人单位应当对会计专业技术人员参加继续教育的种类、内容、时间和考试考核结果等情况进行记录，并在培训结束后及时按照要求将有关情况报送所在地县级以上地方人民政府财政部门、新疆生产建设兵团财政局或中央主管单位。

用人单位应当建立本单位会计专业技术人员继续教育与使用、晋升相衔接的激励机制，将参加继续教育的情况作为会计专业技术人员考核评价、岗位聘用的重要依据。

5．会计人员的岗位职责

会计人员的职责，是考核会计人员工作质量的重要标准。根据《会计法》和《会计人员职权条例》的规定，一般来说，会计人员的职责主要包括以下五个方面。

（1）进行会计核算。会计核算是会计人员最基本、最主要的职责。《会计法》第十条进行了明确的规定，下列经济业务事项，应当办理会计手续，进行会计核算：

① 款项和有价证券的收付；
② 财务的收发、增减和使用；
③ 债权、债务的发生和结算；
④ 资本、基金的增减；
⑤ 收入、支出费用、成本的计算；
⑥ 财务成果的计算和处理；
⑦ 需要办理会计手续、进行会计核算的其他事项。

（2）实行会计监督。会计监督的职责也是会计的基本职能之一。会计人员对单位经济活动的监督：一是要依据会计监督的标准进行，其标准包括各种法规、制度、计划和预算等；二是会计监督是一个包括事前监督、事中监督和事后监督的全过程监督；三是监督的核心在于对单位经济业务的合法性、合理性和有效性进行监督，以保证会计资料的真实和完整。

（3）拟定本单位办理会计事务的具体办法，主要包括选择和制定有关的会计处理方法、会计处理程序，例如计提折旧的方法、存货计价的方法、成本的计算方法等，还包括制定本单位的内部控制制度、财产清查制度等方面的内容。

（4）参与制订经济计划、业务计划，编制财务预算和财务计划，并检查、分析和考核其执行情况。

（5）办理其他的会计事项，包括协助其他管理部门做好管理技术工作，提高单位的管理水平和经济效益。

对于会计人员的基本职责，会计法规以专门的条文形式进行了规定和保护。会计机构和会计人员依照会计法规进行会计核算，执行会计监督，任何单位或个人不得以任何方式授意、指使、强令会计机构和会计人员伪造、变造会计凭证、会计账簿和其他会计资料，提供虚假的财务报告。任何单位或个人不得对依法履行有关职责、抵制违反会计法规的会计人员实行打击报复，这是对会计人员履行职责的保护。

6．会计人员的权限

会计人员的权限是保障会计人员顺利履行其职责的保障。根据《会计法》和《会计人员职权条例》中的规定，会计人员的权限主要包括以下几方面。

（1）有权要求本单位有关部门和人员认真执行国家批准的计划和预算，遵守国家财经纪律和财务会计方面的规章制度。对违反《会计法》和国家会计制度规定的会计事项，有权拒绝办理或者予以纠正，有权向本单位负责人或上级机关、财政部门报告。

（2）有权参与本单位的计划编制、定额制定、经济合同签订工作，参加有关的生产经营管理会议及工作，提出问题和建议。

（3）要求监督、检查本单位有关部门的财务收支、财产保管使用情况；有权要求本单位有关部门、人员提供与会计工作有关的资料，如实反映情况。

7. 会计人员的职业道德

会计职业道德是指在会计职业活动中应遵循的、体现会计职业特征、调整会计职业关系的职业行为准则和规范。会计人员职业道德是一般社会道德在会计职业中的特殊表现形式，它既有社会道德的共性，又有会计自身职业的特性，是从事会计职业所应达到的基本要求。

会计人员为了全面履行职责、行使职权、发挥会计核算和监督的作用，必须从严要求自己，不断提高自身的业务素质和职业道德。会计职业道德的基本内容是对会计人员有关职业道德提出的具体要求。

会计职业道德规范的对象，主要分为在企事业单位从事会计核算工作的会计人员和在会计师事务所从事审计工作的执业注册会计师。两者遵循的职业道德有共同之处，如诚实守信、客观公正、坚持原则、廉洁自律等，都是会计职业活动的基本要求。同时，两者的职业道德又各具特点，如执业注册会计师从事的审计业务特别强调独立性，而对单位的会计人员则不能有此要求。因此，对单位会计人员和执业注册会计师的职业道德是分别进行规范的。《会计基础工作规范》中关于职业道德的规范主要是规范单位会计人员的行为，而《中国注册会计师职业道德基本准则》主要是规范执业注册会计师的行为。按照《会计基础工作规范》中的规定，会计人员职业道德的内容主要包括以下几方面。

（1）爱岗敬业。爱岗敬业要求会计人员热爱会计工作、安心本职岗位，忠于职守、尽职尽责。这是会计人员做好本职工作的基础和条件，是最基本的道德素养。

（2）诚实守信。诚实守信就是会计人员在从事会计职业时应当实事求是地做事，讲信用、重信誉，信守诺言。这是会计职业道德的基本工作准则。

（3）廉洁自律。廉洁自律要求会计人员公私分明、不贪不占、遵纪守法、清正廉洁。这是由会计的职业特点决定的，是职业道德的内在要求和行为准则。会计活动涉及国家单位、投资者、债权人等各个方面，这就要求会计从业人员只有自身做到廉洁自律，才能理直气壮地行使核算和监督的会计职能，保证会计活动的正常进行。

（4）客观公正。客观公正要求会计人员端正态度、依法办事、实事求是、不偏不倚，保持应有的独立性。

（5）坚持准则。坚持准则就是坚持依法办理会计事务，要求会计人员熟悉国家法律、法规和国家统一的会计制度，始终坚持按法律法规和国家统一的会计制度的要求进行会计核算，实施会计监督。要做到坚持准则必须做到三点：一是掌握准则，就是指会计人员应了解和熟练掌握准则，同时应当正确领会准则，只有这样才能按照准则办事；二是遵循准则，即执行准则；三是坚持准则，就是在依法办理会计事务受到干扰、阻碍和挑战时，仍应当依法办理，坚持准则。

（6）提高技能。所谓提高技能就是要求会计人员增强提高专业技能的自觉性和紧迫感，勤学苦练，刻苦钻研，不断进取，提高业务水平，包括会计专业理论水平、会计实务操作能力和职业判断能力三个方面。

（7）参与管理。参与管理就是要求会计人员在做好本职工作时要努力钻研相关业务，全面熟悉本单位经营活动和业务流程，主动提出合理化建议，协助领导决策，积极参与管理。

（8）强化服务。强化服务就是要求会计人员树立服务意识、提高服务质量，努力维护和提升会计职业良好的社会形象。

《中国注册会计师职业道德基本准则》对注册会计师的职业道德做了原则性规定，其主要内容包括：①独立、客观、公正原则；②专业胜任能力与技术规范；③对客户的责任；④对同行的责任；⑤业务承接等责任。

8. 违反《会计法》应当承担的法律责任

新修订的《会计法》草案的第四十二条至四十九条分别就违反《会计法》的类别及应承担的行政与刑事责任做了明确规定。

第四十二条　违反本法规定，有下列行为之一的，由县级以上人民政府财政部门责令限期改正，可以对单位并处三千元以上五万元以下的罚款；对其直接负责的主管人员和其他直接责任人员，可以处二千元以上二万元以下的罚款；属于工作人员的，还应当由其所在单位或者有关单位依法给予行政处分：

（一）不依法设置会计账簿的；

（二）私设会计账簿的；

（三）未按照规定填制、取得原始凭证或者填制、取得的原始凭证不符合规定的；

（四）以未经审核的会计凭证为依据登记会计账簿或者登记会计账簿不符合规定的；

（五）随意变更会计处理方法的；

（六）向不同的会计资料使用者提供的财务会计报告编制依据不一致的；

（七）未按照规定使用会计记录文字或者记账本位币的；

（八）未按照规定保管会计资料，致使会计资料毁损、灭失的；

（九）未按照规定建立并实施单位内部会计监督制度或者拒绝依法实施的监督或者不如实提供有关会计资料及有关情况的；

（十）任用会计人员不符合本法规定的。

有前款所列行为之一，构成犯罪的，依法追究刑事责任。

会计人员有第一款所列行为之一，情节严重的，五年内不得从事会计工作。

有关法律对第一款所列行为的处罚另有规定的，依照有关法律的规定办理。

第四十三条　伪造、变造会计凭证、会计账簿，编制虚假财务会计报告，构成犯罪的，依法追究刑事责任。

有前款行为的，尚不构成犯罪的，由县级以上人民政府财政部门予以通报，可以对单位并处五千元以上十万元以下的罚款；对其直接负责的主管人员和其他直接责任人员，可以处三千元以上五万元以下的罚款；属于工作人员的，还应当由其所在单位或者有关单位依法给予撤职直至开除的行政处分；其中的会计人员，五年内不得从事会计工作。

第四十四条　隐匿或者故意销毁依法应当保存的会计凭证、会计账簿、财务会计报告，构成犯罪的，依法追究刑事责任。

有前款行为，尚不构成犯罪的，由县级以上人民政府财政部门予以通报，可以对单位并处五千元以上十万元以下的罚款；对其直接负责的主管人员和其他直接责任人员，可以处三千元以上五万元以下的罚款；属于工作人员的，还应当由其所在单位或者有关单位依法给予撤职直至开除的行政处分；其中的会计人员，五年内不得从事会计工作。

第四十五条 授意、指使、强令会计机构、会计人员及其他人员伪造、变造会计凭证、会计账簿，编制虚假财务会计报告或者隐匿、故意销毁依法应当保存的会计凭证、会计账簿、财务会计报告，构成犯罪的，依法追究刑事责任；尚不构成犯罪的，可以处五千元以上五万元以下的罚款；属于工作人员的，还应当由其所在单位或者有关单位依法给予降级、撤职、开除的行政处分。

第四十六条 单位负责人对依法履行职责、抵制违反本法规定行为的会计人员以降级、撤职、调离工作岗位、解聘或者开除等方式实行打击报复，构成犯罪的，依法追究刑事责任；尚不构成犯罪的，由其所在单位或者有关单位依法给予行政处分。对受打击报复的会计人员，应当恢复其名誉和原有职务、级别。

第四十七条 财政部门及有关行政部门的工作人员在实施监督管理中滥用职权、玩忽职守、徇私舞弊或者泄露秘密、商业秘密，构成犯罪的，依法追究刑事责任；尚不构成犯罪的，依法给予行政处分。

第四十八条 违反本法第三十条规定，将检举人姓名和检举材料转给被检举单位和被检举人个人的，由所在单位或者有关单位依法给予行政处分。

第四十九条 违反本法规定，同时违反其他法律规定的，由有关部门在各自职权范围内依法进行处罚。

1.5.2 会计法规

会计法规是指由国家和地方立法机关，以及中央、地方各级政府和行政部门制定颁发的有关财务会计方面的法律、法规、规则、办法、规定等。这些法规是贯彻国家有关财经方针、政策的重要工具，是处理财务会计工作的规范和基本准则。我国企业会计法规体系主要包括《会计法》、会计准则和会计制度等核算方面的法规。我国的会计法规体系主要包括以下三个层次。

第一层次是会计法律。它是由国家最高权力机关——全国人民代表大会或常务委员会颁布实施的，属于该层次的是《会计法》。它在会计法律体系中居于最高层次，是制定其他会计法规的依据，也是指导会计工作的基本规范。

第二层次是政府的行政法规。它是由国务院制定发布的，属于该层次的有《企业财务会计报告条例》《总会计师条例》等。政府的行政法规是对《会计法》有关规定的具体化或某些方面的补充，主要规范经济生活中某些方面的会计关系。

第三层次是部门规章。它由财政部依据会计法律和会计法规的规定制定颁布。就其数量而言，是会计法规体系的主要部分，是规范会计有关方面的具有法律效力的规范性文件，属于该层次的有《企业会计准则》《事业单位会计准则》《企业会计制度》《事业单位会计制度》《会计基础工作规范》《会计档案管理办法》《会计从业资格管理办法》《会计人员继续教育规定》《代理记账管理办法》《会计电算化管理办法》等。

除了以上专门规范会计的法规之外,其他有关法律中对财务会计核算、财务会计报告编制、信息披露等方面的规定,也为会计核算和会计监督提供了法律支持。如《中华人民共和国公司法》,对公司财务、会计制度的建立、财务会计报告的编制、审计等均做出了相应的规定;《中华人民共和国证券法》,对公开发行股票和债券公司的会计信息披露要求做出了规定;《中华人民共和国刑法》,对提供虚假财务会计报告和其他会计违法行为应负的刑事责任做出了规定。上述法律法规同样是会计法规体系的组成部分。

1.《会计法》

我国于 1985 年 1 月 21 日颁发了《会计法》,于同年 5 月 1 日正式施行,并于 1993 年 12 月、1999 年 10 月、2017 年 11 月及 2019 年先后多次进行了修订。《会计法》是我国会计工作的基本法,是制定其他会计法规的依据,也是指导我国会计工作的最高准则。《会计法》主要规定了会计工作的基本目的、会计管理权限、会计责任主体、会计核算和会计监督的基本要求、会计人员和会计机构的职责权限,并对会计法律责任做出了详细的规定。

《会计法》的颁布施行,对加强会计工作,保障会计人员行使职权,发挥会计工作在加强经济管理、提供经济效益、维护国家财经纪律中的作用,具有十分重要的意义。

2. 会计准则

会计准则是关于会计确认、计量、报告的会计行为规范,是进行会计核算工作必须共同遵守的基本要求。它是我国境内所有企业、事业单位进行会计工作所必须遵循的基本规范,是我国会计法规体系的重要组成部分,对我国企、事业单位的财务会计核算具有普遍的约束力。

我国的《企业会计准则》于 1992 年 11 月 30 日由财政部颁发,并于 1993 年 7 月 1 日起执行。我国的《事业单位会计准则（试行）》于 1997 年 5 月 28 日由财政部颁发,自 1998 年 1 月 1 日起试行。2012 年 12 月 5 日,财政部修订通过《事业单位会计准则》,自 2013 年 1 月 1 日起施行,《事业单位会计准则（试行）》同时废止。随着我国市场经济体制的逐步推进和完善,我国的会计准则也逐步与国际会计准则趋同。2006 年 2 月 15 日,财政部发布了包括《企业会计准则——基本准则》（以下简称《基本准则》）和 38 项具体准则在内的企业会计准则体系,要求自 2007 年 1 月 1 日起所有上市公司开始执行,并鼓励其他企业执行。2014 年,财政部在修订 2 号、9 号、30 号、33 号具体准则的基础上,又增加了 39 号公允价值计量、40 号合营安排、41 号在其他主体中的权益披露。截止到 2014 年 7 月 1 日,已有 41 个具体准则。

会计准则体系由三个层次体系构成,包括 1 项基本准则、38 项具体准则和 2 项应用指南。

（1）第一层次：基本准则。基本准则是对会计核算要求所做的原则性规定,是进行会计核算工作必须共同遵守的基本要求,体现了会计核算的基本规律。基本准则规定了会计目标、基本假设、会计基础和会计信息质量要求、会计要素及其确认、计量原则,以及财务报告的基本规范。它对具体准则起着统驭作用,可以确保各具体准则的内在一致性,具有覆盖面广、概括性强等特点。

（2）第二层次：具体准则。具体准则是根据基本准则的要求,对经济业务的会计处理做出具体规定的准则,用来指导企业各类经济业务的确认、计量、记录和报告。具体准则有 38 项,分为一般业务准则、特殊行业的特殊业务准则和报告准则三类。其特点是操作性强,可据以直接组织该项业务的核算。

① 一般业务准则主要规范各类企业普遍适用的一般经济业务的确认和计量要求,包括存货、会计政策、会计估计变更和差错更正、资产负债表日后事项、建造合同、所得税、固定资产、租赁、收入、职工薪酬、股份支付、外币业务、借款费用、长期股权投资等。

② 特殊行业的特殊业务准则主要规范特殊行业的特定业务的确认和计量要求,如石油天然气开采、生物资产、金融工具确认和计量等。

③ 会计报告准则主要规范普遍适用于各类企业的报告类准则,如财务报表列报、现金流量表、合并财务报表、中期财务报告等。

(3)第三层次:企业会计准则应用指南。企业会计准则应用指南是根据基本准则和具体准则制定的,用来指导会计实务的操作,主要解决在运用准则处理经济业务时所涉及的会计科目、账务处理、会计报表及其格式。

企业会计准则应用指南由两部分组成:第一部分为会计准则解释;第二部分为会计科目和主要账务处理。

3. 会计制度

会计制度是国家对会计核算的原则、方法和程序等所做的统一规范。会计制度主要包括总说明、会计科目和会计报表,并附有主要会计事项分录举例,是各单位实施会计核算的主要依据之一。

中华人民共和国成立以来,我国会计制度经过了多次重大变革。财政部于 2000 年 12 月 29 日发布了《企业会计制度》,2001 年 11 月 27 日发布了《金融企业会计制度》,2004 年 4 月 27 日发布了《小企业会计制度》,2011 年,财政部又颁发了《小企业会计准则》,自 2013 年 1 月 1 日起施行,同时 2014 年版《小企业会计制度》予以废止。2004 年 10 月 19 日发布了《民间非营利组织会计制度》。会计制度的颁发,是统一会计核算标准,提高会计信息质量的有力保障。

值得注意的是,实施新会计准则的企业不再执行原来的《企业会计制度》和《金融企业会计制度》。由此表明,我国已进入会计制度和会计准则并行的过渡时期,从长远的发展趋势看,在我国,会计准则取代会计制度也许是一种必然的选择。

本章小结

会计是经济管理的组成部分,是以货币为主要计量单位,以凭证为依据,通过一系列专门的方法,对一定单位的经济活动进行连续、系统、综合的核算和监督,旨在提供财务会计信息,以此参与单位的经营管理,并以提高经济效益为目标的一种管理活动。

会计本身具有双重属性,它既是一种经济信息系统,又是一种经济管理活动。

会计的基本目标就是要向企业内外部有关方面提供有用的财务会计信息,同时,还应直接或间接地参与控制本单位的经营活动。企业会计作为财务会计的组成部分,其目标从属于会计的目标。

会计的职能是指会计在经济管理中所具有的功能。会计的职能很多,其中核算和监督是会计的两项基本职能。会计除具有核算、监督两种基本职能外,还具有分析、预测、决策三种职能。

会计的核算职能是指以货币为主要计量单位,通过确认、计量、记录和报告,对企业的经营活动过程及其结果进行连续、系统、准确地记录、计算、报告,为企业的经济管理提供有用的会计信息。

会计确认是开展会计核算的基础,它代表会计行为中的识别、选择和判断(决策阶段),只有正确地进行确认,才能正确地记录和报告,也才能产生对会计信息使用者进行决策的有用信息,而正确的会计确认则完全取决于会计人员的专业素养和职业道德水准。

会计计量以货币作为统一的计量尺度,以历史成本(取得资产时的实际资金耗费)作为主要计量基础,根据情况需要,也可采用重置成本、可变现净值、现值、公允价值等计量基础。

会计记录是指对经过会计确认、会计计量的经济业务,采用一定方法记录下来的过程,是会计核算的一个重要环节。

会计的监督职能是指以国家的财经法规、政策、制度、纪律和会计信息为依据,对将进行和已经进行的经济活动的合理性、合法性进行检查和控制。

现代社会的会计监督职能已扩展到以内部监督为基础、政府监督为主导、社会审计监督为补充的三位一体的会计监督体系。

会计核算的基本前提是指对会计工作中存在的一些特定关系或尚未明确的因素,根据客观的正常情况或发展趋势所做的合乎逻辑的判断和假定,故又称为会计假设。这些基本前提是进行会计核算的前提条件,是世界各国会计界所公认和接受的会计惯例,具体包括会计主体、持续经营、会计分期、货币计量。

按照新会计准则的规定:"企业应当按照权责发生制为基础进行会计确认、计量和报告。"

由于会计核算以企业的经济活动及其结果为对象,所以会计核算所产生的信息的质量必须满足投资者、债权人及其他有关方面的需要,满足企业进行决策的需要。因此,按照《企业会计准则——基本准则》的规定,企业会计核算的质量必须达到一系列的要求。

企业在进行会计核算时,可根据具体情况选择历史成本、重置成本、可变现净值、现值、公允价值几种计量方式。

会计核算方法是对会计对象的具体内容进行确认、计量、记录和报告所运用的方法体系,主要包括设置账户、复式记账、填制和审核凭证、登记账簿、成本计算、财产清查、编制财务会计报告七种具体方法。

会计人员所从事的职业,大体上可以分为注册会计师、行业企业会计和行政事业会计三类。

我国的会计法规体系主要包括三个层次:第一层次是会计法律;第二层次是政府的行政法规;第三层次是部门规章。

在上述会计法规体系中,会计法律强调合法性,会计准则强调合理性,会计制度强调实践性。

思考与实践 1

一、关键词

会计　　会计确认　　会计核算　　权责发生制　　历史成本　　重置成本

二、思考题

1. 简述会计的目标与职能。
2. 我国会计准则对会计核算质量提出了哪些要求？
3. 简述会计核算的方法体系及核算方法。
4. 会计职业道德包括哪些内容？
5. 简述会计法规体系的构成。
6. 结合本章内容，请帮助小华释疑解惑。

三、知识与能力拓展

1. 结合会计目标、会计职能和会计人员的岗位职责等知识点，讨论如何理解"会计既是一种经济信息系统，又是一种经济管理活动"这一本质描述。
2. 结合会计职业划分，通过调研试对自己的专业学习及职业发展进行规划。
3. 上网搜索《中华人民共和国会计法》和《会计基础工作规范》两个文件。

第2篇

会计核算基础篇

第2章 会计要素

【知识目标】
1. 理解经济活动引起的资金运动、会计要素的含义及二者之间的关系
2. 理解会计等式的平衡原理
3. 理解各会计要素的内涵及所包含的具体项目

【能力目标】
1. 根据企业经济活动中发生的业务或事项，正确判断企业会计要素的类别
2. 实例分析经济业务变化的类型及其对会计等式的影响

案例导入

1．小华的舅舅与别人合伙投资开办一个公司，由于经营不善导致破产，所以，小华的舅舅想向合伙人要回当初投入的股份，对方认为没有道理，拒绝给付，小华的舅舅很生气，知道小华在读会计专业后，来找小华帮忙，小华听完舅舅的诉说后，告诉舅舅，"作为合伙人是不应该去讨要那笔投资的，您的合伙人说得有道理。"舅舅听后很生气，认为小华帮别人却不帮助自己的亲人。小华很郁闷，又不知道该怎么向舅舅解释，你能帮助小华吗？

2．小华的爸爸开办了一家公司，让小华利用假期帮忙去盘点一下仓库的商品，小华发现有一大批已经损坏的商品还堆放在仓库中。同时在会计的账簿中发现这批商品价值10万元。小华认为这批商品既然已经没有价值了，就不应该再反映在账簿中，但又不知道怎么来解释，你能帮助小华吗？

2.1 企业经济活动与会计要素

2.1.1 企业经济活动与会计要素的关系

透过会计的本质分析可以发现会计作为经济管理的重要组成部分，它所反映和监督的内容，不是毫无选择的，而是根据经济管理的特定要求，从特定的角度来反映和监督经济活动的。这种特定的要求和特定的角度，决定了会计核算和监督的特定内容。会计需要以货币为主要计量单位，对特定单位的经济活动进行核算和监督，因此，凡是特定单位能够以货币表现的资金运动，都是会计核算和监督的内容，也就是会计的对象。以货币表现的经济活动，通常称为价值运动或资金运动,所以,会计核算与监督的对象也可以理解为特定单位的价值运动或资金运动。

从会计的视角看,企业的经济活动实质上就是一个不断循环往复的资金运动过程。为了系统化和条理化地核算企业的资金运动,特提供各种分门别类的会计信息,这就有必要对抽象化的资金运动进行适当的分类,由此形成了"会计要素"这一会计术语。

会计要素是对会计核算对象、内容进行的基本分类,是会计报表的框架和基础,因此称为会计对象要素或会计报表要素。

明确会计要素,对于正确进行会计记录、计量、设置账户、编制财务报告等具有重要意义。工业企业的会计要素与经济活动间的关系如图2.1所示。

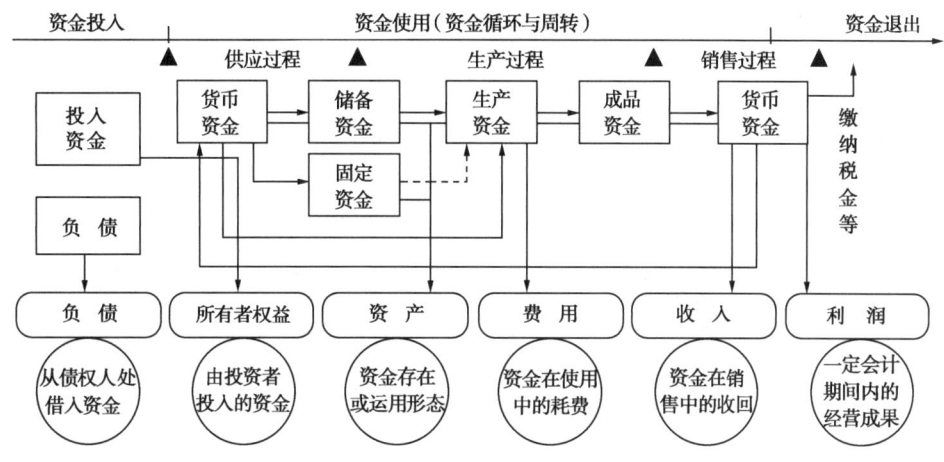

图 2.1 工业企业的会计要素与经济活动间的关系

2.1.2 会计要素的构成

我国颁布的《企业会计准则》,将会计对象划分为六大要素:资产、负债、所有者权益、收入、费用、利润。其中资产、负债、所有者权益反映企业在特定时日的财务状况,是构成资产负债表的基本要素,称为资产负债表要素;收入、费用、利润反映企业在一定时期的经营成果,是构成利润表的基本要素,称为利润表要素。企业会计要素的构成及相互关系如图2.2所示。

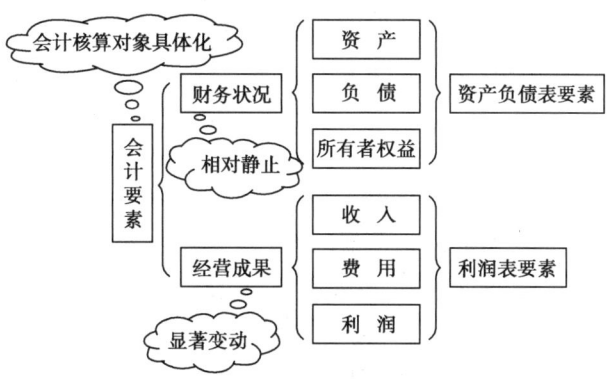

图 2.2 企业会计要素的构成及相互关系

1. 资产

资产是指过去的交易或事项形成并由企业拥有或者控制的资源，该资源预期会给企业带来经济利益。企业从事生产经营活动必须具备一定的物质资源，这些物质资源是企业从事生产经营活动的物质基础。

判断一项资源是否属于企业的资产，在符合资产定义的基础上，同时应满足以下条件：资产是由过去的交易或事项形成的资源，并且应当为企业所拥有或者控制；同时与该资源有关的经济利益很可能流入企业；该资源的成本或者价值能够可靠地计量。

作为一项会计要素的资产，是指企业过去的交易或者事项形成的，由企业拥有或者控制的，预期会给企业带来经济利益的资源。根据资产的定义，资产具有以下特征：

（1）资产应为企业拥有或者控制的资源；

（2）资产预期会给企业带来经济利益；

（3）资产是由企业过去的交易或者事项形成的。

另外，会计中入账的资产必须是可以可靠计量的。

资产按流动性可分为流动资产和非流动资产。流动资产是指可以在1年或者超过1年的一个营业周期内变现或耗用的资产，主要包括货币资金（现金、银行存款等）、短期投资（交易性金融资产）、应收及预付款项、存货等；非流动资产是指除了流动资产以外的资产，主要包括长期股权投资、持有至到期投资、投资性房地产、固定资产、无形资产和其他资产等。资产的构成如图2.3所示。

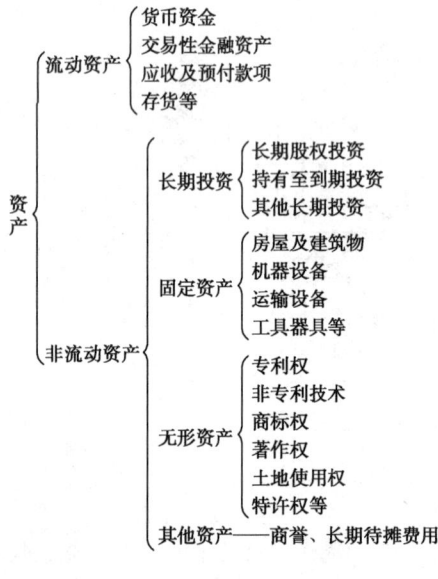

图2.3　资产的构成

对图2.3中涉及的几项资产说明如下。

货币资金是指以货币形态存在的资产，包括库存现金、银行存款和其他货币资金。其中，其他货币资金又包括外埠存款、银行汇票存款、银行本票存款、信用卡存款、信用保证金存款等。

交易性金融资产是企业持有的以公允价值计量且其变动计入当期损益的、以交易性为目的的持有债券投资、股票投资、基金投资、权证投资等金融资产。

应收票据是指企业因销售商品、提供劳务等而收到的商业汇票，包括商业承兑汇票和银行承兑汇票。

应收账款是指企业因销售商品、提供劳务等经营活动应向购货单位或接受劳务单位而收取（但暂未收到）的款项。

预付账款是指企业按照购货合同规定预付给供应商的款项。

固定资产是指企业使用期限超过1年的房屋、建筑物、机器、机械、运输工具，以及其他与生产、经营有关的设备、器具、工具等。不属于生产经营主要设备的物品，单位价值在2 000元以上，并且使用年限超过2年的，也应当作为固定资产。固定资产是企业的劳动手段，也是企业赖以生产经营的主要资产。从会计的角度划分，固定资产一般被分为生产用固定资产、非生产用固定资产、租出固定资产、未使用固定资产、不需用固定资产、融资租赁固定资产、接受捐赠固定资产等。

2. 负债

负债是指企业过去的交易或者事项形成的，预期会导致经济利益流出企业的现时义务。负债确认必须具备以下条件：

（1）负债是企业承担的现时义务；
（2）负债预期会导致经济利益流出企业；
（3）负债是由企业过去的交易或者事项形成的。

另外，与该义务有关的经济利益很可能流出企业，并且未来流出的经济利益的金额能够可靠地计量。

负债按其流动性划分为流动负债和非流动负债。流动负债是指将在1年（含1年）或者超过1年的一个营业周期内偿还的债务，包括短期借款、应付票据、应付账款、应付职工薪酬、预收账款、应付股利、应交税费、其他应付款等；非流动负债是指偿还期在1年或者超过1年的一个营业周期以上的负债，包括长期借款、应付债券、长期应付款等。负债的构成如图2.4所示。

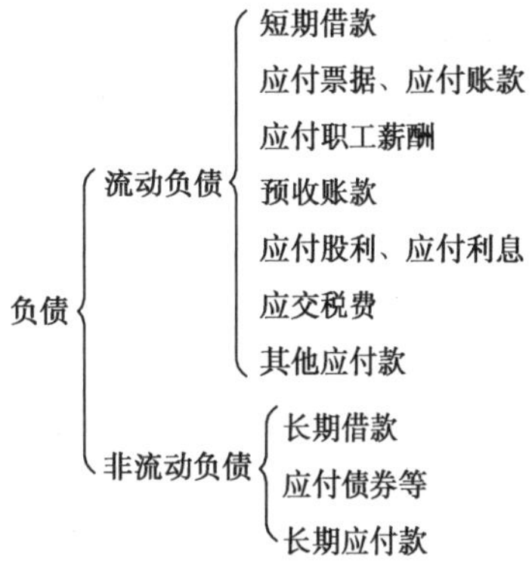

3. 所有者权益

所有者权益是指企业资产扣除负债后，由所有者享有的剩余经济利益，其金额为资产减去负债后的余额。公司的所有者权益又称为股东权益。

图2.4 负债的构成

从所有者权益的构成来源划分，可以分为所有者投入的资本、直接计入所有者权益的利得和损失、留存收益等几个项目。直接计入所有者权益的利得和损失主要包括资本（股本）溢价、外币资本折算差额、接受捐赠、股权投资准备、资产评估增值、关联方交易定价等。所有者权益包括实收资本（股本）、资本公积、盈余公积和未分配利润等。留存收益主要指从企业利润转化而来的盈余公积和未分配利润。所有者权益的构成如图2.5所示。

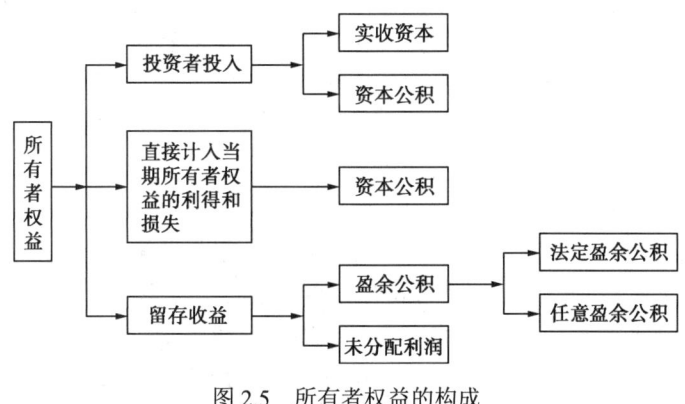

图2.5 所有者权益的构成

> **特别提示**
>
> 虽然负债与所有者权益同属于权益（对企业资产的求偿权），但二者的权益却不同。
> （1）性质不同：负债是债权人权益，到期可以收回本息；所有者权益是所有者对企业净资产的求偿权，没有明确的偿还期限。
> （2）偿还责任不同：负债要求企业按规定时间和利率支付利息，到期偿还本金；所有者权益则与企业共存亡，无须偿还。
> （3）享受权利不同：债权人享受收回本金和按约定收回利息的权利，没有参与经营的权利，也没有参与企业收益分配的权利；所有者权益既具有参与企业管理的权利，也具有参与收益分配的权利。
> （4）计量特性不同：负债可以单独直接计量，而所有者权益除了投资者投资时计量以外，一般不能直接计量，只能通过资产和负债的计量来进行间接的计量。
> （5）风险和收益的大小不同：负债风险小，收益一般也要小些；所有者权益风险大，收益可能较高。

4. 收入

收入是财务会计的一个基本要素。广义的收入概念将企业日常活动及其之外的活动形成的经济利益流入均视为收入。狭义的收入概念则将收入限定为企业日常活动所形成的经济利益总流入。我国现行会计制度采用的是狭义的收入概念，即收入是指企业在日常活动中形成的、会导致所有者权益增加的、与所有者投入资本无关的经济利益的总流入。根据会计准则的定义，收入具有以下特征：

（1）收入从企业的日常活动中产生，而不是从偶发的交易或事项中产生；
（2）收入是与所有者投入资本无关的经济利益总流入；
（3）收入必然能导致企业所有者权益的增加；
（4）收入只包括本企业经济利益的流入，不包括为第三方或客户代收的款项。

按照企业收入的性质分类，可以把收入分为销售商品收入、提供劳务收入和让渡资产使用权收入。按企业经营业务的主次分类，收入可分为主营业务收入和其他业务收入。

收入的确认至少应当符合以下条件：一是与收入相关的经济利益应当很可能流入企业；二是经济利益流入企业的结果会导致资产的增加或者负债的减少；三是经济利益的流入额能够可靠计量。

5. 费用

费用是指企业在日常活动中所发生的、会导致所有者权益减少的、与向所有者分配利润无关的经济利益的总流出。按照费用的经济用途分类，可分为营业成本和期间费用。

我国《企业会计准则》中对费用的定义表述如下：费用是企业生产经营过程中发生的各项耗费。企业直接为生产商品和提供劳务等发生的直接材料、直接人工、商品进价和其他直接费用，直接计入生产经营成本；企业为生产商品和提供劳务而发生的各项间接费用，应当按一定标准分配计入生产经营成本。企业行政管理部门为组织和管理生产经营活动而发生的管理费用和财务费用，为销售和提供劳务而发生的进货费用、销售费用等，应当作为期间费用，直接计入当期损益。

由此可以看出，费用仅仅指与商品或劳务的提供相联系的耗费，这是一种狭义的概念。而广义的费用包括各种费用和损失，如其他业务成本等。

在确认费用时，第一，应当划分生产费用与非生产费用的界限。生产费用是指与企业日常生产经营活动有关的费用，如生产产品所发生的原材料费用、人工费用等；非生产费用是指不属于生产费用的费用，如用于购建固定资产所发生的费用，不属于生产费用。

第二，应当分清生产费用与产品成本的界限。生产费用与一定的期间相联系，而与生产的产品无关；产品成本与一定品种和数量的产品相联系，而不论发生在哪一期间。

第三，应当分清生产费用与期间费用的界限。生产费用应当计入产品成本，而期间费用直接计入当期损益。

费用的确认除了应当符合定义外，也应当满足严格的条件，即费用只有在经济利益很可能流出从而导致企业资产减少或者负债增加，经济利益的流出额能够可靠计量时才能予以确认。

因此，费用的确认至少应当符合以下条件：
（1）与费用相关的经济利益应当很可能流出企业；
（2）经济利益流出企业的结果会导致资产的减少或者负债的增加；
（3）经济利益的流出额能够可靠计量。

6．利润

利润是指企业在一定会计期间的最终经营成果。企业的利润包括收入减去费用后的净额、应当列入当期利润的利得和损失等。

利润的质量特征如下。
（1）一定的盈利能力。它是企业一定时期的最终财务成果。
（2）利润结构基本合理。利润是按配比性原则计量的，是一定时期的收入与费用相减的结果。
（3）企业的利润具有较强的获取现金的能力。
（4）影响利润的因素较复杂，利润的计算含有较大的主观判断成分，其结果可能因人而异，因此具有可操纵性。

利润的确认条件：利润反映的是收入减去费用，利得减去损失后的净额的概念。因此，利润的确认主要依赖于收入和费用，以及利得和损失的确认，其金额的确定也主要取决于收入、费用、利得、损失金额的计量。

直接计入当期利润的利得和损失，是指应当计入当期损益、会导致所有者权益发生增减变动的、与所有者投入资本或者向所有者分配利润无关的利得或者损失，如营业外收入和营业外支出。从利润的构成层次看，利润是由营业利润、利润总额、净利润构成的。

各项利润指标的计算如下。
（1）营业利润=营业收入-营业成本-税金及附加-销售费用-管理费用-财务费用-信用减值

损失-资产减值损失+公允价值变动收益（-公允价值变动损失）+投资收益（-投资损失）+其他收益+资产处置收益（-资产处置损失）。

① 营业收入是指企业经营业务所确认的收入总额，包括主营业务收入和其他业务收入。

② 营业成本是指企业经营业务所发生的实际成本总额，包括主营业务成本和其他业务成本。

③ 税金及附加是指企业经营活动应负担的相关税费，包括消费税、城市维护建设税、教育费附加、资源税、房产税、城镇土地使用税、车船税、印花税等。

④ 信用减值损失是企业因购货人拒付、破产、死亡等原因无法收回，而遭受的损失。

⑤ 资产减值损失是指企业计提各项资产减值准备所形成的损失。

⑥ 公允价值变动收益（或损失）是指企业交易性金融资产等公允价值变动形成的应计入当期损益的利得（或损失）。

⑦ 投资收益（或损失）是指企业以各种方式对外投资所取得的收益（或发生的损失）。

⑧ 其他收益是与企业日常活动相关，但不宜确认收入或冲减成本费用的政府补助。

⑨ 资产处置收益（或损失）除指固定资产处置的利得或损失外，还包括企业出售划分为持有待售的非流动资产（金融工具、长期股权投资、投资性房地产除外），或非货币性资产交换而产生的处置利得或损失。

（2）利润总额=营业利润+营业外收入-营业外支出。

① 营业外收入是指企业发生的与其日常经营活动无直接关系的各项利得。

② 营业外支出是指企业发生的与其日常经营活动无直接关系的各项损失。

（3）净利润=利润总额-所得税费用。

所得税费用是指企业确认的应从当期利润总额中按一定比例向地方政府税务机关计缴的所得税和费用。

2.2 会计等式

会计等式亦称会计恒等式或会计平衡公式或静态会计等式，是指在会计核算中反映各个会计要素之间数量关系的等式。它是复式记账、编制会计报表的理论依据。

2.2.1 会计等式的形式

一个企业要进行正常的生产经营活动，必须拥有或控制一定数量的经济资源，即资产。资产的来源通常有两种渠道：一是投资者以投资的方式投入；二是企业以借款的方式借入。所有者（投资者）和债权人将其拥有的资金提供给企业使用，就相应地对企业的资产享有一定的要求权，这种要求权在会计上称为"权益"。可见，资产和权益是同一事物的两个不同方面，两者相互依存，不可分割，而且两者在数量上必然相等，即

$$资产=权益$$

由于权益又可以分为债权人权益（负债）和所有者权益，所以上述等式可转换为

$$资产=负债+所有者权益$$

这一等式反映了企业资产、负债、所有者权益三个会计要素之间的联系和基本数量关系。等式的左侧为企业从事生产经营活动的经济资源，是企业进行经营活动和投资活动的基础。等式的右侧是权益，即左侧经济资源的归属权，包括两部分：一部分是债权人权益；另一部分是所有者权益。其中：债权人权益就是企业的负债，属于优先权益，所有者权益则属于剩余权益。这种数量关系表明了企业在某一特定时点上的财务状况，因此是会计的基本等式，是编制资产负债表的理论基础。

2.2.2 会计等式的扩展

企业在生产经营过程中，一方面要获取收入，同时也必然要发生相应的费用。因此，一定期间的营业收入和对应的费用相配比，从而形成利润，即

$$收入-费用=利润$$

此等式反映了企业某一会计期间的经营成果，是经营的动态情况，所以此等式又称为动态会计等式。

企业在一定时期内实现的利润（或亏损），会带来企业资产的增加或减少。因此，会计等式可以扩展为以下会计等式：

$$资产=负债+所有者权益+（收入-费用）$$

此等式反映企业在营运过程中的增值（或减值）情况，是动态会计等式。同时，将会计基本等式与其扩展形式联系起来，有利于揭示会计要素之间的内在联系和数量上的依存关系。

2.2.3 经济业务对会计等式的影响

企业在开展生产经营的过程中，会不断发生各种经济业务。所谓经济业务，又称为会计事项，是指引起会计要素增减变化、需要进行会计处理的经济活动。企业发生的经济业务是纷繁复杂、多种多样的，概括而言，主要包括现金业务、转账业务和混合业务三种。随着经济业务的发生，上述会计等式的组成内容必然不断发生变化。但是会计要素不论发生怎样的增减变化，都不会破坏会计等式的数量平衡关系，即"资产=负债+所有者权益"这一会计等式是永远恒等的。现举例说明如下。

【例2.1】 某公司月初的资产、负债、所有者权益的状况如下：

$$资产（800\,000元）=负债（300\,000元）+所有者权益（500\,000元）$$

本月发生下列经济业务。

业务一：购买材料20 000元，货款暂欠。

这项经济业务的发生，一方面使企业的库存材料增加20 000元，另一方面使企业的应付账款增加20 000元。库存材料是资产类要素，应付账款是负债类要素，这项经济业务使会计等式两边同时增加了20 000元，会计等式仍然保持平衡，即

资产（800 000元）=负债（300 000元）+所有者权益（500 000元）
　　+20 000元　　　　　+20 000元
资产（820 000元）=负债（320 000元）+所有者权益（500 000元）

业务二：该公司用银行存款购入设备一台，价值50 000元。

这项经济业务的发生，一方面使企业的固定资产增加50 000元，另一方面使企业的银行

存款减少 50 000 元。固定资产和银行存款均是资产类要素，这项经济业务使会计等式左边同时增减了 50 000 元，会计等式仍然保持平衡，即

资产（800 000 元）=负债（300 000 元）+所有者权益（500 000 元）
　　+50 000 元-50 000 元
资产（800 000 元）=负债（300 000 元）+所有者权益（500 000 元）

业务三：该公司用银行存款偿还前欠货款 20 000 元。

这项经济业务的发生，一方面使企业的银行存款减少 20 000 元，另一方面使企业的应付账款减少 20 000 元。银行存款是资产类要素，应付账款是负债类要素，这项经济业务使会计等式两边同时减少了 20 000 元，会计等式仍然保持平衡，即

资产（800 000 元）=负债（300 000 元）+所有者权益（500 000 元）
　　-20 000 元　　　　-20 000 元
资产（780 000 元）=负债（280 000 元）+所有者权益（500 000 元）

业务四：该公司用短期借款偿还以前所欠货款 50 000 元。

这项经济业务的发生，一方面使企业的短期借款增加 50 000 元，另一方面使企业的应付账款减少 50 000 元。短期借款和应付账款均为负债类要素，这项经济业务使会计等式右边同时增减了 50 000 元，会计等式仍然保持平衡，即

资产（800 000 元）=负债（300 000 元）+所有者权益（500 000 元）
　　　　　　　　　　-50 000 元+50 000 元
资产（800 000 元）=负债（300 000 元）+所有者权益（500 000 元）

在企业的生产经营过程中发生的经济业务是复杂多变的，但从其对会计等式的影响来看不外乎以下四种类型：

（1）引起会计等式两边要素项目同时等额增加的经济业务；
（2）引起会计等式两边要素项目同时等额减少的经济业务；
（3）引起会计等式左边要素各项目之间发生增减变化的经济业务；
（4）引起会计等式右边要素各项目之间发生增减变化的经济业务。

上述经济业务发生的基本类型如图 2.6 所示。

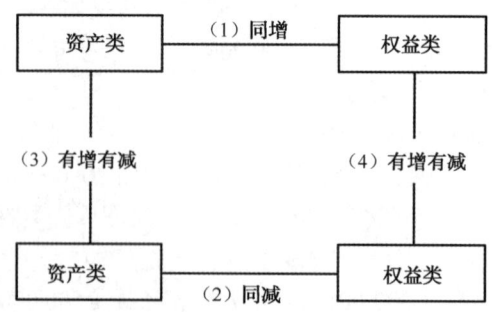

图 2.6　经济业务发生的基本类型

综上所述，经济业务引起会计等式中有关项目的变化都是双重性的，其变化也是多种多样的。上述四种类型的经济业务没有破坏会计要素的恒等关系，对于涉及更加具体的业务，

如负债内部项目有增有减的经济业务、所有者权益内部有关项目的增减变动、销售业务、支付费用等，也一样不会破坏会计要素之间的恒等关系。可见，经济业务发生后，虽然会引起有关会计要素的数额发生增减变动，但不会破坏会计恒等关系。

资产、负债和所有者权益之间的平衡关系是企业会计工作中设置账户、复式记账和编制资产负债表等的理论依据。这种平衡关系的建立，对会计理论和会计实务都有着重要的意义。

本章小结

会计的对象是指会计所要核算和监督的内容。会计核算与监督的对象也可以理解为特定单位的价值运动或资金运动。由于每个单位经济活动的内容和性质不同，因此，会计的具体对象也不完全相同。

会计要素是对会计核算对象、内容进行的基本分类，是会计报表的框架和基础，因此称为会计对象要素或会计报表要素。

会计要素是对会计对象进行的基本分类。明确会计要素，对于正确进行会计记录、计量、设置账户、编制财务报告等具有重要的意义。

资产、负债、所有者权益反映企业在特定时日的财务状况，是构成资产负债表的基本要素，称为资产负债表要素；收入、费用、利润反映企业在一定时期的经营成果，是构成利润表的基本要素，称为利润表要素。

"资产=负债+所有者权益"这一等式反映了企业资产、负债、所有者权益三个会计要素之间的联系和基本数量关系。这种数量关系表明了企业在某一特定时点上的财务状况，因此是会计的基本等式，又称为静态会计等式，是编制资产负债表的理论基础。

"收入-费用=利润"这一等式反映了企业某一会计期间的经营成果，是经营的动态情况，所以此等式又称为动态会计等式。

企业在一定时期内实现的利润（或亏损），会带来企业资产的增加或减少。因此，会计等式可以扩展为以下会计等式：

$$资产=负债+所有者权益+（收入-费用）$$

此等式反映企业在营运过程中的增值（或减值）情况，是动态会计等式。同时，将会计基本等式与其扩展形式联系起来，有利于揭示会计要素之间的内在联系和数量上的依存关系。

经济业务发生后，虽然会引起有关会计要素的数额发生增减变动，但不会破坏会计恒等关系。

资产、负债和所有者权益之间的平衡关系是企业会计工作中设置账户、复式记账和编制资产负债表等的理论依据。这种平衡关系的建立，对会计理论和会计实务都有着重要的意义。

思考与实践 2

一、关键词

资产　　所有者权益　　收入　　费用　　会计要素

二、思考题

1. 简述资产的确认条件及具体内容。
2. 简述负债的确认条件及具体内容。
3. 列出会计等式，并说明其意义。
4. 请帮助小华向她的舅舅和爸爸进行解释。

三、实务题

1. A 企业 2014 年 1 月发生下列经济业务：
（1）用银行存款购买材料；
（2）用银行存款归还短期借款；
（3）用银行存款偿付前欠某单位货款；
（4）收到投资人甲投入的设备；
（5）从某单位购进一批材料，货款未付；
（6）向银行借入长期借款，存入银行存款账户；
（7）将盈余公积转作实收资本；
（8）向银行取得短期借款直接偿还前欠某单位货款；
（9）用盈余公积弥补亏损；
（10）经批准，以银行存款代投资人丙以资本金偿还其应付给其他单位的欠款；
（11）企业以固定资产对外投资。
请分析上述各项经济业务的类型，并填入表 2.1。

表 2.1 各项经济业务的类型

类　　型	经济业务序号
一项资产增加，另一项资产减少	
一项负债增加，另一项负债减少	
一项所有者权益增加，另一项所有者权益减少	
一项负债增加，一项所有者权益减少	
一项负债减少，一项所有者权益增加	
一项资产增加，一项负债增加	
一项资产增加，一项所有者权益增加	
一项资产减少，一项负债减少	
一项资产减少，一项所有者权益减少	

2. 会计要素与会计等式。
目的：练习对会计要素进行分类，并熟练掌握它们之间的相互关系。
资料：四海制造公司某月末各项目余额如下：

（1）出纳员处存放现金 1 700 元；
（2）存入银行的存款 2 939 300 元；
（3）投资者投入的资本金 13 130 000 元；
（4）向银行借入 3 年期的借款 500 000 元；
（5）向银行借入半年期的借款 300 000 元；
（6）原材料库存 417 000 元；
（7）生产车间正在加工的产品 584 000 元；
（8）产成品库存 520 000 元；
（9）应收外单位产品货款 43 000 元；
（10）应付外单位材料货款 45 000 元；
（11）对外短期投资 60 000 元；
（12）公司办公楼价值 5 700 000 元；
（13）公司机器设备价值 4 200 000 元；
（14）公司运输设备价值 530 000 元；
（15）公司的资本公积金共 960 000 元；
（16）盈余公积金共 440 000 元；
（17）外欠某企业设备款 200 000 元；
（18）拥有某企业发行的 3 年期公司债券 650 000 元；
（19）上年尚未分配的利润 70 000 元。

要求：

（1）划分各项目的类别（资产、负债或所有者权益），并将各项目金额填入表 2.2 中。

表 2.2　各项目的类别

单位：元

项目序号	金　额		
	资　产	负　债	所有者权益
合　计			

（2）计算资产、负债、所有者权益各要素金额合计。

3．会计要素关系。

目的：练习会计要素之间的相互关系。

资料：假设某企业 12 月 31 日的资产、负债及所有者权益情况如表 2.3 所示。

表2.3 资产、负债及所有者权益情况

单位：元

资　　产	金　　额	负债及所有者权益	金　　额
现金	1 000	短期借款	10 000
银行存款	27 000	应付账款	32 000
应收账款	35 000	应交税费	9 000
原材料	52 000	长期借款	B
长期股权投资	A	实收资本	240 000
固定资产	200 000	资本公积	23 000
合　　计	375 000	合　　计	C

要求：

（1）计算表中A、B、C的数值；

（2）计算该企业的流动资产总额；

（3）计算该企业的流动负债总额；

（4）计算该企业的净资产总额。

4．经济业务对会计等式的影响。

目的：验证会计恒等式。

资料：某企业本月发生的五笔经济业务已列示在以下等式中：

```
                    资产                    负债    所有者权益
     库存现金+银行存款+原材料+固定资产=应付账款+实收资本
期初：  800    7 900    800    6 500    2 000   14 000
业务1： -400    +400
业务2：        -1 000          -1 000
业务3：        +6 000                          +6 000
业务4：                        +8 500  +8 500
业务5：        -2 000  +3 600          +1 600
```

要求：

（1）根据上述资料，用文字说明该企业本月发生的五笔经济业务的内容。

（2）计算并说明五笔经济业务对资产、负债及所有者权益增减变动的影响。

第3章 会计核算原理与方法

【知识目标】
1. 理解会计科目、会计账户的含义及二者之间的关系
2. 掌握账户的基本结构
3. 理解复式记账原理
4. 掌握借贷记账法的特点
5. 掌握会计分录的内容
6. 掌握各类账户在提供核算指标方面的规律性
7. 了解总账与明细分类账的关系

【能力目标】
1. 应用会计科目正确反映会计要素
2. 实例分析具体会计科目所属的账户结构
3. 应用复式记账原理,利用借贷记账法正确确认经济业务
4. 能够正确编写会计分录

 案例导入

1. 小华入学后为了反映自己的资金收支情况,一直坚持记录自己的每笔开支,将自己每天发生的开支情况进行记录,但到月底的时候,她发现自己的账务记录很难向父母汇报,原因就在于自己只记录了花了多少钱,却没有记录这些钱花在了哪些方面,并且随着时间的推移,慢慢地就忘记了这些钱的具体开支方向。最后只知道自己来学校时带了多少钱,以及到学校后花了多少钱和剩了多少钱,却无法说清楚钱都花到了哪里,为此,小华感到很困惑。你能帮助她吗?

2. 小雨也在记录自己在学校的开支情况,她与小华的区别是除了记录自己花了多少钱,还记录了钱花在了哪些方面,但到月底想要汇总的时候,她也遇到了一个难题,就是不知道怎么才能把所有的开支进行归类,而不必一笔一笔地说明。看着自己记录的几页开支明细账,小雨再也没有继续记下去的热情了。你有什么好办法帮助她吗?

3.1 会计科目

3.1.1 会计科目与会计核算

会计科目,简称科目,是按照经济业务的内容和经济管理的要求,对会计要素的具体内容进一步分类的项目名称。

会计要素是对会计对象的基本分类，但仅以资产、负债、所有者权益、收入、费用、利润六个会计要素作为会计数据归类的标准，难免过于笼统，也很难满足各方信息使用者对会计信息的需求，因为同一会计要素所包含的具体内容和项目有很大差别。只有在对会计要素具体内容进一步进行分类的基础上，根据其不同性质和特征，对它们进行科学的分类，会计才可能对经济业务引起的会计要素具体内容的增减变化情况做出正确而恰当的记录。

设置会计科目是正确地核算和监督企业单位经济活动的基础。通过设置会计科目，不但可以正确分类、详细地反映会计要素具体内容的变化，而且可以作为设置会计账户的直接依据，对于正确填制凭证、设置账户、登记账簿和编制会计报表等都具有重要的意义，更是规范会计核算、加强会计监督的重要手段。

3.1.2 会计科目的设置原则

任何企业都必须设置一套适合自身特点的会计科目体系。无论是国家有关部门统一制定会计科目，还是企业单位自行设计会计科目，均应按照一定的原则进行。设置会计科目时应该遵循以下几项原则。

1．全面反映会计要素的内容

由于会计科目是对会计核算内容的具体分类，因此会计科目的设置必须能够全面地反映会计核算对象的内容。首先，会计科目应当能够覆盖一个单位的全部经济活动内容，即所有应当核算的经济业务都必须有相应的会计科目来归集与核算，不能出现遗漏经济业务的现象。其次，会计科目所覆盖的经济内容之间不能相互重叠或交叉，不能出现既可以用这一会计科目核算，又可以用另一会计科目核算的现象。

2．满足统一报告的要求

设置会计科目时，要根据有关会计法规的规定，特别是企业会计准则应用指南中对会计科目的规定，使用统一的会计核算指标与口径，以便于可以保证通过统一口径的核算，提供在不同企业、不同地区和不同行业之间相互可比的会计信息，以支持财务信息使用者对本企业的财务状况和经营成果有全面真实的了解，也便于企业据此制定相关决策，同样，也应为国家宏观管理部门提供相应的企业财务信息。

3．做到统一性、灵活性和稳定性相结合

各企业的经济业务复杂多样，这就要求会计科目的设置必须充分地考虑具体企业经济业务的特点。在服从统一的核算指标的前提下，企业可根据自己的经营特点和规模、增减变化情况及投资者的要求，对统一规定的会计科目做必要增补或兼并。如在材料按实际成本核算收发的企业，可以不设置"材料采购"和"材料成本差异"科目，而增设"在途材料"科目。同时，为了便于对不同时期的会计资料进行对比分析，会计科目应保持相对稳定，以便在一定范围内综合汇总和在不同时期对比分析其所提供的核算指标。

4．名称应简明易懂

含义明确是指设置会计科目时要尽可能明确、简洁地反映经济业务特点与内容，不致产生误解；通俗易懂是指要避免使用晦涩难懂、易产生歧义的文字，便于大多数人正确理解，从而避免误解和混乱。

3.1.3 企业常用会计科目

我国会计科目及核算内容都是由财政部统一制定的。同时，为了适应会计电算化的要求，每个会计科目都编有一个固定的编号。在会计的实务操作中，可以只填写会计科目不写编号，也可以同时填写会计科目和编号，但不能只写编号不写会计科目。

按照"资产＝负债＋所有者权益"这一会计等式的要求，根据企业经济活动的具体特点和经济管理的需要，按企业会计制度的规定，会计科目分为资产、负债、所有者权益、损益等几部分。

企业在不违反会计准则中确认、计量和报告规定的前提下，可以根据本单位的实际情况自行增设、分拆、合并会计科目。对于企业不存在的交易或者事项，可不设置相关会计科目，对于明细科目，企业可自行设置。工商企业常用会计科目简表如表3.1所示。

表 3.1　工商企业常用会计科目简表

（依据 2019 新会计准则）

总 序	顺 序	代 号	科目名称	总 序	顺 序	代 号	科目名称
一、资产类				二、负债类			
1	1	1001	库存现金	70	43	2001	短期借款
2	2	1002	银行存款	77	44	2101	交易性金融负债
5	3	1012	其他货币资金	79	45	2201	应付票据
8	4	1101	交易性金融资产	80	46	2202	应付账款
10	5	1121	应收票据	81	47	2203	预收账款
11	6	1122	应收账款	82	48	2211	应付职工薪酬
12	7	1123	预付账款	83	49	2221	应交税费
13	8	1131	应收股利	84	50	2231	应付利息
14	9	1132	应收利息	85	51	2232	应付股利
18	10	1221	其他应收款	86	52	2241	其他应付款
19	11	1231	坏账准备	93	53	2401	递延收益
26	12	1401	材料采购	94	54	2501	长期借款
27	13	1402	在途物资	95	55	2502	应付债券
28	14	1403	原材料	100	56	2701	长期应付款
29	15	1404	材料成本差异	101	57	2702	未确认融资费用
30	16	1405	库存商品	102	58	2711	专项应付款

续表

总 序	顺 序	代 号	科目名称	总 序	顺 序	代 号	科目名称
31	17	1406	发出商品	103	59	2801	预计负债
32	18	1407	商品进销差价	104	60	2901	递延所得税负债
33	19	1408	委托加工物资			三、共同类	
34	20	1411	包装物及低值易耗品（或周转材料）	107	61	3101	衍生工具
40	21	1471	存货跌价准备	108	62	3201	套期工具
41	22	1501	持有至到期投资	109	63	3202	被套期项目
42	23	1502	持有至到期投资减值准备			四、所有者权益类	
43	24	1503	可供出售金融资产	110	64	4001	实收资本
44	25	1511	长期股权投资	111	65	4002	资本公积
45	26	1512	长期股权投资减值准备	112	66	4101	盈余公积
46	27	1521	投资性房地产	114	67	4103	本年利润
47	28	1531	长期应收款	115	68	4104	利润分配
48	29	1532	未实现融资收益	116	69	4201	库存股
50	30	1601	固定资产			五、成本类	
51	31	1602	累计折旧	117	70	5001	生产成本
52	32	1603	固定资产减值准备	118	71	5101	制造费用
53	33	1604	在建工程	119	72	5201	劳务成本
54	34	1605	工程物资	120	73	5301	研发支出
55	35	1606	固定资产清理			六、损益类	
62	36	1701	无形资产	124	74	6001	主营业务收入
63	37	1702	累计摊销	129	75	6051	其他业务收入
64	38	1703	无形资产减值准备	131	76	6101	公允价值变动损益
65	39	1711	商誉	138	77	6111	投资收益
66	30	1801	长期待摊费用	142	78	6301	营业外收入
67	41	1811	递延所得税资产	143	79	6401	主营业务成本
				144	80	6402	其他业务成本
				155	82	6601	销售费用
				156	83	6602	管理费用
				157	84	6603	财务费用
				159	85	6701	资产减值损失
				160	86	6711	营业外支出
				161	87	6801	所得税费用
				162	88	6901	以前年度损益调整

特别提示

1. 《企业会计准则》和《小企业会计准则》分别设置了 85 个和 60 个会计科目。
2. 企业在设置会计科目时，必须遵循会计科目设置原则的要求，结合企业经济业务科学设置会计科目。

3.1.4 会计科目的分类

会计科目按不同分类标准，可分为不同的种类。

1. 按经济内容分类

从表 3.1 中可以看到，企业会计科目按照经济内容可以分为六大类，即资产类、负债类、共同类、所有者权益类、成本类和损益类。

2. 按详细程度分类

为了既提供总括的会计核算指标，又提供详细的会计核算指标，会计科目应分层次设置。按会计科目提供指标的详细程度不同，可将会计科目分为总分类科目和明细分类科目两类。

（1）总分类科目。总分类科目，亦称总账科目，是对会计要素具体内容进行的总括分类，是反映会计核算资料总括指标的科目，如库存现金、银行存款、库存商品、固定资产、短期借款、实收资本等。

（2）明细分类科目。明细分类科目，亦称明细科目或细目，是对总分类科目的经济内容的进一步分类，是用来辅助总分类科目反映会计核算资料详细、具体指标的科目，如在"应付职工薪酬"总分类科目下设置"工资""职工福利""社会保险费""住房公积金""工会经费""职工教育经费""非货币性福利""辞退福利""股份支付"等明细科目，分类反映应付职工薪酬的具体情况。

明细分类科目的设置，要根据经济管理的具体需要来进行。有的总分类科目需要设置明细分类科目，如"应收账款""应付账款""管理费用"等；有的总分类科目无须设置明细分类科目，如"累计折旧""本年利润"等。在实际的会计核算工作中，若一个总分类科目下设置的明细分类科目过多，往往会给记账、稽核、查对等带来诸多不便。这时，就可在总分类科目与明细分类科目之间增设二级或多级科目。此时，明细科目可进一步划分为子目和细目。也可以按科目由上至下的隶属关系，从总账科目开始依次称为一级科目、二级科目、三级科目等。

同一会计科目内部的纵向级次关系，它们之间是总括与详细、统驭与从属的关系。如表 3.2 所示为应交税费科目（总分类科目）的明细分类科目。

表 3.2　应交税费科目（总分类科目）的明细分类科目

总分类科目（一级科目）	明细分类科目	
	子目（二级科目）	细目（三级科目）
应交税费（2221）	应交增值税（222101）	进项税额（22210101）
		已交税金（22210102）
		销项税额（22210106）
		出口退税（22210107）
		进项税额转出（22210108）
	应交消费税（222102）	
	应交所得税（222104）	
	……	

3.2　账户

3.2.1　账户与会计核算

账户是根据会计科目在账簿中设立的，用来分类记录经济业务变化的，具有一定结构和格式的记账载体。

会计科目和账户既有联系又有区别。两者的相同点是，会计科目所规定的经济内容，就是账户所反映的经济内容，会计科目是账户的名称，账户是根据会计科目设置的。两者的区别在于，会计科目只是一个名称，只表明某项经济业务的内容，本身没有具体的结构，不能进行具体的会计核算，而账户具有一定的格式和结构，可以记录和反映某类经济内容的增减变动及其结果。在实际工作中，往往对会计科目和账户不加以严格区分，有时会计科目作为账户的同义语而通用。

设置和运用账户，是会计核算的重要方法之一，其意义主要集中在两个方面。

（1）通过设置和运用账户，可以对原始的经济业务数据进行过滤和甄别，对无序的数据进行集中处理，将相同业务的数据集中到同一个账户中，为进一步整理出符合有关各方决策需要的信息奠定基础。

（2）将相同业务数据连续地、全面地、系统地在账户中进行录入，把大量的、单个的业务数据通过汇总整理计算，压缩数据量，使之系统化、有序化，完整清晰地反映各类经济业务增减变动的过程和结果，以满足决策需要。

账户的分类与会计科目的分类是相对应的，分别有总分类账户、二级账户和明细分类账户等不同层次的账户，即根据总分类会计科目设置总分类账户，根据明细分类科目设置明细分类账户，根据二级科目设置二级账户。不同层次的账户可以提供详细程度不同的会计指标。

3.2.2　账户的基本结构与内容

账户的结构是指账户的组成，以及如何在账户中记录各会计要素的增加、减少和余额情况。虽然经济业务的发生会引起会计要素发生各种各样的变动，但经济业务所引起的各项会计要素的数量变化，不外乎增加和减少两种情况。因此，账户在结构上通常分为两个基本部分，即左方和右方，一方记录增加，另一方记录减少。另外，还应设置余额栏，反映各会计要素变化的结果。这样，反映各会计要素的增加数、减少数和余额数的三部分就是账户的基本结构。为了便于随时查核每项经济业务的内容、记账时间及记账依据，在账户中还要设置日期、凭证号数、摘要等辅助栏目，从而形成一个完整的账户。

为了教学的方便，账户的这种基本结构可以采用一种简化的格式，一般称之为"T"形账户，也可以称之为"丁"字形账户，"T"形账户基本格式如表 3.3 所示。

表 3.3 "T"形账户基本格式

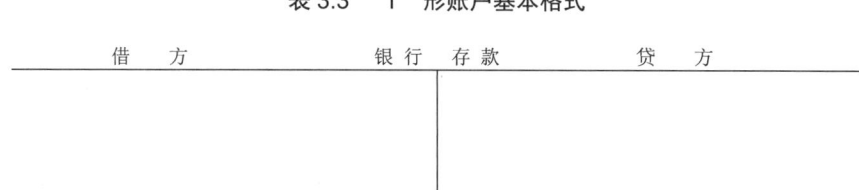

在表 3.3 的账户中，账户的名称即会计科目为"银行存款"，该账户分为左方和右方两部分，分别登记银行存款的增加和减少。

账户的左方和右方，哪一方登记增加，哪一方登记减少，需要根据账户所记录的经济内容，即账户的性质来确定。但无论何种性质的账户，左右两方的增减意义都是相反的，也就是说，如果规定在左方记录增加，则就应该在右方记录减少；如果规定在左方记录减少，则就应该在右方记录增加。在每个账户中所记录的金额可以分为期初余额、本期增加额、本期减少额和期末余额，本期增加额和本期减少额相抵后的差额，就是期末余额。如将本期的期末余额转入下一期，就是下一期的期初余额。所以，上述四项金额之间的关系可以用公式表示如下：

$$期末余额=期初余额+本期增加额-本期减少额$$

在实际工作中，为了对引起该账户增减变化的相关经济业务进行简单记录，在账户中除了记录增加和减少的金额栏外，还会根据需要设置日期、凭证字号、摘要、余额等栏目，如表 3.4 所示。

表 3.4 总分类账　　　　　　　　　　　　　　　　　第 1 页

GENERAL LEDGER

会计科目及编号
ACCOUNT No._____

××年		凭证字号	摘要	借方	贷方	借或贷	余额	√
月	日			亿千百十万千百十元角分	亿千百十万千百十元角分		亿千百十万千百十元角分	

3.2.3 账户的分类

会计要系统全面地反映和监督企业的生产经营活动,需要设置众多的有机联系的账户来实现这一目标。而每个账户都有自己的经济性质、用途和结构,从不同侧面反映和监督会计具体对象的变动情况和变动结果,为进行经济管理提供会计信息。虽然这些账户都是在各种经济业务的核算中分别加以使用的,但它们之间并不是孤立的,而是相互联系地组成了一个完整的账户体系。为了更好地掌握和运用这些账户,有必要进一步研究账户的分类,即在认识各个账户特性的基础上,概括它们的共性,从理论上探讨账户之间的内在联系,了解各个账户在整个账户体系中的地位和作用,掌握各类账户在提供会计信息方面的规律性。

账户分类就是按照不同的标志对账户体系进行划分,找出各账户之间的联系和区别。通过账户分类,可以揭示设置和运用账户的一般规律,可以使我们更深刻地理解和正确地使用账户。同样,通过对账户的分类,也可以找出各账户之间的区别:首先,取决于账户所反映的经济内容;其次,取决于账户的用途和结构。账户可以按照不同的标准进行分类,但其中最主要的是按照账户的经济内容、用途和结构进行分类。

1. 按账户的经济内容分类

账户的经济内容,即账户反映和监督的会计对象的具体内容。由于账户之间最本质的差别在于其反映的经济内容不同,从而决定了账户的经济内容是账户分类的基础。会计对象的具体内容按其经济特征可以归结为资产、负债、所有者权益、收入、费用和利润六项会计要素。账户按其反映的经济内容进行分类,有助于正确地区分账户的经济性质,合理地运用账户,提供企业经营管理和对外报告所需要的各种核算指标。

需要指出的是,企业在一定期间实现的利润经过分配后,除分配给投资者的利润要退出企业外,提取的盈余公积金和未分配利润最终都要归属于所有者权益。所以,如按经济内容分类,可以将"本年利润"、"利润分配"和"盈余公积"账户并入所有者权益类账户。

另外,由于许多企业,特别是制造加工类企业,为了进行产品成本计算,需要专门设置用来核算产品成本的账户。企业在一定期间所取得的收入和发生的费用,最终都体现在当期损益的计算中,因而也可以将这些核算内容与损益计算直接相关的收入、费用账户归为一类,即损益类账户。

根据会计科目与账户之间的依存关系,账户按照经济内容的分类与会计科目的分类是相同的。同时,按照新企业会计准则应用指南对会计科目的划分,账户分为六大类,即增加了"共同类账户"一项。

基于以上这种认识,账户按经济内容不同可分为六类:①资产类账户;②负债类账户;③共同类账户;④所有者权益类账户;⑤成本类账户;⑥损益类账户。

(1) 资产类账户。资产类账户是用来反映企业资产的增减变动及其结存情况的账户。按照资产的流动性,这类账户又可以分为以下两类。

① 反映流动资产的账户,如"库存现金""银行存款""交易性金融资产""应收账款""原材料""库存商品"等账户。

② 反映非流动资产的账户,如"长期股权投资""固定资产""累计折旧""在建工程""无形资产""长期待摊费用"等账户。

(2) 负债类账户。负债类账户是用来反映企业负债增减变动及其结存情况的账户。按照负债的流动性,这类账户又可以分为以下两类。

① 反映流动负债的账户,如"短期借款""交易性金融负债""应付账款""应付职工薪酬""应交税费"等账户。

② 反映非流动负债的账户,如"长期借款""应付债券""长期应付款"等账户。

(3) 共同类账户。共同类账户是反映具有资产和负债双重性质的账户。按共同类账户余额的方向分为反映资产的账户和反映负债的账户。

① 反映资产的账户,当"衍生工具""套期工具""被套期项目"账户的期末余额在借方时。

② 反映负债的账户,当"衍生工具""套期工具""被套期项目"账户的期末余额在贷方时。

(4) 所有者权益类账户。所有者权益类账户是用来反映企业所有者权益增减变动及其结存情况的账户。按照所有者权益来源的不同,这类账户又可以分为以下两类。

① 反映所有者原始投资的账户,如"实收资本"账户。

② 反映所有者投资增值的账户,如"资本公积""本年利润""利润分配""盈余公积"等账户。

(5) 成本类账户。成本类账户是用来反映和监督企业进行工业性生产发生的生产费用,计算产品成本的账户。在工业企业,按照生产经营过程的阶段划分,用来归集费用、计算成本的账户又可以分为以下两类。

① 供应过程账户,即在供应过程中,用来归集购入材料价款和采购费用,计算材料采购成本的账户,如"材料采购"账户。

② 生产过程账户,即在生产过程中,用来归集制造产品的生产费用,计算产品生产成本的账户,如"制造费用"和"生产成本"账户。

成本类账户与资产类账户有着密切的联系。资产一经耗用就转化为费用、成本;成本类账户的期末借方余额属于企业的资产,如"材料采购"账户的借方余额为在途材料,"生产成本"账户的借方余额为在产品,都是企业的流动资产。从这种意义上来说,成本类账户也是资产类账户,分类时,有的账户(如"材料采购"账户)既可以归入资产类账户,也可以归入成本类账户。

(6) 损益类账户。损益类账户是指那些核算内容与损益的计算确定直接相关的账户,主要是指那些用来反映企业收入和费用的账户。这类账户按其与损益组成内容的关系,又可分为以下三类。

① 用来反映经营损益的账户,如"主营业务收入""主营业务成本""其他业务收入""其他业务成本""税金及附加""销售费用""管理费用""财务费用"等账户。这里的收入和费用之间有着直接配比或期间配比的关系。

② 用来反映营业外损益的账户,如"营业外收入""营业外支出"账户。

③ 用来反映所得税费用的账户,如"所得税费用"账户。

2. 按账户的用途和结构分类

账户的用途即开设账户的目的，是通过账户记录提供核算指标。账户的结构是指在账户中如何登记经济业务，以取得所需要的各种核算指标，即账户借方登记什么，贷方登记什么，期末账户有无余额，如有余额在账户的哪一方，表示什么。

仅按经济内容对账户进行分类，还难以详细地了解各个账户的具体用途，也很难提供管理上所需要的各种核算指标。因为按照经济内容划分为一类的账户，可能具有不同的用途和结构；或者按照经济内容划分为不同类的账户，却具有相同的用途和结构。例如，"固定资产"账户和"累计折旧"账户，按其反映的经济内容都属于资产类账户，而且都是用来反映固定资产的账户。但是，这两个账户的用途和结构又是不相同的。"固定资产"账户是按其原始价值反映固定资产增减变动及其结存情况的账户，增加记借方，减少记贷方，期末借方余额表示企业现有固定资产的原始价值。而"累计折旧"账户则是用来反映固定资产因损耗而计提折旧引起的价值减少，增加记贷方，已提折旧的减少或注销记借方，期末余额在贷方，表示现有固定资产的累计折旧。

为了深入地理解和掌握账户在提供核算指标方面的规律性，正确地开设和运用账户来记录经济业务，为决策人提供有用的会计信息，有必要在按经济内容分类的基础上，进一步研究按用途和结构的分类。而这一点又恰好说明了两种分类的关系：按经济内容分类是基本的、主要的分类；按用途和结构分类是在按经济内容分类基础上的进一步分类，是对按经济内容分类的必要补充。

以制造业企业为例，在借贷记账法下，账户按其用途和结构的不同，可以分为盘存账户、结算账户、资本账户、跨期摊配账户、集合分配账户、成本计算账户、损益计算账户、财务成果账户、计价对比账户和调整账户 10 类账户。

下面分别按其用途和结构的分类，说明各类账户的用途和结构特点。

（1）盘存账户。盘存账户是用来反映和监督各项财产物资和货币资金的增减变动及其结存情况的账户。这类账户可以通过实地盘点来确定其实有数。这类账户包括企业主要的资产账户。属于这类账户的有"库存现金""银行存款""原材料""库存商品""固定资产"等账户。"生产成本"账户的期初、期末余额表示在产品成本，也具有盘存账户的性质。

这类账户的结构特点：借方登记各项财产物资和货币资金的增加数，贷方登记各项财产物资和货币资金的减少数，期末余额总是在借方，表示期末各项财产物资和货币资金的实际结存数。盘存账户的结构如表 3.5 所示。

表 3.5 盘存账户的结构

借　　　方	盘存账户	贷　　　方
期初余额：期初结存数		
发生额：本期财产物资或货币资金的增加数		发生额：本期财产物资或货币资金的减少数
期末余额：期末财产物资或货币资金的实有数		

该类账户的特点：一是能够通过财产清查确定其实有数，保证账实相符；二是明细账可以提供实物数量和价值两项指标。

（2）结算账户。结算账户是用来反映和监督企业同其他单位或个人之间债权（应收款项或预付款项）、债务（应付款项或预收款项）结算情况的账户。结算业务的性质不同，决定不同结算账户具有不同的用途和结构。因此，结算账户按其用途和结构的不同，又可以分为债权结算账户、债务结算账户和债权债务结算账户三类。

① 债权结算账户。债权结算账户亦称资产结算账户，是用来反映和监督企业同其他单位或个人之间的债权结算业务的账户。如"应收账款""预付账款""其他应收款"等账户属于这类账户。

这类账户的结构特点：借方登记债权的增加数，贷方登记债权的减少数，期末余额一般在借方，表示期末尚未收回债权的实有数。债权结算账户的结构如表 3.6 所示。

表 3.6　债权结算账户的结构

借方	债权结算账户	贷方
期初余额：期初应收款实有数发生额，本期各种债权的增加数		
		发生额：本期各种债权的收回数
期末余额：期末尚未收回款项的实有数		

② 债务结算账户。债务结算账户亦称负债结算账户，是用来反映和监督企业同其他单位或个人之间的债务结算业务的账户。如"应付账款""预收账款""短期借款""长期借款""应付职工薪酬""应交税费""应付股利""其他应付款"等账户属于这类账户。

这类账户的结构特点：贷方登记债务的增加数，借方登记债务的减少数，期末余额一般在贷方，表示期末尚未偿还债务的实有数。债务结算账户的结构如表 3.7 所示。

表 3.7　债务结算账户的结构

借方	债务结算账户	贷方
		期初余额：期初应付款实有数
发生额：本期各种债务的清偿数		发生额：本期各种债务的增加数
		期末余额：期末尚未归还债务的实有数

③ 债权债务结算账户。在企业会计实务中，如果企业预收款项的业务不多，可以不单设"预收账款"账户，而用"应收账款"账户同时反映企业应收款项和预收款项的增减变动及其变动结果，此时的"应收账款"账户就是一个债权债务结算账户；如果企业预付款项的业务不多，也可以不单设"预付账款"账户，而用"应付账款"账户同时反映企业应付款项和预付款项的增减变动及其变动结果，此时的"应付账款"账户就是一个债权债务结算账户。

为了简化核算，企业可以设置一个往来账户反映企业与同一单位的债权债务的结算情况。这种做法，不仅可以减少账户的数量，简化会计核算工作，而且账户名称与其反映的内容保持一致，有"往"有"来"，概念明确，便于对账户的理解和运用。例如，将"其他应收款"账户和"其他应付款"账户合并开设的"其他往来"账户等属于这类账户。债权债务结算账户的结构如表 3.8 所示。

表 3.8　债权债务结算账户的结构

借　　方	债权债务结算账户	贷　　方
期初余额：债权大于债务的期初差额		期初余额：债务大于债权的期初差额
发生额：本期债权的增加数或债务的减少数		发生额：本期债务的增加数或债权的减少数
期末余额：表示尚未收回的净债权		期末余额：尚未收回的净债务

结算账户的特点可以概述为以下几方面。

第一，按照结算业务的对方单位或个人设置明细分类账户，以便及时进行结算和核对账目。

第二，结算账户无论是总分类账户还是明细分类账户仅提供价值指标。

第三，结算账户根据期末的方向来判断其性质，余额在借方，是债权结算账户；余额在贷方，是债务结算账户。

第四，在双重性质账户中各明细分类账户的借方余额与贷方余额之和的差额，应和总分类账户的余额保持一致。

（3）资本账户。资本账户亦称所有者投资账户，是用来反映和监督企业所有者资本投资增减变动及其结余情况的账户。属于该类账户的有"实收资本""资本公积""盈余公积"等账户。

这类账户的结构特点：贷方登记所有者资本投资的增加额，借方登记所有者资本投资的减少额，余额总是在贷方，表示期末所有者资本投资的实有额。该账户的结构如表 3.9 所示。

表 3.9　资本账户的结构

借　　方	资本账户	贷　　方
		期初余额：期初所有者投资的实有额
发生额：本期所有者投资减少额		发生额：本期所有者投资的增加额
		期末余额：期末所有者投资的实有额

（4）跨期摊配账户。跨期摊配账户是用来反映和监督应由若干会计期间共同负担的费用，并将这些费用在各个会计期间进行分摊的账户。由于企业会计分期核算假设的存在，企业在生产经营过程发生的费用中，有些是跨期的，即应由几个会计期间共同负担。为了正确计算各个会计期间的损益，必须按照权责发生制的原则要求，按照配比的原则严格划分费用的归

属期。为此，需要设置跨期摊配账户来实现这一过程。跨期摊配费用的经济性质有资产性质的跨期摊配费用和负债性质的跨期摊配费用，反映这两类费用的账户主要有"长期待摊费用、预付账款"和"应计利息"账户。

这类账户的结构特点：是为了划清各个会计期间的费用界限而设置的，借方用来登记费用的实际发生数或支用数；贷方用来登记应由某个会计期间负担的费用摊配数，期末如为借方余额，表示已支付尚未摊配的待摊费用，如为贷方余额，则表示已摊配而尚未支用的预提费用。跨期摊配账户的结构如表 3.10 所示。

表 3.10 跨期摊配账户的结构

借 方　　　跨期摊配账户	贷 方
期初余额：期初已支付尚未摊销的待摊费用额	期初余额：期初已预提而尚未支付的预提费用
发生额：本期待摊费用或预提费用的支付额	发生额：本期待摊费用的摊配额或预提费用的预提额
期末余额：表示尚未收回的净债权	期末余额：已预提而尚未支付的预提费用

以上说明的是跨期摊配账户的基本结构。具体到"长期待摊费用"和"应计利息"这两个账户，在结构上还小有差别：待摊费用是先发生后摊配，因而是先登记借方后登记贷方，余额在借方，而不可能发生贷方余额；应计利息则是先预提后支付，因而是先登记贷方后登记借方，期末余额可能在贷方，也可能在借方，贷方余额为预提费用，借方余额表示实际支付的费用大于预提款的差额，实际是待摊费用。"应计利息"账户的这一特点，说明它实际上是具有资产负债双重性质的账户。

（5）集合分配账户。集合分配账户是用来归集和分配企业经营过程中某一阶段发生的有关生产费用，反映和监督有关费用计划执行情况及费用分配情况的账户。设置这类账户的目的是便于将有关费用进行分配，如"制造费用"等账户。

这类账户结构的特点：借方登记各种费用的发生数，贷方登记按照一定标准分配计入各个成本计算对象的费用分配数，除季节性生产企业外，归集在这类账户借方的费用一般在当期都全部分配出去，所以这类账户期末通常没有余额；同时，在企业生产单一产品的情况下，直接计入成本，无须分配。所以，集合分配账户具有明显的过渡性质。该类账户的结构如表 3.11 所示。

表 3.11 集合分配账户的结构

借 方　　　集合分配账户	贷 方
发生额：归集本期生产经营过程中间接费用的发生额	发生额：本期末分配到有关成本计算对象上的间接费用额

（6）成本计算账户。成本计算账户是用来反映和监督企业生产经营过程中某一阶段所发生的应计入成本的全部费用，并确定各个成本计算对象的实际成本的账户。如"生产成本""材料采购""在建工程"等账户属于这类账户。

这类账户结构的特点：借方登记应计入成本的全部费用，包括直接计入各个成本计算对象的费用和按一定标准分配计入各个成本计算对象的费用；贷方登记转出的已完成某一过程的成本计算对象的实际成本，期末借方余额，表示尚未完成某一过程的成本计算对象的实际成本。成本计算账户的结构如表 3.12 所示。

表 3.12 成本计算账户的结构

借方	成本计算账户	贷方
期初余额：未转出成本计算对象的实际成本		
发生额：经营过程中发生的应由成本计算对象承担的费用		发生额：转出成本计算对象的实际成本
期末余额：期末未转出成本计算对象的成本		

（7）损益计算账户。损益计算账户是用来计算确定企业生产经营最终财务成果的账户。企业利润或亏损的确定，主要取决于收入、费用、税金等因素。所以，损益类账户具体又分为收入类账户和费用类账户。

① 收入类账户是用来反映和监督企业在一定会计期间内所取得的各种收入的账户。这里的收入概念是广义的，不仅包括营业收入（主营业务收入和其他业务收入），还包括投资收益和营业外收入。如"主营业务收入""其他业务收入""营业外收入"等账户属于这类账户。

这类账户的结构特点：贷方登记本期收入的增加额；借方登记本期收入的减少额和期末转入"本年利润"账户的收入额。结转后该类账户应无余额。收入类账户的结构如表 3.13 所示。

表 3.13 收入类账户的结构

借方	收入类账户	贷方
发生额： （1）本期发生的收入、收益减少 （2）期末转入"本年利润"账户的收入和收益净额		发生额：本年实现的收入、收益数额

② 费用类账户是用来反映和监督企业在一定会计期间内所发生的应计入当期损益的各种费用的账户。这里的费用概念也是广义的，不仅包括为取得营业收入而发生的各项耗费，还包括营业外的支出和所得税费用。如"主营业务成本""其他业务成本""税金及附加""销售费用""管理费用""财务费用""营业外支出""所得税费用"等账户属于这类账户。

这类账户的结构特点：借方登记本期费用支出的增加额，贷方登记本期费用支出的减少额和期末转入"本年利润"账户的费用支出数额。结转后该类账户应无余额。费用类账户的结构如表 3.14 所示。

表 3.14 费用类账户的结构

借　方　　　　　　费用类账户　　　　　贷　方	
发生额：本期发生的成本、费用、税金及附加、支出和损失数额	发生额： （1）本期减少的费用等数额 （2）本期转入"本年利润"账户的费用支出数额

（8）财务成果账户。财务成果账户是用来反映和监督企业在一定期间内生产经营活动成果的账户。如"本年利润"账户属于该类账户。

该类账户的结构特点：贷方登记期末从各收入账户转入的本期发生的各项收入数；借方登记期末从各费用账户转入的本期发生的与本期收入相配比的各项费用数。期末如为贷方余额，表示收入大于费用的差额，为企业本期实现的净利润；若出现借方余额，则表示本期费用支出大于收入的差额，为本期发生的净亏损。年末，本年实现的净利润或发生的净亏损都要结转记入"利润分配"账户，结转后该类账户应无余额。

在年度中间，账户的余额（无论是实现的净利润，还是发生的净亏损）不转账，要一直保留在该账户中，目的是提供截至本期累计实现的净利润或发生的净亏损，因而年度中间该账户有余额，且可能在贷方，也可能在借方。

年终结算，要将本年实现的净利润或发生的净亏损从"本年利润"账户转入"利润分配"账户。因此，年末转账后，该类账户应无余额。财务成果账户的结构如表 3.15 所示。

表 3.15 财务成果账户的结构

借　方　　　　　　财务成果账户　　　　　贷　方	
期初余额：截至期初累计发生的亏损额	期初余额：截至期初累计实现的利润额
发生额：本期转入的各项费用数额	发生额：本期转入的各项收入数额
期末余额：截至期末累计发生的亏损额	期末余额：截至期末累计实现的净利润额

（9）计价对比账户。计价对比账户是指对某项经济业务，按两种不同的计价进行核算对比，借以确定其业务成果的账户。该类账户结构的特点：借方登记某项经济业务的一种计价，贷方登记该项业务的另一种计价；期末将两种计价对比，据以确定成果。典型账户包括："本年利润"，材料按计划成本计价下的"材料采购"，以改"固定资产清理"和"物资采购"账户。

（10）调整账户。调整账户是用来调整被调整账户的余额，以求得被调整账户实际余额而设置的账户。在会计实务上，由于管理上的需要或其他原因，对于某些会计要素，要求用两种数字从不同的方面进行反映。在这种情况下，就需要设置两个账户，一个用来反映其原始数字，另一个用来反映对原始数字的调整数字，将原始数字和调整数字相加或相减，即可求得调整后的实际数字。例如，固定资产由于发生损耗，其价值不断减少，从管理的角度考虑，需要"固定资产"账户能提供固定资产的原始价值。因此，固定资产价值的减少不直接记入"固定资产"账户的贷方，冲减其原始价值，而是另外开设了"累计折旧"账户，将提取的折旧记入"累计折旧"账户的贷方，用以反映固定资产由于损耗而不断减少的价值。将"固定资产"账户的借方余额（现有固定资产的原始价值）减去"累计折旧"账户的贷方余额（现有固定资产的累计损耗价值），其差额就是现有固定资产的净值（或称折余价值）。可见"累计折旧"账户就是为了调整"固定资产"账户借方余额（原始价值），而求得其实际价值（净值）而设置的。所以，"累计折旧"账户就属于调整账户。属于这类账户的还有"利润分配""材料成本差异""坏账准备"等账户。

调整账户按其调整方式的不同，可以分为备抵调整账户、附加调整账户和备抵附加调整账户三类。

① 备抵调整账户。备抵调整账户亦称抵减账户，是用来抵减被调整账户余额，以求得被调整账户实际余额的账户。其调整方式可用下列计算公式表示：

$$被调整账户的实际余额=被调整账户余额-备抵调整账户余额$$

因此，被调整账户的余额与备抵调整账户的余额一定在相反的方向。如果被调整账户的余额在借方，则备抵调整账户的余额一定在贷方；反之亦然。

属于备抵调整的账户主要有："累计折旧"是固定资产的备抵调整账户；"坏账准备"是应收账款的备抵调整账户；"利润分配"是本年利润的备抵调整账户。

② 附加调整账户。附加调整账户是用来增加被调整账户的余额，以求得被调整账户实际余额的账户。这类账户与备抵调整账户的调整方式恰好相反，是将被调整账户的期末余额相加，得出被调整账户的实有数。其调整方式可用下列计算公式表示：

$$被调整账户的实际余额=被调整账户余额+附加调整账户余额$$

因此，被调整账户的性质和期末余额方向与附加调整账户一致。在实际工作中，纯粹的附加调整账户很少使用。

③ 备抵附加调整账户。备抵附加调整账户是指既可以用来抵减，又可以用来附加被调整账户的余额，以求得被调整账户实际余额的账户。这类账户属于双重性质账户，兼有备抵账户和附加账户的功能，但不能同时起两种作用。其在某一时期执行的是哪一种功能，取决于该账户的余额与被调整账户的余额是在同一方向还是相反方向。如在同一方向，调整方式与附加调整账户相同；如在相反方向，调整方式与备抵调整账户相同。如企业存货采用计划成本进行日常核算时，所设置的"材料成本差异"账户就属于备抵附加调整账户。

当企业采用计划成本法对原材料进行核算时，需设置"原材料"和"材料成本差异"两个账户。"原材料"账户反映库存材料的计划成本，"材料成本差异"账户反映库存材料实际成本与计划成本的差额。借方登记实际成本大于计划成本的差异额（超支额），贷方登记实际成本小于计划成本的差异额（节约额），以及已分配的差异额（节约用红字，超支用蓝字）。"材料成本差异"科目借方登记超支差异及发出材料应负担的节约差异，贷方登记节约差异及发出材料应负担的超支差异。

"材料成本差异"是资产类的备抵附加调整账户，既有备抵性质（被调整科目的减项），这时是节约差；又有附加性质（被调整科目的加项），这时是超支项。节约与超支，是实际成本与计划成本相减的差额。

3.3 复式记账原理与借贷记账法

3.3.1 复式记账原理

会计账户只是记录经济业务的工具,要完整系统地在会计账户中记录经济业务引起会计要素的增减变化情况和结果,还必须运用科学的记账方法。目前我国所有企业单位均采用复式记账的方法。

所谓复式记账法,是指对发生的每一项经济业务,都以相等的金额,同时在两个或两个以上相互联系的账户中进行登记,借以反映一项经济业务引起的会计要素增减变化的一种记账方法。经济活动存在着相互依存的内在关系,任何一项经济业务的发生,都会引起至少两个项目发生增减变化。因此,为了完整系统地反映经济业务,就要求以相等的金额,同时在相关的两个或两个以上的账户中进行登记,即采用复式记账方法。例如,用银行存款支付 20 000 元保险费用,这项经济业务的发生,一方面是银行存款减少了 20 000 元,另一方面是保险费用增加了 20 000 元,根据复式记账原理,一方面在"银行存款"账户中登记减少 20 000 元,另一方面在"管理费用"账户中登记增加 20 000 元。

复式记账法可以全面反映每项经济业务所引起的会计要素的增减变化情况,并且能利用有关会计要素之间的平衡关系,对账户记录的结果进行试算平衡,以检查账户记录的正确性,是一种比较科学的记账方法。

3.3.2 借贷记账法

借贷记账法是以"借"和"贷"作为记账符号,以"有借必有贷,借贷必相等"为记账规则的一种复式记账方法。

借贷记账法起源于 13 世纪的意大利,以后逐步推广到世界各地,是世界上通用的一种比较成熟、完善的记账方法,已被全世界的会计工作者普遍接受。我国颁布的《企业会计准则》明文规定,中国境内所有企业的会计核算都应采用借贷记账法。

1. 借贷记账法的基本要点

运用借贷记账法进行会计核算,必须理解和掌握它的基本要点,包括记账符号、账户结构、记账规则、试算平衡四个方面。

(1)记账符号。借贷记账法以"借"和"贷"作为记账符号,在此,"借""贷"两字并没有特定的含义,只是会计上的一个术语,代表账户上两个对立的方向,即作为"左方""右方"的代名词。对于每个账户来说,如果规定借方表示增加,那么贷方就表示减少;如果规定借方表示减少,则贷方就表示增加。

(2)账户结构。在借贷记账法下,账户的基本结构是,左方为借方,右方为贷方,但哪一方登记增加,哪一方登记减少,则要根据账户的具体性质而定。

① 资产类账户结构。资产类账户的借方登记资产的增加额,贷方登记资产的减少额,期

末余额一般在账户的借方。借方登记增加额的合计数称为本期借方发生额,贷方登记减少额的合计数称为本期贷方发生额。该类账户期末余额的计算公式如下:

期末借方余额=期初借方余额+本期借方发生额-本期贷方发生额

用"T"形账户表示的资产类账户结构如表3.16所示。

表3.16 资产类账户结构

借方		账户名称	贷方	
初期余额	×××			
本期增加额	×××	本期减少额	×××	
本期发生额合计	×××	本期发生额合计	×××	
期末余额	×××			

② 负债和所有者权益类账户结构。根据会计基本等式"资产=负债+所有者权益"的结构,负债类账户和所有者权益类账户的结构与资产类账户结构正好相反,此类账户的贷方登记负债和所有者权益的增加额,借方登记负债和所有者权益的减少额,期末余额一般在账户的贷方。该类账户期末余额的计算公式如下:

期末贷方余额=期初贷方余额+本期贷方发生额-本期借方发生额

用"T"形账户表示的负债和所有者权益类账户结构如表3.17所示。

表3.17 负债和所有者权益类账户结构

借方		账户名称	贷方	
		期初余额	×××	
本期减少额	×××	本期增加额	×××	
本期发生额合计	×××	本期发生额合计	×××	
		期末余额	×××	

③ 损益类账户结构。损益类账户按照性质不同又可以分为两部分,即收入类账户和费用成本类账户。一般情况下,收入的发生会导致所有者权益的增加,因此,收入类账户的结构和所有者权益类账户的结构是相同的,账户的贷方登记收入的增加额,借方登记收入的减少额或转销额。期末,此类账户贷方登记的收入增加额一般都要通过借方转出,所以收入类账户通常没有期末余额。如果因某种情况有余额,也表现为贷方余额。

用"T"形账户表示的收入类账户结构如表3.18所示。

表3.18 收入类账户结构

借方		账户名称	贷方	
本期减少(转销)额	×××	本期增加额	×××	
本期发生额合计	×××	本期发生额合计	×××	

费用成本的发生通常会导致所有者权益的减少,所以,费用成本类账户的结构和所有者权益类账户的结构正好相反,而与资产类账户的结构是基本相同的。账户的借方登记费用成

本的增加额，贷方登记费用成本的减少额或转销额。期末，此类账户借方登记的费用成本的增加额一般都要通过贷方转出，所以费用成本类账户通常没有期末余额。如果因某种情况有余额，也表现为借方余额，表示期末资产余额。

用"T"形账户表示的费用成本类账户结构如表 3.19 所示。

表 3.19　费用成本类账户结构

借　　方		账　户　名　称	贷　　方	
本期增加额	×××		本期减少（转销）额	×××
本期发生额合计	×××		本期发生额合计	×××

在借贷记账法下将上述各类账户的结构进行归纳，如表 3.20 所示。

表 3.20　借贷记账法下各类账户的结构

账户类别	借　　方	贷　　方	余　　额
资产类	增加	减少	借方
负债类	减少	增加	贷方
所有者权益类	减少	增加	贷方
收入类	减少（转销）	增加	一般无余额
费用成本类	增加	减少（转销）	一般无余额

（3）记账规则。借贷记账法的记账规则为"有借必有贷，借贷必相等。"即对于每一项经济业务，都要在记入一个账户借方的同时，记入另一个或几个账户的贷方，或者在记入一个账户贷方的同时，记入另一个或几个账户的借方，而且记入借方和贷方的金额必须相等。

下面通过实例来说明借贷记账法的记账规则。

【例 3.1】某公司向银行申请短期借款 100 000 元，经银行审核批准，款项已转入公司的存款账户。

分析：这项经济业务的发生，一方面引起"银行存款"增加 100 000 元，另一方面引起"短期借款"增加 100 000 元。根据复式记账原理，应该同时在"银行存款"和"短期借款"两个账户中进行登记。"银行存款"是资产类账户，增加应记账户的借方；"短期借款"是负债类账户，增加应记账户的贷方。这项经济业务引起资产和负债同时增加相等的金额。

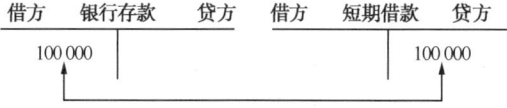

【例 3.2】某公司收到投资者投入的设备一台，价值 60 000 元，设备已投入使用。

分析：这项经济业务的发生，一方面引起"固定资产"增加 60 000 元，另一方面引起"实收资本"增加 60 000 元。根据复式记账原理，应该同时在"固定资产"和"实收资本"两个账户中进行登记。"固定资产"是资产类账户，增加应记在账户的借方；"实收资本"是所有者权益类账户，增加应记在账户的贷方。这项经济业务引起资产和所有者权益同时增加相等的金额。

```
   借方   固定资产   贷方      借方   实收资本   贷方
          60 000                       60 000
```

【例3.3】某公司用银行存款50 000元偿还短期借款。

分析：这项经济业务的发生，一方面引起"银行存款"减少50 000元，另一方面引起"短期借款"减少50 000元。根据复式记账的原理，应该同时在"银行存款"和"短期借款"两个账户中进行登记。"银行存款"是资产类账户，减少应记在账户的贷方，"短期借款"是负债类账户，减少应记在账户的借方。这项经济业务引起资产和负债同时减少相等的金额。

```
   借方   银行存款   贷方      借方   短期借款   贷方
                    50 000    50 000
```

【例3.4】某公司用银行存款采购材料一批，共5 000元。

分析：这项经济业务的发生，一方面引起"银行存款"减少5 000元，另一方面引起"原材料"增加5 000元。根据复式记账的原理，应该同时在"银行存款"和"原材料"两个账户中进行登记。"银行存款"是资产类账户，减少应记在账户的贷方，"原材料"也是资产类账户，增加应记在账户的借方。这项经济业务引起资产类账户同时增减相等的金额。

```
   借方   银行存款   贷方      借方   原材料    贷方
                    5 000     5 000
```

【例3.5】某公司开出银行承兑汇票一张，抵付前欠货款30 000元。

分析：这项经济业务的发生，一方面引起"应付票据"增加30 000元，另一方面引起"应付账款"减少30 000元。根据复式记账原理，应该同时在"应付票据"和"应付账款"两个账户中进行登记。"应付票据"和"应付账款"都是负债类账户，"应付票据"增加记贷方，"应付账款"减少记借方。这项经济业务引起负债内部一个项目增加、一个项目减少。

```
   借方   应付票据   贷方      借方   应付账款   贷方
                    30 000    30 000
```

【例3.6】经批准，某公司将盈余公积100 000元转做实收资本。

分析：这项经济业务的发生，一方面引起"实收资本"增加100 000元，另一方面引起"盈余公积"减少100 000元。根据复式记账原理，应该同时在"实收资本"和"盈余公积"两个账户中进行登记。"实收资本"和"盈余公积"都是所有者权益类账户，"实收资本"增加记贷方，"盈余公积"减少记借方。这项经济业务引起所有者权益内部一个项目增加、一个项目减少。

```
借方    实收资本    贷方      借方    盈余公积    贷方
              100 000 ←———— 100 000
```

【例 3.7】 某公司按一定的比例计提应交所得税 8 000 元。

分析：这项经济业务的发生，一方面引起"应交税费"增加 8 000 元，另一方面引起"所得税"增加 8 000 元，所得税是费用要素项目，而费用的增加最终会导致所有者权益的减少。根据复式记账原理，应该同时在"应交税费"和"所得税"两个账户中进行登记。"应交税费"是负债类账户，增加应记账户的贷方；"所得税"是费用类账户，增加应记账户的借方。这项经济业务一方面引起负债增加，另一方面引起所有者权益减少。

```
借方    应交税费    贷方      借方   所得税费用   贷方
              8 000 ←———— 8 000
```

（4）试算平衡。试算平衡是根据资产、权益之间的平衡关系和记账规则来检查账户记录是否正确、完整的一种验证方法，包括发生额平衡法和余额平衡法两种。

① 发生额平衡法。根据借贷记账法"有借必有贷，借贷必相等"的记账规则，对每一项经济业务登记的借方、贷方金额必然相等，那么，将一定时期内全部经济业务登记入账后，所有账户的借方本期发生额合计必然等于所有账户的贷方本期发生额合计，可用公式表示如下：

全部账户本期借方发生额合计＝全部账户本期贷方发生额合计

现对前例中 7 项经济业务的账务处理编制发生额试算平衡表，如表 3.21 所示。

表 3.21　发生额试算平衡表

××××年××月××日　　　　　　　　　　　　　　　　　单位：元

账　户　名　称	借方发生额	贷方发生额
银行存款	100 000	55 000
原材料	5 000	
固定资产	60 000	
短期借款	50 000	100 000
应付票据		30 000
应付账款	30 000	
应交税费		8 000
实收资本		160 000
盈余公积	100 000	
所得税费用	8 000	
合　　计	353 000	353 000

② 余额平衡法。根据资产、权益之间的平衡关系和记账规则的要求，期末各账户结账之后，全部账户的借方期末余额合计数必然等于全部账户的贷方期末余额合计数，可用公式表示如下：

全部账户借方期末余额合计＝全部账户贷方期末余额合计

因为本期的期末余额就是下期的期初余额，因此：

全部账户借方期初余额合计=全部账户贷方期初余额合计

在实际工作中,企业一般将本期发生额试算平衡和期末余额试算平衡合并在一张表上进行,如表 3.22 所示(表中各账户的期初余额为上期的期末余额)。

表 3.22　试算平衡表

×××× 年 ×× 月 ×× 日　　　　　　　　　　　　　　　　　单位:元

账户名称	期初余额		本期发生额		期末余额	
	借方	贷方	借方	贷方	借方	贷方
现金	800				800	
银行存款	150 000		100 000	55 000	195 000	
原材料	20 000		5 000		25 000	
固定资产	3 500 000		60 000		3 560 000	
短期借款		50 000	50 000	100 000		100 000
应付票据		70 000		30 000		100 000
应付账款		60 000	30 000			30 000
应交税费		60 000		8 000		68 000
长期借款		150 000				150 000
实收资本		3 130 000		160 000		3 290 000
资本公积						
盈余公积		150 800	100 000			50 800
所得税费用			8 000		8 000	
合计	3 670 800	3 670 800	353 000	353 000	3 788 800	3 788 800

 特别提示

必须指出的是,通过试算平衡只能检查账簿中存在的影响借贷金额的错误。如果试算不平衡,可以肯定账户记录或者计算有错误,应该进一步查明原因,并予以纠正。但是如果试算结果平衡,却不能完全肯定记账没有错误,因为有些错误并不影响借贷双方的平衡。因为经济业务漏记、重复登记、借贷记账方向颠倒、会计科目用错、一方记多一方记少而相互抵销的错误,并不会破坏金额的平衡。因此,还要结合其他会计检查方法,以保证账户记录正确无误。

2. 会计分录

会计分录是运用复式记账原理,对每一项经济业务分别标明其应记入的账户名称(会计科目)、记账方向和记账金额的一种记录方式。对发生的经济业务,在登记账簿之前,应根据经济业务的内容,确定所涉及的账户名称、应借应贷的方向和应记金额,即编制会计分录。这样可以保证账户记录的正确性。所以,会计分录的正确与否,直接影响到账户的正确性,乃至影响到会计信息的质量。在实际工作中,编制会计分录是通过编制记账凭证来完成的。

【例 3.8】现将本节前例中 7 项经济业务编制会计分录如下:

（1）借：银行存款　　　　　　　　　　　　100 000
　　　贷：短期借款　　　　　　　　　　　　　　100 000
（2）借：固定资产　　　　　　　　　　　　 60 000
　　　贷：实收资本　　　　　　　　　　　　　　 60 000
（3）借：短期借款　　　　　　　　　　　　 50 000
　　　贷：银行存款　　　　　　　　　　　　　　 50 000
（4）借：原材料　　　　　　　　　　　　　 5 000
　　　贷：银行存款　　　　　　　　　　　　　　 5 000
（5）借：应付账款　　　　　　　　　　　　 30 000
　　　贷：应付票据　　　　　　　　　　　　　　 30 000
（6）借：盈余公积　　　　　　　　　　　　100 000
　　　贷：实收资本　　　　　　　　　　　　　　100 000
（7）借：所得税费用　　　　　　　　　　　 8 000
　　　贷：应交税费——应交所得税　　　　　　　 8 000

 **特别提示**

1. 会计分录书写的格式："借方"在上，"贷方"在下，借方科目、贷方科目及金额应错开一格。
2. 对应账户：会计分录中各账户间形成的应借应贷的关系称为"账户的对应关系"，存在对应关系的账户相互称为"对应账户"。如上述从银行获得短期借款的经济业务，使"短期借款"与"银行存款"账户形成了对应关系，"短期借款"的对应账户为"银行存款"，"银行存款"的对应账户为"短期借款"。

账户的对应关系是由特定经济业务形成的，通过账户的对应关系，可以反映经济业务的来龙去脉，便于检查经济业务本身是否合理合法，以及对经济业务的处理是否正确。

会计分录有简单会计分录和复合会计分录两种，简单会计分录是只涉及两个账户的会计分录，即一个借方账户和一个贷方账户（"一借一贷"）。上述会计分录就属于简单会计分录。复合会计分录是由两个以上的账户相对应构成的分录，可以是一个借方账户和多个贷方账户相对应（"一借多贷"），也可以是多个借方账户和一个贷方账户相对应（"多借一贷"）。

由于"多借多贷"的会计分录不能清楚地反映账户之间的对应关系，不便于揭示经济业务的详细内容，所以，在实际工作中尽可能不编制"多借多贷"的会计分录，以保持账户的对应关系清楚。

本章小结

会计科目是按照经济业务的内容和经济管理的要求，对会计要素的具体内容进一步分类的项目名称。设置会计科目是正确地核算和监督企业单位经济活动的基础。通过设置会计科目，不仅可以正确分类、详细地反映会计要素具体内容的变化，而且可以作为设置会计账户的直接依据，对于正确填制凭证、设置账户、登记账簿和编制会计报表等都具有重要的意义，更是规范会计核算、加强会计监督的重要手段。

任何企业都必须设置一套适合自身特点的会计科目体系。无论是国家有关部门统一制定会计科目，还是企业单位自行设计会计科目，均应按照一定的原则进行。

企业在不违反会计准则中确认、计量和报告规定的前提下，可以根据本单位的实际情况自行增设、分拆、合并会计科目。对于企业不存在的交易或者事项，可不设置相关会计科目，对于明细科目，企业可自行设置。

账户是根据会计科目在账簿中设立的，用来分类记录经济业务变化的，具有一定结构和格式的记账载体。

账户按经济内容分类是最基本、主要的分类，是以账户所反映的会计对象的具体内容进行的分类，与会计科目的分类是相同的。

账户按用途和结构分类是在按经济内容分类基础上的进一步分类，是对按经济内容分类的必要补充。

账户分类就是按照不同的标志对账户体系进行划分，找出各账户之间的联系和区别。通过账户分类，可以揭示设置和运用账户的一般规律，可以使我们更深刻地理解和正确地使用账户。

复式记账法是一种比较科学的记账方法。在复式记账原理下的借贷记账法，是世界上通用的一种比较成熟、完善的记账方法，已被全世界的会计工作者普遍接受。在借贷记账法下，账户的基本结构是，左方为借方，右方为贷方，但哪一方登记增加，哪一方登记减少，则要根据账户的具体性质而定。

试算平衡是根据资产、权益之间的平衡关系和记账规则来检查账户记录是否正确、完整的一种验证方法，包括发生额平衡法和余额平衡法两种。

如果试算不平衡，可以肯定账户记录或者计算有错误，应该进一步查明原因，并予以纠正。但是如果试算结果平衡，却不能完全肯定记账没有错误，因为有些错误并不影响借贷双方的平衡。

会计分录是运用复式记账原理，对每一项经济业务分别标明其应记入的账户名称（会计科目）、记账方向和记账金额的一种记录方式。对发生的经济业务，在登记账簿之前，应根据经济业务的内容，确定所涉及的账户名称、应借应贷的方向和应记金额，即编制会计分录。在实际工作中，编制会计分录是通过编制记账凭证来完成的。

思考与实践3

一、关键词

会计科目　　会计账户　　借贷记账法　　会计分录　　盘存账户　　结算账户　　集合分配账户　　调整账户

二、思考题

1. 简述会计科目与会计账户的关系。
2. 简述借贷记账法下的账户结构。
3. 简述借贷记账法的基本要点。
4. 简述会计分录的内容及编写要点。
5. 账户按经济内容可分为哪几类？
6. 账户按用途和结构可以分为哪几类？各类中主要包括哪些账户？
7. 请帮助小华、小雨解决她们所遇到的难题。

三、实务题

1. 练习会计要素的分类及会计科目的运用

资料：某食品加工厂 2021 年 3 月 1 日有关资产和权益项目如表 3.23 所示。

表 3.23　资产和权益项目表

内　容	会 计 要 素	会 计 科 目	内　容	会 计 要 素	会 计 科 目
生产车间用的房屋			应收食品公司的销售货款		
作为仓库用的房屋			存在银行的款项		
行政管理用的房屋			投资人投入的资本		
机器设备			从银行借入的 3 个月借款		
运输用的汽车			应付光明厂面粉款		
库存生产用的材料			应交增值税税费		
库存生产用的燃料			应付职工的工资		
库存其他辅助材料			从中国银行借入 5 年贷款		
正在生产加工中的食品			应付职工福利费		
成品库内的食品			本年实现的利润		
库存现金			已分配利润		
职工借支的差旅费			从利润中提取的公积金		

要求：在表 3.23 "会计要素"和"会计科目"栏目中填入有关会计要素和会计科目。

2. 练习账户的结构

（1）根据各类账户的结构要求，将表 3.24 中问号处的数据补齐。

表 3.24　账户结构练习

单位：元

账 户 名 称	期 初 余 额	本期借方发生额	本期贷方发生额	期 末 余 额
应收账款	20 000	56 000	40 000	?
短期借款	60 000	?	30 000	50 000
盈余公积	40 000	26 000	?	49 000
原材料	60 000	?	130 000	88 000

续表

账户名称	期初余额	本期借方发生额	本期贷方发生额	期末余额
生产成本	?	23 000	210 000	6 000
库存商品	10 000	180 000	150 000	?
应付账款	70 000	?	40 000	6 000
应交税费	20 000	45 000	?	20 000
固定资产	?	880 000	100 000	1 500 000
主营业务收入		?	650 000	
税金及附加		?	23 000	
管理费用		38 800	?	
财务费用		30 000	?	

（2）根据各类账户的结构要求，将表3.25中"T"形账户的括号处数据填写完整。

表3.25 "T"形账户

借方	库存现金	贷方
期初金额　1240		
（1）　　　600	（3）　　　800	
（2）　　　1500		
本期发生额（　　）	本期发生额（　　）	
期末余额　（　　）		

借方	应收账款	贷方
期初金额　56 780		
（2）　　　12 600	（1）　　　23 800	
（3）　　（　　）		
本期发生额 34500	本期发生额（　　）	
期末余额　（　　）		

3．练习借贷记账法的应用

资料：粤华公司期初有关账户的余额如表3.26所示。

表3.26 粤华公司期初有关账户余额

单位：元

资产	金额	负债及所有者权益	金额
库存现金	500 000	短期借款	800 000
银行存款	3 500 000	应付账款	500 000
应收账款	520 000	应付职工薪酬	200 000
原材料	800 000	应交税费	100 000
生产成本	850 000	长期借款	3 000 000
库存商品	890 000	实收资本	9 760 000

续表

资　产	金　额	负债及所有者权益	金　额
固定资产	8 000 000	盈余公积	700 000
资产总计	15 060 000	负债及所有者权益总计	15 060 000

本月发生如下经济业务：

（1）接受投资者投入资本 100 万元，存入银行；

（2）经批准，将盈余公积 50 万元转为资本金；

（3）以银行存款支付广告费 10 万元；

（4）以银行存款缴纳前期税款 10 万元；

（5）以银行存款 30 万元购买机器设备，交付使用；

（6）以银行存款偿还到期的短期借款 50 万元；

（7）收回外单位原欠的销货款 24 万元，存入银行；

（8）职工预借差旅费 1 万元，以现金支付；

（9）将 2 万元现金存入银行；

（10）以银行存款支付职工工资 20 万元。

要求：

（1）开设"T"形账户，登记期初余额，编制总分类账户试算平衡表并试算平衡。

（2）根据上述资料，编制会计分录。

（3）根据会计分录登记有关"T"形账户。

（4）结算出本期发生额和期末余额并试算平衡。

四、知识与能力拓展

1. 上网查找《企业会计准则应用指南》，并阅读。

2. 选择一个企业，了解其所涉及的会计科目和会计账户。

第4章

会计信息载体之一——会计凭证

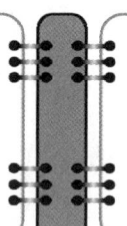

【知识目标】
1. 了解会计凭证的种类及其在会计核算中的作用
2. 了解会计凭证传递与保管的要求
3. 掌握会计凭证填制与审核的要点

【能力目标】
1. 正确辨别各种会计凭证
2. 正确填制各种原始凭证与记账凭证
3. 正确审核各种会计凭证

财务会计的基本目标就是向单位内外部有关方面提供有用的财务会计信息,由此需要运用货币计量的形式,采用填制凭证、登记账簿、编制报表等专门方法,对单位的经济业务进行连续、系统、综合的会计核算。所以,企业经营过程中产生的经济业务和会计事项,必须通过一定的载体进行相关的转化和传导,会计核算的信息载体是指记录和反映单位实际发生的经济业务事项的会计凭证、会计账簿、财务会计报告和其他书面会计资料。

案例导入

1. 小华在课外兼职时,代老板去客户处取一张发票,客户方的业务人员在将发票交给小华后,小华发现发票上面的数字有涂改,但小华核对后感觉没问题,就将发票拿回来交给了财务人员,但财务人员要求小华去退换发票,小华感觉没什么问题,可能是财务人员在刁难她。小华的感觉对吗?

2. 小雨在某单位的财会部门实习。某天,当小雨一个人在办公室工作时,一个她比较熟悉的客户业务员来财会部门借一张此业务员所在单位开来的发票,说是要核对一笔业务,小雨就从已经处理完而尚未装订的凭证中抽出了客户需要的发票给了那位业务员。待财会部门主管回来后,小雨及时汇报了这件事,不料主管却批评了小雨,小雨感觉很委屈,你应该怎样劝解她呢?

4.1 会计凭证的作用和种类

会计凭证是记录交易或事项和确定会计分录、明确经济责任的书面证明,是登记会计账簿的依据,也是记录和反映交易或事项的信息载体。填制与审核会计凭证,是进行会计核算、实行会计监督的一种专门方法和核算手段。

4.1.1 会计凭证的作用

会计凭证格式多种多样，内容各异，但它们的作用基本相同。会计凭证的主要作用有以下三点。

1．会计凭证是会计核算的依据

企业办理各项经济业务，都必须取得或填制原始凭证，并据以填制记账凭证。会计凭证必须经审核无误后，才能据以记账。反之，不符合规定要求的会计凭证，都不能作为记账的依据。通过对会计凭证的审核可以有效地保证其所记录经济业务内容的真实性，如某职工到深圳参加培训需要借支现金 2 000 元，必须填写原始凭证"借款单"，并由指定的负责人审批（签名）后，会计人员才能根据经过审核无误的"借款单"填制记账凭证，然后经出纳员审核无误后，由借款人在记账凭证上签名，出纳员方可向借款人付款。因此，会计凭证的首要作用是保证企业会计核算内容的客观性。

2．会计凭证是会计监督的依据

会计人员在根据会计凭证记账之前，应对记录经济业务的会计凭证逐笔进行审核，检查单位发生的经济业务是否真实、合理、合法。审核会计凭证的过程就是实施会计监督的过程。会计凭证记录的内容经过参与经济活动各方的认可，具有"公允"的特点。因此，会计凭证的审核是加强会计监督的重要手段。

3．会计凭证可以明确有关人员的经济责任

由于发生每项经济业务都要取得或填制会计凭证，而有关经办人员都要在凭证上签章，明确有关人员的经济责任。一旦出现违纪违法问题，也便于查找源头，并追究有关人员的经济责任。

4.1.2 会计凭证的种类

会计凭证按其填制程序和用途不同，可以分为原始凭证和记账凭证两类。

1．原始凭证

原始凭证又称原始单据，是在经济业务发生或完成时填制或取得的，用来证明经济业务发生或完成情况最原始的书面证明，是记账的原始依据，是会计核算的重要资料，如发票、银行进账单、领料单、收据、固定资产折旧计算表、限额领料单、发料凭证汇总表、借支单、支票等都是原始凭证。其格式分别如表 4.1～表 4.9 所示。

原始凭证按其来源不同，可分为外来凭证和自制凭证两种。外来凭证是办理经济业务时从外单位取得的原始凭证，如购货取得的发票、医疗费报销单等；自制凭证是由本单位经办业务人员填制的原始凭证，如收料单、发料单、销货发票、银行进账单、支票、固定资产折旧计算表、限额领料单、发料凭证汇总表等。

表4.1 发票

4400000000　　广东增值税专用发票　　№ 14600XXX

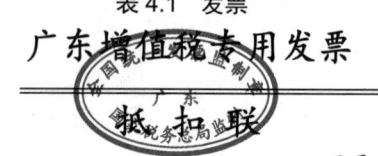

开票日期：

购买方	名　　称：		密码区	（略）		
	纳税人识别号：					
	地址、电话：					
	开户行及账号：					
货物或应税劳务、服务名称	规格型号	单位	数量	单价	金额	税率	税额
合　　　计							
价税合计（大写）				（小写）			
销售方	名　　称：		备注				
	纳税人识别号：						
	地址、电话：						
	开户行及账号：						

收款人：　　　　　复核：　　　　　开票人：　　　　　销售方：（章）

表4.2 银行进账单

中国工商银行　进账单（回单）

年　月　日

出票人	全　称		收款人	全　称									
	账　号			账　号									
	开户银行			开户银行									
金额	人民币（大写）			亿	千	百	十	万	千	百	元	角	分
票据种类		票据张数											
票据号码													
复核		记账		开户银行签章									

表4.3 领料单

领料部门：　　　　　年　月　日　　　　　No.

领料用途：							
材料名称及规格	计量单位	请领数量	实发数量	单　价	金额（元）	备　注
合　计						

领料人：　　　　　发料人：　　　　　制单：

表 4.4 收据

年 月 日   No.

付 款 单 位
人民币（大写）_____ ¥_____
收款事由：_____

经手人：   审批人：   出纳员：   收款单位：（盖章）

表 4.5 固定资产折旧计算表

年 月 日   单位：

车间或部门	房屋及建筑物			机器设备			其他设备			合计
	原值	月折旧率/(‰)	月折旧额	原值	月折旧率/(‰)	月折旧额	原值	月折旧率/(‰)	月折旧额	
第一车间										
第二车间										
行政管理部门										
合 计										

表 4.6 限额领料单

领料部门

用 途：   年 月 日   单位：

材料类别	材料编号	材料名称及规格	计量单位	领用限额	实际领用	单 价	金 额	备 注

供应部门负责人：   生产计划部门负责人：

日 期	领 用				退 料			限额结余
	请领数量	实发数量	发料人签章	领料人签章	退料数量	退料人签章	收料人签章	

发料人：   审批人：   领料人：   记账：

表 4.7　发料凭证汇总表

年　月　日

应借科目		领料部门	原料及主要材料	辅助材料	燃料	合计
总账科目	明细科目					
合　计						

会计主管：　　　　　　　复核：　　　　　　　制表：

表 4.8　借支单

年　月　日

工作部门		职务		姓名		盖章	
借支金额							
借支原因				附证件			
还款日期							
批核							

会计：　　　　　　　出纳：　　　　　　　制单：

表 4.9　支票

中国工商银行支票存根（粤）	中国工商银行 支票（粤）	广州 BG/02 119883116
BG/02 119883116	出票日期（大写）　　年　月　日	付款行名称：工行长城分理处
科目：_____	收款人：	出票人账号：44-66075
对方科目：_____	人民币（大写）	亿千百十万千百十元角分
出票日期　年　月　日	用途_____	
收款人：	上列款项请从	科目（借方）_____
金额：	我账户内支付	对方科目（贷）_____
用途：	出票人签章	复核　　记账
单位主管　　会计		

（本支票付款期限十天）

自制凭证按其填制的手续和内容不同，又可分为一次凭证、累计凭证和汇总原始凭证三种。

一次凭证是指一次只记录一项经济业务或同时记录若干项同类经济业务的原始凭证。所有外来原始凭证都是一次凭证，自制原始凭证中大部分也是一次凭证，如收料单、发料单、销货发票等。一次凭证只需填制一次即完成全部填制手续，可作为记账的原始依据。

累计凭证是指在一定时期内连续记载若干次同类经济业务的原始凭证，如工业企业的"限额领料单"就是常用的一种累计凭证。累计凭证既可以作为一种管理手段，也可以减少凭证数量，简化凭证填制的手续。

汇总原始凭证是指在会计核算中，为简化核算手续，将同类经济业务的若干原始凭证加以汇总编制的凭证，如工业企业会计部门根据"领料单"编制的"发出材料汇总表"等。

原始凭证按照其格式不同，可以分为通用凭证和专用凭证。

通用凭证是由有关部门统一印制、在一定范围内使用的具有统一格式和使用方法的原始凭证。通用凭证的使用范围因制作部门不同而异，可以是全国通用，也可以是某一省、某一地区、某一行业通用。如由人民银行制作的银行转账结算凭证，在全国范围内通用；如广东省印制的"广东省商品销售统一发票"等，在广东省通用。

专用凭证是指本单位自行印制的、只能在本单位内使用的原始凭证，如收料单、发料单、限额领料单、发出材料汇总表、制造费用分配表、工资费用分配表等。

根据载体不同，发票分为电子发票和纸质发票。电子发票以电子形式使用，纸质发票以纸质形式使用，二者的法律效力是一样的。电子发票的出现使发票从传统的物理介质发展为数据形式，打破了纸质发票作为会计记账凭证的传统，可以以会计电子档案、电子记账形式进行保存。

2. 记账凭证

记账凭证是会计人员根据审核无误的原始凭证填制的，用来确定经济业务应借、应贷会计科目及金额的会计凭证，是登记会计账簿的直接依据。

原始凭证只是记账的原始依据。由于企业填制或取得的原始凭证种类繁多且数量大、格式不一样，需要经过对原始凭证记录的经济业务内容进行分析，确定会计分录，即标明该笔经济业务应记入的账户名称及其借贷金额，这样才能保证记账不会出差错。在实际工作中，确定会计分录是通过编制记账凭证来完成的，记账凭证是登记会计账簿的直接依据。

会计人员根据原始凭证编制记账凭证或收款凭证、付款凭证和转账凭证，然后根据记账凭证登记会计账簿。

记账凭证按其使用方法的不同，可以分为单式记账凭证和复式记账凭证两种。复式记账凭证按其适用的经济业务，又可分为专用记账凭证和通用记账凭证两种。专用记账凭证通常又包括收款凭证、付款凭证和转账凭证三种，分别适用于收款业务、付款业务和转账业务。大部分单位的收款业务和付款业务及转账业务都使用一种统一格式的通用记账凭证。专用记账凭证和通用记账凭证的格式分别如表4.10～表4.13所示。

表 4.10 收款凭证

摘要	贷方科目		金额										记账
	总账科目	明细科目	亿	千	百	十	万	千	百	十	元	角	分	√
附件　　张	合　　计													

借方科目：　　　　　　　　　　　　　年　月　日　　　　　　　　　　　　　字第　号

会计主管：　　　　　记账：　　　　　出纳：　　　　　审核：　　　　　制单：

表 4.11 付款凭证

贷方科目：　　　　　　　　　　　　　年　月　日　　　　　　　　　　　　　字第　号

摘要	贷方科目		金额										记账
	总账科目	明细科目	亿	千	百	十	万	千	百	十	元	角	分	√
附件　　张	合　　计													

会计主管：　　　　　记账：　　　　　出纳：　　　　　审核：　　　　　制单：

表 4.12 转账凭证

年　月　日　　　　　　　　　　　　　　　　　　　　　　　　　　　　　　　字第　号

摘要	会计科目		借方金额										贷方金额										记账
	总账科目	明细科目	亿	千	百	十	万	千	百	十	元	角	分	亿	千	百	十	万	千	百	十	元	角	分	√
附件　张	合　计																								

会计主管：　　　　　记账：　　　　　出纳：　　　　　审核：　　　　　制单：

表 4.13　记账凭证

摘要	会计科目		借方金额											贷方金额											记账√
	总账科目	明细科目	亿	千	百	十	万	千	百	十	元	角	分	亿	千	百	十	万	千	百	十	元	角	分	
附件　张	合　计																								

年　月　日　　　　　　　　　　　　　　　　字第　号

会计主管：　　　　　　记账：　　　　　　出纳：　　　　　　审核：　　　　　　制单：

由于各单位采用的会计核算形式不同，因此登记总账的依据也不同，一些经济业务较多的单位通常采用编制科目汇总表或汇总记账凭证会计核算形式，先根据记账凭证编制科目汇总表或汇总记账凭证，然后根据科目汇总表或汇总记账凭证登记总账。科目汇总表和汇总记账凭证实际上也是一种记账凭证。

特别提示

1. 记账凭证是根据原始凭证所反映的经济业务进行填制的，但有些会计事项，如更正错账等，是没有原始凭证的，可由会计人员根据账簿记录，编制记账凭证。

2. 一个单位是选择专用记账凭证还是选择通用记账凭证，要根据单位经济业务的规模和核算的需要为依据，一般情况下，行政事业单位和中小规模的企业多数选择通用记账凭证。

4.2　原始凭证的填制和审核

原始凭证是记账的原始依据，是会计核算的重要资料。填制和审核会计凭证是会计核算工作的起点，是会计工作的基本环节，也是会计核算的专门方法之一。

4.2.1　原始凭证的基本内容

会计凭证格式多种多样，内容各异而且复杂，但它们的主要作用是相同的。原始凭证用来记录经济业务的内容，明确有关人员的经济责任，因此，原始凭证必须具备若干要素。这些共同性要素一般包括以下几个。

（1）填制单位的名称；
（2）凭证名称和编号；
（3）填制凭证的日期；
（4）接受凭证单位的名称（抬头）；
（5）经济业务的内容摘要；
（6）经济业务涉及的有关会计要素的数量、单价、金额；
（7）经办人员的签名或盖章。

购货取得的发票是典型的原始凭证，其一般格式如表 4.14 所示。

表 4.14 广东省商品销售统一发票

品名规格	单 位	数 量	单 价	金 额								备 注
				十万	万	千	百	十	元	角	分	
合计金额 （大写）	拾 万 仟 佰 拾 元 角 分						合计 小写					

开票人： 收款人： 销货单位：（盖章）

（发票号码；年 月 日填发；顾客名称及地址；第二联：发票联 顾客报销凭证）

4.2.2 原始凭证的填制要求

《会计基础工作规范》第四十七条规定：各单位办理本规范第三十七条规定的事项，必须取得或者填制原始凭证，并及时送交会计机构。无论是外来凭证还是自制凭证，都应按规定的要求填制。在填制原始凭证时，应该做到以下几点。

1．记录真实

原始凭证记录的经济业务各项内容和数字、金额必须与实际发生的实际情况完全符合，不得弄虚作假。对于经济业务的数量、金额的计算，要准确无误，不得匡算或估计。

2．内容完整

原始凭证所规定的各项内容要逐项填写，不得漏填或简略。

3．填制及时

一般应在经济业务发生或完成时立即填制或取得原始凭证，不得拖延。

4．书写规范

文字和数字的填写要符合规范要求。

《会计基础工作规范》第五十二条规定：填制会计凭证，字迹必须清晰、工整，并符合下列要求。

（1）阿拉伯数字应当逐个书写，不得连笔书写。阿拉伯金额数字前面应当书写货币币种符号或者货币名称简写和币种符号。币种符号与阿拉伯数字金额之间不得留有空白。凡阿拉伯数字前写有币种符号的，数字后面不再写货币单位。

（2）所有以元为单位（其他货币种类为货币基本单位，下同）的阿拉伯数字，除表示单价等情况外，一律写到角分；无角分的，角位和分位可写"00"，或者写符号"—"；有角无分的，分位应当写"0"，不得用符号"—"代替。如¥590.00 也可以写成¥590.—，但¥590.40不可以写成¥590.4—。

（3）汉字大写数字金额如零、壹、贰、叁、肆、伍、陆、柒、捌、玖、拾、佰、仟、万等，一律用正楷或者行书体书写，不得用〇、一、二、三、四、五、六、七、八、九、十等简化字代替，不得任意自造简化字。大写金额数字到元或者角为止的，在"元"或者"角"字之后应当写"整"或者"正"字；大写金额数字有分的，"分"字后面不写"整"或者"正"字。如¥590.00 汉字大写数字金额应写成：人民币（大写）伍佰玖拾元整（或正），已有数位的，写成：人民币（大写）零拾零万零仟伍佰玖拾零元零角零分；¥590.40 汉字大写数字金额写成：人民币（大写）伍佰玖拾零元肆角整；¥590.41 汉字大写数字金额写成：人民币（大写）伍佰玖拾零元肆角壹分（有分的后面不可写"整"或"正"字）。

（4）大写金额数字前未印有货币名称的，应当加填货币名称，货币名称与金额数字之间不得留有空白。

（5）阿拉伯金额数字中间有"0"时，汉字大写金额要写"零"字；阿拉伯数字金额中间连续有几个"0"时，汉字大写金额中可以只写一个"零"字；阿拉伯金额数字元位是"0"，或者数字中间连续有几个"0"、元位也是"0"但角位不是"0"时，汉字大写金额可以只写一个"零"字，也可以不写"零"字。如¥5003.00 汉字大写数字金额写成：人民币（大写）伍仟零叁元整（或正），已有数位的，汉字大写数字金额写成：人民币（大写）零拾零万伍仟零佰零拾叁元零角零分。

5. 手续完备

除了原始凭证的各项内容逐项填写外，经办人员或经办单位必须签名或盖章。从外单位取得的原始凭证，必须盖有填制单位的公章；从个人取得的原始凭证，必须有填制人员的签名或者盖章。自制原始凭证必须由经办单位领导人或者其指定的人员签名或者盖章。对外开出的原始凭证，必须加盖本单位的公章。

6. 按规定的方法更正错误

《会计基础工作规范》第四十九条规定：原始凭证不得涂改、挖补；发现原始凭证有错误的，应当由开出单位重开或者更正，更正处应当加盖开出单位的公章；填错作废的凭证，不得撕毁，要按规定加盖"作废"戳记后保留在原处。

7. 符合其他规定的要求

在填写原始凭证时应注意以下几点。

(1) 凡填有大写和小写金额的原始凭证，大写与小写金额必须相符。购买实物的原始凭证，必须有验收证明。支付款项的原始凭证，必须有收款单位和收款人的收款证明。

(2) 一式几联的原始凭证，应当注明各联的用途，只能以一联作为报销凭证。一式几联的发票和收据，必须用双面复写纸（发票和收据本身具备复写纸功能的除外）套写，并连续编写。作废时应当加盖"作废"戳记，连同存根一起保存，不得撕毁。

(3) 发生销货退回的，除填制退货发票外，还必须有退货验收证明。退款时，必须取得对方的收款收据或者汇款银行的凭证，不得以退货发票代替收据。

(4) 职工公出借款凭据，必须附在记账凭证之后。收回借款时应当另开收据或者退还借据副本，不得退还原借款凭据。

(5) 经上级有关部门批准的经济业务，应当将批准文件作为原始凭证附件。批准文件需要单独归档的，应当在凭证上注明批准机关名称、日期和文件字号。

4.2.3 原始凭证的填制方法

由于原始凭证的种类繁多，内容和格式各异，因此不同的原始凭证填制方法也不相同。下面以支票、发票和银行进账单为例说明原始凭证的填制方法。

【例 4.1】四海制造有限公司（纳税人识别号：440106121567999，地址、电话：广州市五山路 020-85282590，开户行及账号：工行五山办事处 0210057699）2021 年 01 月 05 日向华联公司（纳税人识别号：440106724734091，地址、电话：广州市天河北路 020-38826566，开户行及账号：建行天河北办事处 0564739）销售 A 产品 200 件，单价为 5 元，增值税税率为 17%，填写增值税专用发票（一式四联）和银行进账单（一式两联），增值税专用发票（第三联）如表 4.15 所示，银行进账单（回单）如表 4.16 所示。

表 4.15 增值税专用发票

4400000000　　　　　　　　　　　　　№ 00463400

此联不作报销总册税凭证使用

开票日期：2021 年 01 月 05 日

购买方	名　　称	华联公司		密码区	（略）			第一联：记账联　销售方记账凭证
	纳税人识别号	440106724734091						
	地　址、电　话	广州市天河北路　020-38826566						
	开户行及账号	建行天河北办事处 0564739						
货物或应税劳务、服务名称	规格型号	单位	数量	单价	金额	税率	税额	
A 产品		件	200	5	1 000.00	13%	130.00	
合　　　计					¥1 000.00		¥1 130.00	
价税合计（大写）	⊗零拾零万壹仟壹佰叁拾圆整				（小写）¥1 130.00			
销售方	名　　称	四海制造有限公司		备注				
	纳税人识别号	440106121567999						
	地　址、电　话	广州市五山路　020-85282590			四海制造有限公司			
	开户行及账号	工行五山办事处 0210057699			发票专用章			

收款人：　　　　　复核：　　　　　开票人：　　　　　销售方：（章）

表4.16 银行进账单 中国工商银行 进账单（回单）

2021年01月05日

出票人	全称	华联公司		收款人	全称	四海制造有限公司										此联是银行交给持（出）票人的回单
	账号	0564739			账号	0210057699										
	开户银行	建行天河北办事处			开户银行	工行五山办事处										
金额	人民币（大写）	壹仟壹佰柒拾元整				亿	千	百	十	万	千	百	十	元	角	分
										¥	1	1	7	0	0	0
票据种类		支票	票据张数													
票据号码			1													
复核		记账			开户银行签章											

【例4.2】2021年01月05日，四海制造有限公司行政科科长林华到深圳参加会议，借支差旅费800元，填写借款单如表4.17所示。

表4.17 借款单

2021年01月05日

借款人	林 华	部 门	行政科	职 务	科 长
借款理由	到深圳参加会议				
借款金额	人民币（大写）捌佰元整		¥800.00		
还款日期	2021年01月20日				
核 准	同意 刘进				

会计：　　　　　　　　　　出纳：　　　　　　　　　　经手人：林华

【例4.3】2021年01月05日，四海制造有限公司从工行五山办事处（基本户账号：0210057699）提取现金5 000元备用，填写支票如表4.18所示。

表4.18 中国工商银行支票

支票存根 XVI0013698019 附加信息 _____ _____ 出票日期 2021年01月05日 收款人：四海制造公司 金　额：¥5 000.00 用　途：备用 单位主管　　会计	本支票付款期限十天	中国工商银行支票（粤）　　XVI0013698019

出票日期（大写）	贰零贰壹年 零壹月 零伍日	付款行名称：工行五山办事处
收款人：四海制造有限公司		出票人账号：0210057699

人民币（大写）	伍仟元整	亿	千	百	十	万	千	百	十	元	角	分
						¥	5	0	0	0	0	0

用途 备用

上列款项请从

我账户内支付

出票人签章　　　　　　复核　　　　　　记账

 **特别提示**

1. 支票的提示付款期限为自出票日起 10 天，到期日如遇法定休假日则顺延。超过提示付款期限的，持票人开户银行不予受理，付款人不予付款。

2. 为了防止任意篡改支票的时间，对于支票的填写时间应比较谨慎，所以，票据的出票日期必须使用中文大写。为防止变造票据的出票日期，在填写月、日时，月为壹、贰和壹拾的，日为壹至玖和壹拾、贰拾和叁拾的，应在其前加"零"字；日为拾壹至拾玖的，应在其前加"壹"字。如 1 月 15 日，应写成零壹月壹拾伍日。再如 10 月 20 日，应写成零壹拾月零贰拾日。

票据出票日期使用小写填写的，银行不予受理；大写日期未按要求规范填写的，银行可予受理，但由此造成损失的，由出票人自行承担。

3. 支票只能由财会部门保管和签发，不能将其交给其他部门代签。同时，签发的支票必须登记。已签发的现金支票可以向银行挂失；已签发的转账支票遗失的，银行不予挂失。

4. 企业不得签发超过银行存款余额的空头支票，签发空头支票的开户银行除可以退票外，还要予以开票金额 5%但不低于 1 000 元的罚款。同时，持票人有权要求出票人赔偿开票金额 2%的赔偿金。

【例 4.4】2021 年 01 月 05 日，四海制造有限公司生产车间生产 B 产品，领用甲材料 1 000 米，单价为 50 元，填写领料单（领料人：李道，发料人：林明），如表 4.19 所示。

表 4.19　领料单

领料部门：生产车间		2021 年 01 月 05 日			No.041034	
领料用途：制造 B 产品						
材料名称及规格	计量单位	请领数量	实发数量	单价	金额（元）	备注
甲材料	米	1 000	1 000	50	50 000.00	
合计					¥50 000.00	
领料人：李道		发料人：林明			制单：	

（主管　会计　记账）

4.2.4　原始凭证的审核

为了保证会计资料的真实、准确、完整且符合会计制度的规定，充分发挥会计的监督作用，无论是外来凭证或自制的原始凭证都应该进行严格审核，只有经审核无误的原始凭证才能受理，并作为记账的依据。对原始凭证的审核，主要从审核原始凭证的真实性、合法性、完整性和准确性四个方面进行。

1. 真实性和合法性审核

审核原始凭证的记录是否如实反映经济业务，是否符合财经法规和各单位的内部会计管理制度及各单位的内部预算、财务计划、经济计划、业务计划等。原始凭证作为会计信息的基本信息源，真实性对会计信息的质量具有至关重要的影响。真实性审核包括凭证日期是否真实、数据是否真实等内容的审查。对于外来原始凭证，必须有填制单位公章和填制人员签章；对于自制原始凭证，必须有经办部门和人员的签名或盖章；对于通用原始凭证，还应审核凭证本身的真实性，以防假冒。

对不真实、不合法的原始凭证，不予受理；对弄虚作假、严重违法的原始凭证，在不予受理的同时，应当予以扣留，并及时向单位领导人报告，请求查明原因，追究当事人的责任。

2. 完整性和准确性审核

审核原始凭证的各项目内容填写是否完整、准确及规范。对记载不完整、不准确的原始凭证，予以退回，要求经办人员补充、更正。

特别提示

对原始凭证的审核是会计人员履行监督职能的重要手段，也是会计人员的重要职责。所以，会计人员必须按照《会计基础工作规范》的要求，认真对各类原始凭证进行审核。

4.3 记账凭证的填制和审核

4.3.1 记账凭证的基本内容

《会计基础工作规范》第五十条规定：会计机构、会计人员要根据审核无误的原始凭证填制记账凭证。记账凭证可以分为收款凭证、付款凭证和转账凭证，也可以使用通用记账凭证。

记账凭证是用来确定经济业务性质和分类（会计分录）的一种凭证。会计人员必须根据审核无误的原始凭证填制记账凭证。在实际工作中，单位可以使用专用记账凭证（同时使用收款凭证、付款凭证和转账凭证三种）或通用记账凭证，通常根据会计业务量和会计人员的习惯选用。记账凭证的种类如图 4.1 所示。

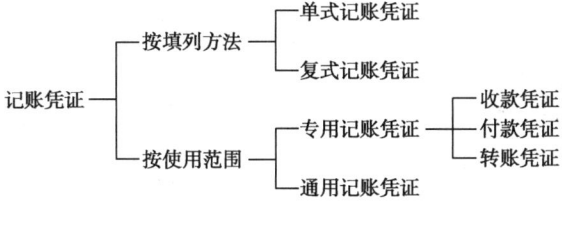

图 4.1 记账凭证种类

企业无论采用哪一种记账凭证,都必须具备若干必不可少的内容。现以通用记账凭证为例,说明记账凭证的基本内容(见表4.20)。

表4.20 记账凭证①

年 月 日②　　　　　　　　　　　　　　　　　　　　　字第 号③

摘 要④	会计科目⑤		借方金额⑥	贷方金额⑥	记账 √⑦
	总账科目	明细科目			
附件 张⑧	合 计				

会计主管:　　　记账:　　　出纳:　　　审核:　　　制单:　　⑨

记账凭证的基本内容有以下方面。
（1）记账凭证的名称①;
（2）填制凭证的日期②;
（3）凭证的编号③;
（4）经济业务内容的摘要④;
（5）会计科目（一级、二级或明细科目）的名称⑤;
（6）会计科目的记账方向及其金额⑥;
（7）记账标记⑦;
（8）所附原始凭证张数⑧;
（9）会计主管、记账、审核、制证等有关人员的签章。收付款的记账凭证还应当由出纳人员签名或盖章⑨。

以自制的原始凭证或者原始凭证汇总表代替记账凭证的,也必须具备记账凭证应有的项目。

4.3.2 记账凭证的填制要求

记账凭证填制得正确与否,直接关系到账簿登记的真实性和准确性,因此,在填制记账凭证时,必须注意以下几点。

1. 编制记账凭证的依据

必须以经过审核无误的原始凭证或原始凭证汇总表作为填制记账凭证的依据。记账凭证可以根据每一张原始凭证填制,或者根据若干张同类凭证汇总填制,也可以根据原始凭证汇总表填制。但不得将不同内容和类别的原始凭证汇总填制在一张记账凭证上。

2. 记账凭证的编号

要根据不同的情况采用不同的编号方法。如果企业采用一种通用记账凭证,可按经济业务发生的先后顺序按月编号；如果按照经济业务的内容加以分类，采用专用记账凭证，可按收、付、转记账凭证分别分类编号，如"现收字第××号""银收字第××号""现付字第××号""银付字第××号""转字第××号"。如果一笔经济业务需要填制多张记账凭证，可采用分数编号法。

3．正确填写摘要

摘要栏要根据原始凭证的内容正确填写，既要简明扼要，又要说明主要的经济业务。对于收付款业务，要写明收付款对象的名称、款项内容，使用银行支票的，还应填写支票号码；对于经济往来业务，要写明对方单位、业务经手人、发生时间等内容。

4．会计科目的使用准确无误

记账凭证上会计科目的使用必须准确无误，要按照国家会计制度的统一规定使用，如有二级科目和明细科目也要填写齐全。

5．附件完整

除结账和更正错误的记账凭证可以不附原始凭证外，其他记账凭证必须附有原始凭证。如果一张原始凭证涉及几张记账凭证，可以把原始凭证附在一张主要的记账凭证后面，并在其他记账凭证上注明附有该原始凭证的记账凭证的编号或者附原始凭证复印件。如果原始凭证需要另行保管，应在附件栏目内注明。

一张原始凭证所列支出需要几个单位共同负担的，应当将其他单位负担的部分，开给对方原始凭证分割单，进行结算。原始凭证分割单必须具备原始凭证的基本内容：凭证名称、填制凭证日期、填制凭证单位名称或者填制人姓名、经办人的签名或者盖章、接受凭证单位名称、经济业务内容、数量、单位、金额和费用分摊情况等。

6．手续完备

填制完毕后的记账凭证应进行复核检查，制单人、记账人、审核人、会计主管必须签章，以明确责任，加强监督。收付款凭证还要有出纳人员的签章，并加盖"收讫"或"付讫"戳记，以免重收重付。

7．规范错误更正方法

如果在填制记账凭证时发生错误，应当重新填制。

已经登记入账的记账凭证，在当年内发现填写错误时，可以用红字填写一张与原始内容相同的记账凭证，在摘要栏注明"注销某月某日某号凭证"字样，再用蓝字重新填制一张正确的记账凭证，注明"订正某月某日某号凭证"字样。如果会计科目没有错误，只是金额错误，也可以将正确数字与错误数字之间的差额，另编写一张调整的记账凭证，调增金额用蓝字，调减金额用红字。发现以前年度记账凭证有错误的，应当用蓝字填制一张更正的记账凭证。

8. 在空行处画线注销

记账凭证填制完毕后，如有空行，应当自金额栏最后一笔金额数字下的空行处至合计数上的空行处画线注销。

4.3.3 记账凭证的填制方法

记账凭证有不同的种类，包括通用记账凭证和专用记账凭证，但一个单位只能选用其中一种。

1. 通用记账凭证的填制方法

通用记账凭证是一种适合各种经济业务的记账凭证。采用通用记账凭证，将经济业务所涉及的会计科目全部填列在一张凭证内，借方在先，贷方在后，将各会计科目所记应借、应贷的金额填列在"借方金额"或"贷方金额"栏内，借贷方金额合计数应相等。其填写的基本内容如下。

（1）填制凭证的日期；
（2）凭证的编号；
（3）经济业务内容的摘要；
（4）应借、应贷账户的名称和金额；
（5）所附原始凭证的张数；
（6）经办人和审核人的签名或盖章。

以四海制造有限公司 2021 年 01 月 05 日发生的"销售产品收到货款、职工借款、提取现金和领料"四笔经济业务填制或取得的原始凭证（见表 4.15～表 4.19）来说明通用记账凭证的填制方法。

【例 4.5】根据【例 4.1】销售产品收到货款经济业务的原始凭证填制通用记账凭证，如表 4.21 所示。

【例 4.6】根据【例 4.2】职工借款经济业务的原始凭证填制通用记账凭证，如表 4.22 所示。

【例 4.7】根据【例 4.3】提取现金经济业务的原始凭证填制通用记账凭证，如表 4.23 所示。

【例 4.8】根据【例 4.4】领料经济业务的原始凭证填制通用记账凭证，如表 4.24 所示。

表 4.21 记账凭证

2021 年 01 月 05 日　　　　　　　　　　　　　　　　记字第 001 号

摘　要	会 计 科 目		借方金额	贷方金额	记账√
	总 账 科 目	明 细 科 目			
销售产品收到货款	银行存款	工行五山办事处	1 130.00		
	主营业务收入	A 产品		1 000.00	
	应交税费	应交增值税\销项税额		130.00	
附件 2 张	合　　　计		¥1 130.00	¥1 130.00	

会计主管：　　　　　记账：　　　　　出纳：　　　　　审核：　　　　　制单：李兰

表4.22 记账凭证

2021 年 01 月 05 日   记字第 002 号

摘要	会计科目		借方金额	贷方金额	记账√
	总账科目	明细科目			
林华借支差旅费	其他应收款	林华	800.00		
	库存现金			800.00	
附件 1 张	合　计		¥800.00	¥800.00	

会计主管：　　　　　记账：　　　　　出纳：　　　　　审核：　　　　　制单：李兰

表4.23 记账凭证

2021 年 01 月 05 日   记字第 003 号

摘要	会计科目		借方金额	贷方金额	记账√
	总账科目	明细科目			
提取现金	库存现金			5 000.00	
	银行存款	工行五山办事处	5 000.00		
附件 1 张	合　计		¥5 000.00	¥5 000.00	

会计主管：　　　　　记账：　　　　　出纳：　　　　　审核：　　　　　制单：李兰

表4.24 记账凭证

2021 年 01 月 05 日   记字第 004 号

摘要	会计科目		借方金额	贷方金额	记账√
	总账科目	明细科目			
生产领用甲材料	生产成本	B产品	50 000.00		
	原材料	甲材料		50 000.00	
附件 1 张	合　计		¥50 000.00	¥50 000.00	

会计主管：　　　　　记账：　　　　　出纳：　　　　　审核：　　　　　制单：李兰

2. 专用记账凭证的填制方法

（1）收款凭证的填制方法。企业单位凡发生货币资金（现金和银行存款）增加的经济业务，应填制收款凭证。收款凭证的参考格式如表4.10所示。其填制步骤和方法如下。

① 填写日期：填制记账凭证当天的年、月、日。

② 填写编号：收字或现收字或银收字第××号。

③ 填写摘要：用简明的文字概括说明该项经济业务的内容。

④ 填写借方科目（左上角）：借方科目为主体科目，即"库存现金或银行存款"科目。

⑤ 填写贷方科目及对应金额。

⑥ 填写金额栏合计数（一级科目）。

⑦ 在空行处画线注销。

⑧ 注明附件张数。

⑨ 制单人等签名或盖章。

现以四海制造有限公司 2021 年 01 月 05 日发生的"销售产品收到货款"经济业务填制或取得的原始凭证来说明收款凭证的填制方法。

【例 4.9】根据【例 4.1】销售产品收到货款经济业务的原始凭证填制收款凭证，如表 4.25 所示。

表 4.25　收款凭证

借方科目：银行存款　　　　　　　　　　2021 年 01 月 05 日　　　　　　　　　　银收字第 001 号

摘　要	贷　方　科　目		金　额	记账 √
	总　账　科　目	明　细　科　目		
销售产品收到货款	主营业务收入	A 产品	1 000.00	
	应交税费	应交增值税\销项税额	130.00	
附件 2 张	合　　计		¥1 130.00	

会计主管：　　　　　记账：　　　　　出纳：曾琴　　　　　审核：林琦　　　　　制单：李兰

值得注意的是，收款凭证的主体科目是借方科目，要填写在凭证的左上角，若根据库存现金收款业务填制收款凭证，在凭证的左上角填写"库存现金"；若根据银行存款收款业务填制收款凭证，在凭证的左上角填写"银行存款"。凭证的"贷方科目"是主体科目的对应科目，涉及哪些科目就填哪些科目。借方科目即主体科目的金额无须填写，贷方科目即对应科目金额的合计数为借方科目的金额。

（2）付款凭证的填制方法。企业单位凡发生货币资金（现金和银行存款）减少的经济业务，应填制付款凭证。付款凭证的参考格式如表 4.11 所示。其填制步骤和方法如下。

① 填写日期：填制记账凭证当天的年、月、日。

② 填写编号：付字或现付字或银付字第××号。

③ 填写摘要：用简明的文字概括说明该项经济业务的内容。

④ 填写贷方科目（左上角）：贷方科目为主体科目，即"库存现金或银行存款"科目。

⑤ 填写借方科目及对应金额。

⑥ 填写金额栏合计数（一级科目）。

⑦ 在空行处画线注销。

⑧ 注明附件张数。

⑨ 制单人等签名或盖章。

现以四海制造有限公司 2021 年 01 月 05 日发生的"职工借款和提取现金"经济业务填制

或取得的原始凭证来说明付款凭证的填制方法。

【例 4.10】根据【例 4.2】四海制造有限公司职工借款经济业务的原始凭证填制付款凭证，如表 4.26 所示。

表 4.26　付款凭证

贷方科目：库存现金　　　　　　2021 年 01 月 05 日　　　　　　现付字第 001 号

摘　要	借方科目		金　额	记账 √
	总账科目	明细科目		
林华借支差旅费	其他应收款	林华	800.00	
附件 1 张	合　　计		¥800.00	

会计主管：　　　记账：　　　出纳：曾琴　　　审核：林琦　　　制单：李兰

【例 4.11】根据【例 4.3】四海制造有限公司提取现金经济业务的原始凭证填制付款凭证。如表 4.27 所示。

表 4.27　付款凭证

贷方科目：银行存款　　　　　　2021 年 01 月 05 日　　　　　　银付字第 001 号

摘　要	借方科目		金　额	记账 √
	总账科目	明细科目		
提取现金	库存现金	工行五山办事处	5 000.00	
附件 1 张	合　　计		¥5 000.00	

会计主管：　　　记账：　　　出纳：曾琴　　　审核：林琦　　　制单：李兰

应该注意的是，付款凭证的主体科目是贷方科目，要填写在凭证的左上角，若是现金付款业务，则在付款凭证的左上角填写"库存现金"；若是银行存款付款业务，则在付款凭证的左上角填写"银行存款"。付款凭证的"借方科目"是主体科目的对应科目，涉及哪些会计科目就填哪些会计科目。贷方科目即主体科目的金额无须填写，借方科目即对应科目金额的合计数为贷方科目的金额。

特别提示

对货币资金相互转化的经济业务，如从银行提取现金或把现金存入银行，可以同时编制收款凭证和付款凭证，但容易导致在过账时发生重复记账现象，造成记账错误。因此，在可以分别编制收款凭证和付款凭证时，习惯做法是一律编制付款凭证，不编制收款凭证。

（3）转账凭证的填制方法。企业单位凡发生不涉及货币资金增减变化的经济业务称为转账业务，转账业务应填制转账凭证。转账凭证的参考格式如表4.12所示。其填制的步骤和方法如下。

① 填写日期：填制记账凭证当天的年、月、日。
② 填写编号：转字第××号。
③ 填写摘要：用简明的文字概括说明该项经济业务的内容。
④ 填写会计科目：先填写借方科目，后填写贷方科目。
⑤ 填写借方金额、贷方金额。
⑥ 填写借方金额合计数、贷方金额合计数（一级科目）。
⑦ 在空行处画线注销。
⑧ 注明附件张数。
⑨ 制单人等签名或盖章。

现以四海制造有限公司2021年01月05日发生的"领料"经济业务填制的原始凭证来说明转账凭证的填制方法。

【例4.12】根据【例4.4】领料经济业务的原始凭证填制转账凭证，如表4.28所示。

表4.28 转账凭证

2021年01月05日　　　　　　　　　　　　　　　　　　　　转字第001号

摘　要	会计科目		借方金额	贷方金额	记账√
	总账科目	明细科目			
生产领用甲材料	生产成本	B产品	50 000.00		
	原材料	甲材料		50 000.00	
附件 1 张	合　计		¥50 000.00	¥50 000.00	

会计主管：　　　　记账：　　　　出纳：　　　　审核：林琦　　　　制单：李兰

转账凭证与通用记账凭证的填制方法基本相同，只是编号方法不同，通用记账凭证和转账凭证与收款凭证和付款凭证相比较，其最大的区别是通用记账凭证和转账凭证的借方科目与贷方科目不分主体科目和对应科目，该项经济业务所涉及的应借、应贷科目地位是平等的，而收款凭证和付款凭证一定要分清主体科目和对应科目。编制通用记账凭证或转账凭证时，应注意尽量保持清晰的账户对应关系。

特别提示

如何为同时涉及现金或银行存款和部分转账业务的混合业务编制专用记账凭证呢？正确的做法是混合业务应分开编制专用记账凭证，即其中现金或银行存款业务部分，编制收款或付账凭证；转账业务部分，则编制转账凭证。

4.3.4 记账凭证的审核

记账凭证是登记账簿的直接依据。为了保证账簿记录的准确性,记账前还必须由专人对已编制的记账凭证进行认真、严格的审核。在审核过程中,如果发现差错,应查明原因,按规定办法及时处理和更正。只有经过审核无误的记账凭证,才能据以登记账簿。审核内容主要包括以下几个方面。

(1) 合规性审核。审核记账凭证所记录的经济业务与所附原始凭证反映的经济业务是否相符,审核记账凭证是否附有原始凭证,所附原始凭证是否齐全。

(2) 完整性审核。审核记账凭证中的各个项目是否按规定要求填写完整,有关人员是否已经签章。

(3) 技术性审核。审核记账凭证的摘要是否正确,应借、应贷会计科目(包括总账科目、二级科目和明细科目)是否符合会计制度的规定,审核账户的对应关系是否清晰,金额的填写和计算是否准确。

审核过程中,如发现有差错,应查明原因,及时处理。如果在填制记账凭证时发生错误,应当重新填制。

已经登记入账的记账凭证,在当年内发现填写错误时,可以用红字填写一张与原始内容相同的记账凭证,在摘要栏中注明"注销某月某日某号凭证"字样,再用蓝字重新填制一张正确的记账凭证,注明"订正某月某日某号凭证"字样。如果会计科目没有错误,只是金额错误,也可以将正确数字与错误数字之间的差额,另编一张调整的记账凭证,调增金额用蓝字,调减金额用红字。发现以前年度记账凭证有错误的,应当用蓝字填制一张更正的记账凭证。

实行会计电算化的单位,对于机制记账凭证,要认真审核,做到会计科目使用正确,数字准确无误。打印出的机制记账凭证要加盖制单人员、审核人员、记账人员及会计机构负责人、会计主管人员印章或者签字。

4.4 会计凭证的传递和保管

4.4.1 会计凭证的传递

会计凭证从取得或填制开始至归档保存为止,应按规定的时间、路线和处理程序,在企业单位内部有关业务部门之间进行传递。会计凭证的及时合理传递,有利于协调单位内部各部门之间的关系,加强会计监督,提高会计核算的效率。

会计凭证包括原始凭证和记账凭证。办理不同的经济业务填制或取得的原始凭证不同,它们所反映的经济业务、需要办理的业务手续也不一样,所涉及的部门和工作人员也不同。填制或取得的原始凭证要经审核无误后才能编制记账凭证,因此,不同的会计凭证有不同的传递程序。《会计基础工作规范》第五十四条规定:各单位会计凭证的传递程序应当科学、合理,具体办法由各单位根据会计业务需要自行规定。

会计凭证应当及时传递，不得积压。会计凭证的合理传递是企业加强内部控制的一项重要内容。在制定会计凭证传递程序时，一般应考虑下列因素。

（1）会计凭证的传递路线，既要保证会计凭证经过必要的环节，又要便于有关部门（工作人员）进行处理和审核，尽量减少不必要的重复，加快传递速度，提高工作效率。

（2）会计凭证的传递时间，要根据各个环节的工作内容和工作量，规定各种凭证在每个部门和业务环节停留的最长时间，以保证会计核算的及时性。

会计凭证的传递路线和传递时间确定后，有条件的单位，最好分别按主要业务绘制会计凭证传递路线流程图，以便有关部门和工作人员遵照执行。

特别提示

　　会计凭证的传递过程，就是会计部门与相关业务部门及企业管理者对会计凭证所反映的经济业务进行监督的过程。会计凭证传递的路径、程序的设计，反映了单位内部会计控制的指导思想、程度与方式和方法。所以，如何设计既能满足会计监督需要，又不影响工作效率的会计凭证传递路径和程序，是考验会计部门和企业管理者管理水平的重要指标。

4.4.2　会计凭证的保管

会计凭证是会计档案的重要组成部分。会计档案是指会计凭证、会计账簿和财务报告等会计核算的专业材料，是记录和反映经济业务的重要史料和证据，具体包括会计凭证类、会计账簿类、财务报告类和其他类。会计凭证类包括原始凭证、记账凭证、汇总凭证和其他会计凭证。会计账簿类包括总账、明细账、日记账、固定资产卡片、辅助账簿和其他会计账簿。财务报告类有月度、季度、年度财务报告，包括会计报表、附表、附注及文字说明和其他财务报告。其他类包括银行存款余额调节表、银行对账单、其他应当保存的会计核算专业资料、会计档案移交清册、会计档案保管清册、会计档案销毁清册。

《会计基础工作规范》第五十五条规定：会计机构、会计人员要妥善保管会计凭证。会计凭证的保管，是指把经过审核并据以入账后的整理装订成册的会计凭证归档存查。会计凭证保管的主要规定如下。

（1）定期整理归类会计凭证，加具封面装订成册。每月月末会计凭证登账完毕后，将本月的会计凭证（记账凭证连同所附的原始凭证或原始凭证汇总表）按编号顺序整理，整齐折叠，并加具封面，按期装订成册。在封面上注明单位名称、年度、月份和起讫日期、凭证种类、起讫号码，由装订人在装订线封签处签名或者盖章。每月的会计凭证可以装订成一本或若干本，册数的多少取决于单位的业务量。

对于数量过多的原始凭证，可以在记账凭证上注明"附件另订"，并注明原始凭证的名称及编号。

对于各种经济合同、契约、押金收据、涉外文件等重要原始凭证，应当另编目录，单独登记保管，并在有关的记账凭证和原始凭证上相互注明日期和编号，以便日后查阅。

（2）原始凭证不得外借。其他单位如因特殊原因需要使用原始凭证时，经本单位会计机构负责人、会计主管人员批准，可以复印。向外单位提供的原始凭证复印件，应当在专设的登记簿上登记，并由提供人员和收取人员共同签名或者盖章。

（3）外来原始凭证遗失办理手续。从外单位取得的原始凭证如有遗失，应当取得原开出单位盖有公章的证明，并注明原来凭证的号码、金额和内容等，由经办单位会计机构负责人、会计主管人员和单位负责人批准后，才能代做原始凭证。确实无法取得证明的，如火车、轮船、飞机票等凭证，由当事人写明详细情况，由经办单位会计部门负责人、会计主管人员和单位负责人批准后，代做原始凭证。

（4）每月装订成册的会计凭证，应指定会计人员负责保管。年度终了后，会计凭证与其他会计档案一起，可暂由会计机构保管一年，期满后，应由会计机构编制移交清册，移交本单位档案机构统一保管。会计档案的保管、调阅和销毁，均须按国家的有关规定办理。

（5）会计档案的保管期限。会计档案的保管期限，根据其特点，分为永久和定期两类，其保管期限分为3年、5年、10年、15年、25年五类。会计档案的保管期限从会计年度终了的第一天算起。《会计档案管理办法》规定，我国企业和其他组织的会计凭证保管期限为15年。

（6）会计档案销毁程序。保管期满的会计档案，除《会计档案管理办法》第十一条规定的情形外，可以按照以下程序销毁。

① 由本单位档案机构会同会计机构提出销毁意见，编制会计档案销毁清册，列明销毁会计档案的名称、卷号、册数、起止年度和档案编号、应保管期限、已保管期限、销毁时间等内容。

② 单位负责人在会计档案销毁清册上签署意见。

③ 销毁会计档案时，应当由档案机构和会计机构共同派员监销。国家机关销毁会计档案时，应当由同级财政部门、审计部门派员参加监销。财政部门销毁会计档案时，应当由同级审计部门派员参加监销。

④ 监销人在销毁会计档案前，应当按照会计档案销毁清册所列内容清点核对所要销毁的会计档案；销毁后，应当在会计档案销毁清册上签名或盖章，并将监销情况报告本单位负责人。

《会计档案管理办法》第十一条规定：保管期满但未结清的债权债务原始凭证和涉及其他未了事项的原始凭证，不得销毁，应当单独抽出立卷，保管到未了事项完结时为止。单独抽出立卷的会计档案，应当在会计档案销毁清册和会计档案保管清册中列明。

正在项目建设期间的建设单位，其保管期满的会计档案不得销毁。

本章小结

会计核算的信息载体是指记录和反映单位实际发生的经济业务事项的会计凭证、会计账簿、财务会计报告和其他书面会计资料。

会计凭证按其填制程序和用途不同，可以分为原始凭证和记账凭证。

原始凭证又称原始单据，是在经济业务发生或完成时取得或填制的，用来证明经济业务发生或完成情况最原始的书面证明，是记账的原始依据。原始凭证按其来源不同，分为外来凭证和自制凭证。外来凭证都是一次原始凭证；自制凭证按其填制的手续和内容不同，又可分为一次凭证、累计凭证、汇总凭证。

记账凭证是会计人员根据审核无误的原始凭证填制的，用来确定经济业务应借、应贷会计科目及金额的会计凭证，是登记会计账簿的直接依据。

原始凭证和记账凭证的填制都必须符合《会计基础工作规范》的规定，经过审核无误的原始凭证是填制记账凭证的依据，审核无误的记账凭证及其所附的原始凭证是登记会计账簿的依据。

记账凭证按其填列方法的不同，可以分为单式记账凭证和复式记账凭证两种。记账凭证按其使用范围的不同，又可以分为专用记账凭证和通用记账凭证两种。专用记账凭证通常包括收款凭证、付款凭证和转账凭证三种，分别适用于收款业务、付款业务和转账业务。多数单位的收款业务和付款业务及转账业务都使用一种统一格式的通用记账凭证。

由于各单位采用的会计核算形式不同，因此登记总账的依据也不同，一些经济业务较多的单位通常采用编制科目汇总表或汇总记账凭证会计核算形式，先根据记账凭证编制科目汇总表或汇总记账凭证，再根据科目汇总表或汇总记账凭证登记总账。科目汇总表和汇总记账凭证，实际上也是一种记账凭证。

会计凭证是单位会计档案的重要组成部分，应按《会计基础工作规范》的规定传递，按《会计档案管理办法》的规定妥善保管。

思考与实践 4

一、关键词

原始凭证　　记账凭证　　汇总原始凭证

二、思考题

1. 进行会计核算时为什么需要会计凭证？
2. 会计凭证如何分类？
3. 填制原始凭证的基本要求是什么？如何审核原始凭证？
4. 记账凭证如何分类，在实际工作中应如何选用记账凭证？
5. 填制记账凭证的基本要求是什么？如何审核记账凭证？
6. 用实例说明不同类型企业的会计凭证传递程序有何不同。
7. 请帮助小华和小雨解决她们所遇到的问题。

三、知识与能力拓展

1. 详细阅读《会计基础工作规范》第三章中的第二节"填制会计凭证"部分。
2. 阅读《会计档案管理办法》。

四、实训题

参见《基础会计实训（第3版）》第二篇的任务一～任务三。

第5章 会计信息载体之二——账簿

【知识目标】
1. 了解账簿的种类及在会计核算中的作用
2. 了解账簿的保管要求
3. 掌握账簿的登记规则
4. 掌握平行登记的要点
5. 理解各种账务处理程序的特点、步骤与适用范围

【能力目标】
1. 根据企业经济业务正确选择和设置账簿
2. 正确登记各种账簿
3. 选择适当的账务处理程序并明确其核算流程

 案例导入

小雨把在学校记录的所有开支情况拿给老师看,想请老师指导一下,以便于在回家时,向父母汇报在学校期间的开支情况。老师看完小雨的记录后,指导小雨根据她的开支情况开设了"生活费用、学习费用、通信费用"三个账户,分别核算在校期间的饭费、购买水果、购买服装的支出、交通费用等支出;购买各种学习用具、参加各类培训和职业资格证书考试费用等支出;购买手机充值卡、上网费用等支出。小雨按照老师的指导要求,将在校期间的支出重新进行了归纳整理后,很快就将在校期间的各类支出分别汇总了出来。通过分类后的数据,小雨发现自己的支出中除了生活费用外,通信费用竟占了总支出的 40%以上,小雨开始意识到原来每天上网玩游戏和聊天竟然花了这么多钱,自己应进行克制,否则无法向父母交代。自此以后,小雨彻底控制了自己玩网络游戏和聊天的时间。到下个月再统计时,小雨发现不但自己的支出下降了,学习成绩也有了很大的提高。

通过这件事,小雨才真正体会到了老师在第一章讲述会计的本质时所说的会计是一种管理活动的真正含义。

5.1 账簿的基本内容

5.1.1 账簿的意义

会计账簿是由相互联系、具有一定格式的账页组成的,用来记录各项会计要素的分类项目增减变动情况的簿籍（册）。会计账簿由封面、账簿启用和经管人员一览表、目录表、账页和封底组成。

会计凭证是经济业务的记录和证明，能反映经济业务的完成情况。但由于会计凭证数量多且反映的经济业务是零散的，不能系统、连续、全面地核算和监督一个单位在一定时期内的经济活动和财务收支情况，因而需要设置和登记会计账簿，把分散在会计凭证上的大量核算资料加以集中，按照账户进行分类登记。为了把一个单位在某一时期内发生的全部经济业务全面、连续、系统地加以分类反映，就必须在会计凭证的基础上设置和登记会计账簿，这也是会计核算的中心环节。通过设置和登记会计账簿，可以系统地归纳和积累会计核算资料，为计算财务成果、编制会计报表提供依据，为开展财务分析和会计检查提供依据。所以，在整个会计核算体系中，会计账簿处于中间环节，对于会计凭证和会计报表具有承前启后的作用。科学地设置和登记会计账簿，对于完成会计工作目标有着重要的作用。

1．会计账簿是会计核算的重要信息载体之一

通过设置和登记会计账簿，可以记载、储存会计信息，把各项经济业务逐日、逐笔或定期汇总记入有关会计账簿，可以连续、全面、系统地反映特定的会计主体在各个会计期间内各项会计要素项目发生的增减变动及其结果，储存所需要的各项会计信息。会计账簿是会计档案的重要组成部分。

2．设置和登记会计账簿，可以分类、汇总会计信息

无论会计主体发生何种经济业务，均可按其经济内容和有关规定记入分类账簿，一方面可以分门别类地反映各会计要素项目增减变动及其结果的会计信息，提供反映一定时期内会计主体经济活动的详细会计信息；另一方面可以通过计算本期发生额及期末余额，提供各方面所需要的总括会计信息，提供会计主体在一定时点上的财务状况和一定时期内经营成果的综合价值指标。

3．通过会计账簿，可以检查、校正会计信息

可通过账证核对、账账核对和账实核对，查核会计账簿登记的结果，如有不符的情况，查明原因后，属于错账的，按规定进行错账更正；属于财产物资盘盈或盘亏的，根据实际结存数额调整账簿记录，做到账证相符、账账相符、账实相符。

4．通过会计账簿，可以编报、输出会计信息

对登记的会计账簿定期进行结账，结出各账户的本期发生额和期末余额，据以编制会计报表，反映会计主体在一定时点上的财务状况和一定时期内的经营成果，及时向企业内部管理阶层和企业外部有关方面提供会计信息。

5．会计账簿是企业管理的重要手段

通过会计账簿资料，可以考核企业的经营成果，更是开展会计分析和会计检查的重要依据；同时，通过设置和登记会计账簿，还可以为开展财产清查、保证财产安全提供重要依据；

有利于企业会计工作的分工,还可以为企业提供重要的经济档案。

5.1.2 账簿的种类

企业单位设置的账簿,按其用途、外表形式及账页格式不同具有不同的分类,具体内容如下。

1. 按用途分类

企业单位设置的账簿按其用途不同,可分为以下三类。

(1)序时账簿。序时账簿是按照经济业务发生的时间先后顺序,逐日、逐笔进行登记的账簿。序时账簿一般也称为日记账簿,按其记录经济业务的内容不同,又可分为普通日记账和特殊日记账。

普通日记账是用于登记会计主体发生的全部经济业务的序时账簿,也称会计分录簿。由于我国现行制度规定,企业发生的一切经济业务都要根据原始凭证编制记账凭证,这实际上就是编制了会计分录,因此一般不再设置起分录作用的普通日记账。

我国企业单位日记账簿的设置方法,一般是设置现金日记账和银行存款日记账特种日记账簿,现金日记账用来按时间顺序逐日、逐笔记录现金收付业务;银行存款日记账用于按时间顺序逐日、逐笔记录银行存款收付业务。企业根据需要还可以设置若干其他特种日记账,如商品流通企业通常还设置商品购销日记账等。

日记账是一种特殊明细账(如现金日记账、银行存款日记账)。为了加强现金和银行存款的管理,手工记账单位的现金日记账和银行存款日记账必须采用订本账簿,不得用银行对账单或其他方式代替日记账。

(2)分类账簿。分类账簿是对全部会计要素进行分类登记的账簿。分类账簿又分总分类账和明细分类账两种。企业单位通常设置一本总分类账,而明细分类账则通常有若干本。为了简化记账工作,一些小型企业单位也可以将序时记录和分类记录结合在一本账簿中进行登记,这种账簿称为联合账簿。例如,"日记总账"就是兼有日记账簿和总分类账簿作用的联合账簿。

(3)备查账簿。备查账簿是根据管理的需要,对某些在日记账和分类账中记载不全或未能记载的事项,为便于查找而进行辅助性登记,以提供相关信息的账簿,如租入固定资产登记簿、受托加工材料登记簿、应收票据备查簿、应付票据备查簿等。

账簿按用途其分类如图5.1所示。

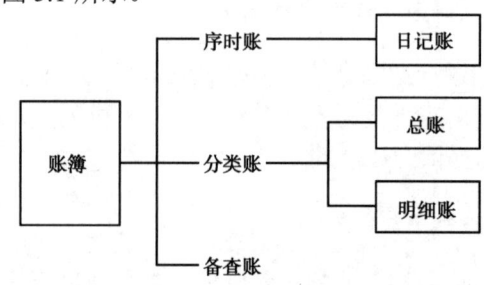

图 5.1　账簿按用途分类

2. 按外表形式分类

企业设置的账簿，按其外表形式不同，主要分为以下几种。

（1）订本式账簿。在启用前已把账簿的封面、账簿启用和经管人员一览表、目录表及账页按顺序编号装订固定成册的账簿称为订本式账簿。现金、银行存款日记账是企业重要的原始记录，应采用订本式账簿。总分类账一般也采用订本式账簿，但每个账户需用多少账页不易掌握，只能凭经验预留。采用订本式账簿的优点是可避免账页散失和防止账页被抽换；缺点是账页已经固定，不能随意增减，而且每个账户留多少账页不易掌握，只能凭经验预留，也不利于分工合作。

（2）活页式账簿。活页式账簿就是把穿孔分散的账页装放在账夹中使用的账簿。它的优点是可以根据实际需要，随时增加或减少账页；缺点是账页容易散失、抽换。一般适用于各种明细分类账。

（3）卡片式账簿。卡片式账簿就是用硬纸事先印好专门格式的账卡，在使用中一般不加装订，存放在卡片箱中。卡片式账簿主要用于登记财产物资的数量增减变动，如原材料登记卡、周转材料登记卡、库存商品登记卡、固定资产登记卡等。它的优点是便于加减卡片和改变分类方法，可以随时抽阅；缺点是容易散失、抽换。所以启用时要分类编号、盖章，以明确责任。

账簿按外表形式分类如图 5.2 所示。

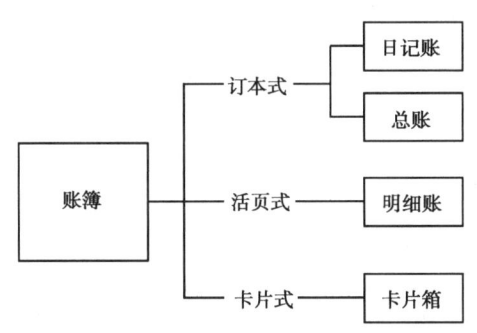

图 5.2 账簿按外表形式分类

在已实行会计电算化的企业单位，账簿的外表形式也有重大变化，通常采用磁性媒介质账，这是一种在计算机中存储的"账簿"，如磁盘、磁带等。

3. 按账页格式分类

企业单位设置的账簿按其账页格式不同，可分为以下三类。

（1）三栏式账簿。三栏式账簿的账页中设有借方、贷方和余额三个金额栏。库存现金日记账、银行存款日记账、总分类账和债权、债务、资本明细账等一般采用三栏式账簿。总分类账如表 5.1 所示。

（2）数量金额式账簿，也称大三栏式账簿。数量金额式账簿的账页借方、贷方和余额三个大栏中又设有数量、单价和金额和三个小栏，或是账簿的账页借方、贷方和余额三个大栏中设有金额和数量两个小栏。原材料、周转材料、库存商品等财产物资明细账一般采用数量金额式账簿进行登记。库存商品明细账如表 5.2 所示。

表 5.1 总分类账

账户名称：　　　　　　　　　　　　　　　　　　　　　　　　　账号：　　　总页码：
　　　　　　　　　　　　　　　　　　　　　　　　　　　　　　　单位：　　　分页码：

年		凭证字号	摘要	借方	贷方	借或贷	余额	核对
月	日							

表 5.2 库存商品明细账

类别：　　　材料名称及规格：　　　　　　　　　　　　　　　　　　　　　　单位：

年		凭证字号	摘要	收入			发出			借或贷	结存			核对
月	日			数量	单价	金额	数量	单价	金额		数量	单价	金额	

（3）多栏式账簿。多栏式账簿的账页借方或贷方中至少设有三个或三个以上的金额专栏。收入、费用和成本明细账一般采用多栏式账簿，应交税费（增值税）明细账也是多栏式账簿。生产成本明细账如表 5.3 所示。

表 5.3 生产成本明细账

账户名称：　　　　　　　　　　　　　　　　　　　　　　　　　　　　　　单位：

年		凭证字号	摘要	合计	借方			
月	日				原材料	燃料动力	工资福利	制造费用

5.1.3 账簿的组成内容

会计账簿由封面、扉页和账页组成。

1. 封面

封面主要标明账簿名称,如库存现金日记账、银行存款日记账、总账、原材料、在途物资、应付账款等各种明细账。

2. 扉页

扉页包括账簿启用和经管人员一览表与目录表。

3. 账页

账页是具有一定格式的表格,是记账的载体,按其格式不同,分为三栏式账页、数量金额式账页和多栏式账页等,如表5.1~表5.3所示。

各种账页主要包括以下基本内容。

(1) 账户名称、总账科目名称或明细科目名称,也可是二级科目名称;
(2) 登记账户日期栏,登记账户的年月日;
(3) 凭证的种类和号数栏即凭证字号栏;
(4) 摘要栏;
(5) 金额栏;
(6) 账号、总页次和分户页次。

账页的基本内容参看三栏式账页。

5.2 账簿的设置和登记

5.2.1 账簿的设置与登记的原则和要点

1. 账簿的设置原则

账簿的设置包括确定账簿的种类、内容和登记方法。会计账簿的种类很多,各种账簿之间既有区别,又有联系。各会计主体应当在按照国家统一的会计制度规定要求前提下,都应结合单位经济业务特点及经营管理的需要,设置相应的账簿体系及具体的账簿,使账簿组织既要保证便于记账、算账,能够及时、正确地从账簿中取得经营管理和编制报表的资料,又要严密精简,避免重叠、烦琐和遗漏,有利于节约人力、物力,提高工作效率。具体而言,应遵循以下原则。

(1) 依法原则。各单位必须按照《会计法》和国家统一会计制度的规定设置会计账簿,包括总账、明细账、日记账和其他辅助性账簿,不允许不建账,不允许在法定的会计账簿之外另外建账。

（2）全面系统原则。设置的账簿要能全面、系统地反映企业的经济活动，为企业经营管理提供所需的会计核算资料，同时要符合各单位生产经营规模和经济业务的特点，使设置的账簿能够反映企业经济活动的全貌。

（3）组织控制原则。设置的账簿要有利于账簿的组织、建账人员的分工，有利于加强岗位责任制和内部控制制度，有利于财产物资的管理，便于账实核对，以保证企业各项财产物资的安全完整和有效使用。

（4）科学合理原则。建账应根据不同账簿的作用和特点，使账簿结构严密、科学，有关账簿之间要有统驭或平行制约的关系，以保证账簿资料的真实、正确和完整；账簿格式的设计及选择应力求简明、实用，以提高会计信息处理和利用的效率。

2．记账规则

登记账簿的规则是指登记账簿时应遵守的规定和要求。《会计基础工作规范》第六十条规定：会计人员应根据审核无误的会计凭证登记账簿，登记账簿的基本要求如下。

（1）内容登记完整。登记会计账簿时，应当将会计凭证日期、编号、业务内容摘要、金额和其他有关资料逐项记入账簿内，做到数字准确、摘要清楚、登记及时、字迹工整。

（2）按照规定颜色墨水笔登记。登记账簿要用蓝黑墨水笔或者炭黑墨水笔书写，不得使用圆珠笔（银行的复写账簿除外）或者铅笔书写。只有在结账、改错和冲账等情况下，才能使用红色墨水笔。在下列情况下，可以用红色墨水笔记账。

① 按照红字更正法冲销错误的记录；
② 使用划线更正法用红线注销错误记录或画线结账；
③ 在不设借贷等栏的多栏式账页中，登记减少数；
④ 在三栏式账户的余额栏前，未印明余额方向的，在余额栏内登记负数余额；
⑤ 根据国家统一会计制度的规定可以使用红字登记的其他会计记录。

（3）文字和数字书写要规范。在账簿中书写的文字和数字上面要留有适当空格，不要写满格，一般应占格距的1/2，并靠行的底线书写，不得越格错位，以保证账簿记录清晰、整洁，并为更正错误留有余地。未标明位数的账页可在金额中加上"分节号"，例如"一万元"书写的阿拉伯数字为"10,000.00"。

（4）按照规定的程序登记。

① 登记完毕后，要在记账凭证上签名或盖章，并注明已经记账的符号即在"记账"栏内打"√"记号或注明账簿的页数，以免重登或漏登。
② 各种账簿必须按照编定号码顺序连续登记，不得隔页、跳行。如不慎发生隔页、跳行，应在空页或空行处用红色墨水笔画对角线注销。
③ 每登满一张账页，应在该页最末一行加计本页发生额及余额，并在"摘要"栏内注明"过次页"；同时，在下一页的首行记入上页加计的发生额及余额，并在"摘要"栏内注明"承前页"，以便于对账和结账。

（5）按照规定的方法更正错账。账簿记录发生错误，不准涂改、挖补、刮擦或者用药水消除字迹，不准重新抄写，必须按照下列方法进行更正。

① 登记账簿时发生错误，应当将错误文字或者数字画红线注销，但必须使原有字迹仍可辨认；然后在红线上方填写正确的文字或者数字，并由记账人员在更正处盖章。对于错误的数字，应当全部画红线更正，不得只更正其中的错误数字。对于文字错误，可只画去错误的部分。

② 由于记账凭证错误而使账簿记录发生错误的，应当按更正的记账凭证登记账簿（更正错账的方法参见本教材第9章）。

3. 日记账的设置和登记

为了加强对货币资金的管理，各单位一般应设置现金日记账和银行存款日记账两本日记账或一本"出纳日记账"（库存现金日记账和银行存款日记账合并在一本账上）。日记账一般采用三栏式订本账簿。三栏式（库存）现金日记账的一般格式如表5.4所示，三栏式银行存款日记账的一般格式如表5.5所示。

表 5.4　（库存）现金日记账

单位：

年		凭证字号	摘　要	对方科目	借　方	贷　方	借或贷	余　额
月	日							

表 5.5　银行存款日记账

单位：

年		凭证字号	摘　要	对方科目	借　方	贷　方	借或贷	余　额
月	日							

特别提示

现金日记账是按时间顺序登记现金收付业务的序时账簿。现金日记账应由出纳员根据审核无误的现金收款凭证、现金付款凭证和银行存款付款凭证，按照业务发生的时间先后顺序逐日、逐笔登记，每日终了，应该计算当日的现金收入合计数、现金支出合计数和结余数，并将结余数与实际库存额核对，做到账款相符。

下面举例说明三栏式现金日记账的登记方法。

四海制造公司 2021 年 1 月 1 日库存现金借方余额为 1 900 元，根据 1 月现金收付业务编制的现金收付款凭证和银行存款付款凭证 12 号（提取现金）如表 5.6 所示，根据 2 月现金收付业务编制的现金收付款凭证和银行存款付款凭证 13 号如表 5.7 所示，其登记现金日记账的方法如表 5.8 和表 5.9 所示。

表 5.6　现金收付款凭证汇总表（1 月）

单位：元

2021年		凭证字号	摘要	会计科目		借方金额	贷方金额
月	日			总账科目	明细科目		
1	1	现付1	借支差旅费	其他应收款		1 000	
				库存现金			1 000
1	3	现付2	支付购入空调运杂费	在建工程		100	
				库存现金			100
1	5	现付3	支付空调安装费	在建工程		200	
				库存现金			200
1	9	现付4	采购员借支差旅费	其他应收款		300	
				库存现金			300
1	9	现付5	支付购入材料运杂费	在途物资		180	
				库存现金			180
1	12	现收1	采购员报账返纳	库存现金		120	
				其他应收款			120
1	30	银付12	提取现金	库存现金		20 000	
				银行存款			20 000
1	30	现付6	发放工资	应付职工薪酬		20 000	
				库存现金			20 000

表 5.7 现金收付款凭证汇总表（2月）

单位：元

2021年		凭证字号	摘要	会计科目		借方金额	贷方金额
月	日			总账科目	明细科目		
2	1	银付1	提取现金	库存现金		2 000	
				银行存款			2 000
2	1	现付1	李坚借支差旅费	其他应收款		1 100	
				库存现金			1 100
2	3	现付2	购入会计账簿	管理费用		200	
				库存现金			200
	8	现收1	李坚报账返纳	库存现金		220	
				其他应收款			220
2	9	现付3	报销电话费	管理费用		400	
				库存现金			400
2	9	现付4	采购员借支差旅费	其他应收款		440	
				库存现金			440
2	9	现付5	支付购入材料运杂费	在途物资		280	
				库存现金			280
2	28	银付12	提取现金	库存现金		20 000	
				银行存款			20 000
2	28	现付6	发放工资	应付职工薪酬		20 000	
				库存现金			20 000

表 5.8 现金日记账（第1页）

单位：元　第1页

2021年		凭证字号	摘要	对方科目	借方	贷方	借或贷	余额
月	日							
1	1		上年结转				借	1 900
	1	现付1	借支差旅费	其他应收款		1 000		900
	3	现付2	支付购入空调运杂费	在建工程		100	借	800
	5	现付3	支付空调安装费	在建工程		200	借	600
	9	现付4	采购员借支差旅费	其他应收款		300		
	9	现付5	支付购入材料运杂费	在途物资		180		
	9		本日合计			480	借	120
	12	现收1	采购员报账返纳	其他应收款	120		借	240
	30	银付12	提取现金	银行存款	20 000			

续表

2021年		凭证字号	摘　　要	对方科目	借　方	贷　方	借或贷	余　　额
月	日							
	30	现付6	发放工资	应付职工薪酬		20 000	借	240
1	31		本月合计		20 120	22 260	借	240
	31		本年累计		20 120	22 260	借	240
2	1		上月结转				借	240
2	1	银付1	提取现金	银行存款	2 000		借	
	1	现付1	李坚借支差旅费	其他应收款		1 100	借	1 140
	3	现付2	购入会计账簿	管理费用		200	借	940
	8	现收1	李坚报账返纳	其他应收款	220		借	1 160
2	8		过次页		2 220	1 300	借	1 160

表5.9　现金日记账（第2页）

单位：元　第2页

2021年		凭证字号	摘　　要	对方科目	借　方	贷　方	借或贷	余　　额
月	日							
2	8		承前页		2 220	1 300	借	1 160
	9	现付3	报销电话费	管理费用		400		
	9	现付4	采购员借支差旅费	其他应收款		440		
	9	现付5	支付购入材料运杂费	在途物资		280		
	9		本日合计			1 120	借	40
	28	银付12	提取现金	银行存款	20 000			
	28	现付6	发放工资	应付职工薪酬		20 000	借	40
2	28		本月合计		22 220	22 420	借	40
	28		本年累计		42 340	44 680	借	40

现金日记账也可采用多栏式账页，即设置所谓多栏日记账。这种日记账的特点：在现金收入栏和支出栏的基础上再分别按其对应账户分设若干专栏，对同类经济业务进行汇总，并据以定期记入总分类账。

企业可按开户银行和其他金融机构、存款种类等设置银行存款日记账，由出纳员根据银行存款收付款凭证，按照业务发生的时间顺序逐日逐笔登记，每日终了，应结出余额。"银行存款日记账"应定期与银行存款对账单核对，至少每月核对一次。企业银行存款账面余额与银行存款对账单余额如有差额，应编制银行存款余额调节表调节相符。

下面举例说明银行存款日记账的登记方法。

四海制造公司2021年1月1日银行存款借方余额为200 000元，根据1月银行存款收付业务编制的银行存款收付款凭证如表5.10所示，其登记银行存款日记账的方法如表5.11和表5.12所示。

表 5.10 银行存款收付款凭证汇总表（1月）

单位：元

2021年		凭证字号	摘要	会计科目		借方金额	贷方金额
月	日			总账科目	明细科目		
1	2	银收1	借入长期借款	银行存款		90 000	
				长期借款			90 000
1	3	银付1	购入无须安装设备一台	固定资产		10 000	
				银行存款			10 000
1	3	银付2	购入需安装设备	在建工程		20 000	
				银行存款			20 000
1	9	银付3	支付采购材料费用	在途物资		800	
				银行存款			800
1	10	银付4	支付材料价税款	在途物资		10 000	
				应交税费		1 300	
				银行存款			11 300
1	10	银付5	偿还材料价税款	应付账款		50 000	
				银行存款			50 000
1	17	银付6	支付银行手续费	财务费用		200	
				银行存款			200
1	17	银收2	收到销售商品价款	银行存款		113 000	
				主营业务收入			100 000
				应交税费			13 000
1	19	银收3	预收W公司货款	银行存款		20 000	
				预收账款			20 000
1	19	银收4	收到D公司货款	银行存款		80 000	
				应收账款			80 000
1	20	银付7	退多收W公司货款	预收账款		1 000	
				银行存款			1 000
1	20	银付8	支付广告费等	销售费用		3 000	
				银行存款			3 000
1	20	银付9	缴纳上月未交增值税	应交税费		13 000	
				银行存款			13 000
1	24	银收5	收到罚款收入	银行存款		200	
				营业外收入			200
1	24	银付10	向灾区捐款	营业外支出		1 000	
				银行存款			1 000

续表

2021年		凭证字号	摘要	会计科目		借方金额	贷方金额
月	日			总账科目	明细科目		
1	24	银付11	罚款支出	营业外支出		500	
				银行存款			500
1	30	银付12	提取现金	库存现金		20 000	
				银行存款			20 000
1	30	银付13	支付办公用品费用	管理费用		200	
				银行存款			200
1	30	银付14	支付排污费	管理费用		1 000	
				银行存款			1 000
1	30	银付15	支付邮电费	管理费用		400	
				银行存款			400
1	31	银付16	支付股东股利	应付股利		10 000	
				银行存款			10 000

表5.11 银行存款日记账（第1页）

单位：元　第1页

2021年		凭证字号	摘要	对方科目	借方	贷方	借或贷	余额
月	日							
1	1		上年结转				借	200 000
	2	银收1	借入长期借款	长期借款	90 000		借	290 000
	3	银付1	购入无须安装设备一台	固定资产		10 000		
	3	银付2	购入需安装设备	在建工程		20 000	借	260 000
	9	银付3	支付采购材料费用	在途物资		800	借	259 200
	10	银付4	支付材料价税款	在途物资		10 000		
				应交税费		1 300		
	10	银付5	偿还材料价税款	应付账款		50 000	借	197 900
	17	银付6	支付银行手续费	财务费用		200		
	17	银收2	收到销售商品价款	主营业务收入	100 000			
				应交税费	13 000		借	310 700
	19	银收3	预收W公司货款	预收账款	20 000			
	19	银收4	收到D公司货款	应收账款	80 000		借	410 700
	20	银付7	退还多收W公司货款	预收账款		1 000		
	20	银付8	支付广告费等	销售费用		3 000		
	20	银付9	缴纳上月未交增值税	应交税费		13 000	借	393 700

续表

2021年		凭证字号	摘　要	对方科目	借　方	贷　方	借或贷	余　额
月	日							
	24	银收5	收到罚款收入	营业外收入	200			
	24	银付10	向灾区捐款	营业外支出		1 000	借	392 900
1	24		过次页		303 200	110 300	借	392 900

表5.12　银行存款日记账（第2页）

单位：元　第2页

2021年		凭证字号	摘　要	对方科目	借　方	贷　方	借或贷	余　额
月	日							
1	24		承前页		303 200	110 300	借	392 900
	24	银付11	罚款支出	营业外支出		500	借	392 400
	30	银付12	提取现金	库存现金		20 000		
	30	银付13	支付办公用品费用	管理费用		200		
	30	银付14	支付排污费	管理费用		1 000		
	30	银付15	支付邮电费	管理费用		400	借	370 800
	31	银付16	支付股东股利	应付股利		10 000	借	360 800
1	31		本月合计		303 200	142 400	借	360 800
			本年累计		303 200	142 400	借	360 800

4．明细分类账的设置和登记

明细分类账是由有关明细分类账户组成的分类账簿。一个企业单位通常要设置多种明细分类账簿。明细账的账页，应根据不同性质的会计要素和不同的管理要求采用不同的格式，主要有三栏式明细账、数量金额式明细账和多栏式明细账等。

（1）三栏式明细账。三栏式明细账的账页格式与上述总账格式大体相同，适用于那些只需要进行金额核算而不需要数量核算的会计科目，如"应付账款"、"应收账款"等会计科目的明细核算。其格式如表5.13所示。

表5.13　明细账

账户名称：　　　　　　　　　　　　　　　　　　　　　　　　　　　　　　　　　　单位：

年		凭证字号	摘　要	借　方	贷　方	借或贷	余　额	核对
月	日							

"三栏式"明细账一般根据记账凭证、原始凭证或原始凭证汇总表逐笔登记。月终应结出各明细账户本月借方和贷方发生额及月末余额,即本月合计。下面举例说明其登记方法。

四海制造公司2021年2月1日应交税费贷方余额为12 000元(其中应交所得税10 000元,未交增值税2 000元),2月应交税费业务编制的记账凭证如表5.14所示,其三栏式应交税费明细账的登记方法如表5.15~表5.18所示。

表5.14 应交税费业务凭证汇总表(2月)

单位:元

2021年		凭证字号	摘 要	会计科目		借方金额	贷方金额
月	日			总账科目	明细科目		
2	2	银付1	缴纳应交所得税	应交税费	应交所得税	10 000	
				银行存款	友诚公司		10 000
2	6	转6	购买F材料款未付	原材料	F材料	20 000	
				应交税费	应交增值税(进项税额)	2 600	
				应付账款	友诚公司		22 600
2	10	转10	购买F材料款未付	原材料	F材料	40 000	
				应交税费	应交增值税(进项税额)	5 200	
				应付账款	友诚公司		45 200
2	17	转17	收到销售商品价款	银行存款		113 000	
				主营业务收入			100 000
				应交税费	应交增值税(销项税额)		13 000
2	18	转18	赊销商品一批	应收账款	D公司	226 000	
				主营业务收入			200 000
				应交税费	应交增值税(销项税额)		26 000
2	20	转20	销售给W公司商品	预收账款	W公司	33 900	
				主营业务收入			30 000
				应交税费	应交增值税(销项税额)		3 900
2	20	银付21	缴纳未交增值税	应交税费	未交增值税	2 000	
				银行存款			2 000
	23	转23	销售材料款未收	应收账款		5 650	
				其他业务收入			5 000
				应交税费	应交增值税(销项税额)		650
2	28	转31	计算应交城市维护建设税和教育费附加	税金及附加		4 675	

续表

2021年		凭证字号	摘要	会计科目		借方金额	贷方金额
月	日			总账科目	明细科目		
				应交税费	应交城市维护建设税		3 272.50
					应交教育费附加		1402.50
2	28	转33	计算应交所得税	所得税费用		3 630	
				应交税费	应交所得税		3 630
2	28	银付34	缴纳本月应交增值税	应交税费	应交增值税（已交税金）	25 300	
				银行存款			25 300
2	28	转35	本月转出未交增值税	应交税费	应交增值税（转出未交增值税）	21 450	
				应交税费	未交增值税		21 450

表5.15 应交税费——应交所得税明细账

账户名称：应交所得税　　　　　　　　　　　　　　　　　　　　　　　　　　　　单位：元

2021年		凭证字号	摘要	借方	贷方	借或贷	余额	核对
月	日							
2	1		上月结转			贷	10 000	
	2	银付1	缴纳	10 000		平	0	
	28	转33	计算应交		3 630	贷	3 630	
2			本月合计	10 000	3 630	贷	3 630	

表5.16 应交税费——应交城市维护建设税明细账

账户名称：应交城市维护建设税　　　　　　　　　　　　　　　　　　　　　　　　单位：元

2021年		凭证字号	摘要	借方	贷方	借或贷	余额	核对
月	日							
2	28	转31	计算应交		3 272.50	贷	3 272.50	
2	28		本月合计		3 272.50	贷	3 272.50	

表 5.17　应交税费——未交增值税明细账

账户名称：未交增值税　　　　　　　　　　　　　　　　　　　　　　　　　　　单位：元

2021年		凭证字号	摘要	借方	贷方	借或贷	余额	核对
月	日							
2	1		上月结转			贷	2 000	
	20	银付21	缴纳	2 000		借	0	
	28	银付34	缴纳	25 300		借	25 300	
	28	转35	应交增值税转入		21 450	借	3 850	
2	28		本月合计	27 300	21 450	借	3 850	

表 5.18　应交税费——应交教育费附加明细账

账户名称：应交教育费附加　　　　　　　　　　　　　　　　　　　　　　　　　单位：元

2021年		凭证字号	摘要	借方	贷方	借或贷	余额	核对
月	日							
2	28	转31	计算应交		1 402.50	贷	1 402.50	
2	28		本月合计		1 402.50	贷	1 402.50	

（2）数量金额式明细账。数量金额式明细账也称大三栏式，它在账页的"借方（收入）"、"贷方（发出）"和"余额（结存）"大三栏中都分别设有数量、单价和金额三个专栏。适用于那些既需要进行金额核算，又需要进行数量核算的明细账户，如原材料明细账、库存商品明细账等，其格式如表 5.19 所示。

表 5.19　明细账

最高存量：　　　　　　　　　　　　　　　　　　　账号：
最低存量：　　　　　　　　　　　　　　　　　　　页次：　　总页码：

类别：　　　名称及规格：　　　单位：　　存储地点：　　计划单价：　　明细科目：

年		凭证字号	摘要	借方			贷方			借或贷	余额			核对
月	日			数量	单价	金额	数量	单价	金额		数量	单价	金额	

数量金额式明细账的记账依据和登记方法与三栏式明细账基本相同,所不同的是要同时登记实物数量和单价。

下面举例说明数量金额式明细账的登记方法。

四海制造公司 2021 年 3 月 1 日原材料借方余额为 16 000 元,"A 材料"借方余额 6 000 元,数量 200 千克,单价 30 元;"B 材料"借方余额 4 000 元,数量 100 千克,单价 40 元;"C 材料"借方余额 6 000 元,数量 600 千克,单价 10 元。3 月业务编制的记账凭证及其所附的原始凭证如表 5.20 所示,其登记方法如表 5.21~表 5.23 所示。(注:假设该企业存货计价法采用个别计价法)

表 5.20 原材料业务凭证汇总表(3 月)

单位:元

2021 年		凭证字号	摘 要	会计科目		借方金额	贷方金额
月	日			总账科目	明细科目		
3	4	转 2	生产用 B 材料	生产成本		400	
			B 材料(10 千克×40 元/千克)	原材料	B 材料		400
3	13	转 6	结转入库材料成本	原材料		10 000	
			(A 材料 200 千克×30 元/千克)		A 材料	6 000	
			(B 材料 50 千克×40 元/千克)		B 材料	2 000	
			(C 材料 200 千克×10 元/千克)		C 材料	2 000	
				在途物资			10 000
3	16	转 7	生产耗用 A、B 材料	生产成本		5 400	
				原材料			5 400
			(A 材料 100 千克×30 元/千克)		A 材料		3 000
			(B 材料 60 千克×40 元/千克)		B 材料		2 400
3	16	转 8	车间一般耗用	制造费用		1 000	
			(C 材料 100 千克×10 元/千克)	原材料	C 材料		1 000
3	16	转 9	管理部门耗用	管理费用		1 000	
			(C 材料 100 千克×10 元/千克)	原材料	C 材料		1 000
3	23	转 13	结转出售 A 材料成本	其他业务成本		300	
			(A 材料 10 千克×30 元/千克)	原材料	A 材料		300

表 5.21 原材料——A 材料明细账

材料名称及规格:A 材料

单位:元

2021 年		凭证字号	摘 要	收 入			发 出			借或贷	结 存			核对
月	日			数量(千克)	单价	金额	数量(千克)	单价	金额		数量(千克)	单价	金额	
3	1		月初结存							借	200	30	6 000	
	13	转 6	收入	200	30	6 000				借	400	30	12 000	

续表

2021年		凭证字号	摘要	收入			发出			借或贷	结存			核对
月	日			数量(千克)	单价	金额	数量(千克)	单价	金额		数量(千克)	单价	金额	
	16	转7	领用				100	30	3 000	借	300	30	9 000	
	23	转13	出售				10	30	300	借	290	30	8 700	
3	31		本月合计	200		6 000	110		3 300	借	290	30	8 700	

表 5.22 原材料——B 材料明细账

材料名称及规格：B 材料　　　　　　　　　　　　　　　　　　　　　　　　　　　　　单位：元

2021年		凭证字号	摘要	收入			发出			借或贷	结存			核对
月	日			数量(千克)	单价	金额	数量(千克)	单价	金额		数量(千克)	单价	金额	
3	1		月初结存							借	100	40	4 000	
	4	转2	领用				10	40	400	借	90	40	3 600	
	13	转6	收入	50	40	2 000				借	140	40	5 600	
	16	转7	领用				60	40	2 400	借	80	40	3 200	
3	31		本月合计	50		2 000	70		2 800	借	80	40	3 200	

表 5.23 原材料——C 材料明细账

材料名称及规格：C 材料　　　　　　　　　　　　　　　　　　　　　　　　　　　　　单位：元

2021年		凭证字号	摘要	收入			发出			借或贷	结存			核对
月	日			数量(千克)	单价	金额	数量(千克)	单价	金额		数量(千克)	单价	金额	
3	1		月初结存							借	600	10	6 000	
3	13	转6	收入	200	10	2 000				借	800	10	8 000	
	16	转8	领用				100	10	1 000	借	700	10	7 000	
	16	转9	领用				100	10	1 000	借	600	10	6 000	
3	31		本月合计	200		2 000	200		2 000	借	600	10	6 000	

（3）多栏式明细账。多栏式明细账是在一张账页内按有关明细科目或项目分设若干专栏，进行分项登记，以便在同一账页上集中反映有关明细资料，也即在账页上的借方或贷方至少有三个金额栏。这种明细账簿主要适用于费用、成本和收入类科目的明细核算，如应交税费（增值税）明细账、生产成本明细账、制造费用明细账等多栏式明细账，常用的有七栏式、九栏式、十一栏式、十三栏式、十七栏式的明细账等。多栏式明细账和应交税费（增值税）明细账的格式分别如表 5.24 和表 5.25 所示。

表 5.24 多栏式明细账

单位：

年		凭证字号	摘要	合计	项 目					
月	日									

表 5.25 应交税费（增值税）明细账

单位：

年		凭证字号	摘要	借 方				贷 方				借或贷	余额
月	日			合计	进项税额	已交税金	转出未交增值税	合计	销项税额	转出多交增值税			

现以四海制造公司的应交税费（增值税）明细账和生产成本明细账为例来说明多栏式明细账的登记方法，分别如表 5.26（其登记所依据的记账凭证见表 5.14）和表 5.27 所示。

表 5.26 应交税费（增值税）明细账

单位：元

2021年		凭证字号	摘要	借方				贷方			借或贷	余额
月	日			合计	进项税额	已交税金	转出未交增值税	合计	销项税额	转出多交增值税		
2	6	转6	购进材料	2 600	2 600							
	10	转10	购进材料	5 200	5 200							
	17	转17	销售商品					13 000	13 000			
	18	转18	销售商品					26 000	26 000			
	20	转20	销售商品					3 900	3 900			
	23	转23	销售材料					650	650		贷	35 750
	31	银付34	缴纳本月增值税	25 300		25 300					贷	10 450
	31	转35	转出未交增值税	10 450			10 450				平	0
2	31		本月合计	44 550	8 800	25 300	10 450	43 550	43 550		平	0

表 5.27 生产成本明细账

产品名称：男装休闲裤　　　　　　　　　　　　　　　　　　　　　单位：元

2021年		凭证字号	摘要	项目			
月	日			合计	原材料	工资及福利费	制造费用
4	01		月初在产品成本	110 125.60	73 441.87	5 226.02	31 457.71
4	30	转11	领用原材料	230 439.72	230 439.72		
	30	转12	计提工资	24 001.00		24 001.00	
	30	转13	福利费	3 360.14		3 360.14	
	30	转15	转入生产成本	12 670.47			12 670.47
			本月发生额	270 471.33	230 439.72	27 361.14	12 670.47
			合计	380 596.93	303 881.59	32 587.16	44 128.18
4	30	转16	结转完工产品成本	358 356.21	287 798.30	27 361.14	43 196.77
4			月末在产品成本	22 240.72	16 083.29	5 226.02	931.41

5.2.2 账务处理程序的选择与总账登记方法

账务处理程序，又称会计核算组织程序或会计核算形式，是指账簿组织和记账步骤有机结合的方式。账簿组织是指设置账簿的种类、格式和各种账簿之间的关系。记账步骤是指填制会计凭证,并根据会计凭证登记各种账簿,以及根据账簿记录编制会计报表的整个过程的步骤。科学的账务处理程序是做好会计工作的一个重要前提,在有利于提高会计工作效率的前提下,能保证财务信息的质量。

账务处理程序和会计循环两者之间虽有联系,但不是一个概念。账务处理程序研究的是单位账务处理的具体步骤,其核心是凭证与账簿相结合的方式;会计循环研究的是各个会计期间反复进行的一些工作。由于各单位的业务性质和规模大小不同,需要设置的凭证、账簿和会计报表的种类、格式和数量等不可能完全一样,这就形成了不同的账务处理程序。

不同的账务处理程序规定了填制会计凭证、登记账簿、编制财务报表的不同步骤和方法,这是单位内部会计制度设计的一个重要内容,对于提高会计工作的质量和效率,正确、及时地编制财务报表,提供全面、连续、系统、清晰的会计核算资料,满足单位内外部会计信息使用者的需要均具有重要意义。

1. 账务处理程序的种类

我国企事业单位目前普遍采用的账务处理程序主要有以下几种。
(1) 记账凭证账务处理程序。
(2) 科目汇总表账务处理程序。
(3) 汇总记账凭证账务处理程序。
(4) 多栏式日记账核算程序。

其中,最基本、最常见的是记账凭证账务处理程序和科目汇总表账务处理程序两种(本教材主要讲述这两种)。

2. 选择账务处理程序的基本要求

各单位应从自身的具体情况出发,选择适合于自身业务特点与管理需要的账务处理程序,在实务中,应遵循以下基本要求。
(1) 应适应本单位经济活动的性质、经营规模和业务的繁简等实际情况。
(2) 应有利于会计工作的规范化,有利于会计工作的分工协作,便于岗位责任制的建立和落实,有利于发挥会计的监督职能。
(3) 应满足本单位和有关方面对财务信息的需要,能及时、准确地提供全面、系统的核算资料。
(4) 在保证会计核算质量的前提下,力求减少不必要的核算环节,简化核算手续,节约人力、物力,提高会计核算效率。

3. 记账凭证账务处理程序

(1) 记账凭证账务处理程序的特点。记账凭证账务处理程序的特点是直接根据各种记账凭证,逐笔登记总分类账。它是最基本的账务处理程序,其他各种账务处理程序都是在此基础上,根据经济管理的需要发展形成的。

（2）记账凭证账务处理程序的核算要求。采用记账凭证账务处理程序时，一般应设置现金日记账、银行存款日记账、总分类账和明细分类账。现金、银行存款日记账和总分类账均采用三栏式；明细分类账可根据需要采用三栏式、数量金额式或多栏式；记账凭证可采用通用格式。总分类账一般按户设页。

（3）记账凭证账务处理程序的核算步骤。记账凭证账务处理程序如图 5.3 所示。

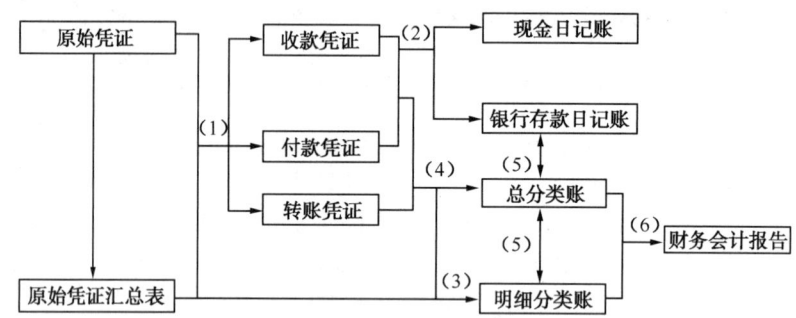

图 5.3 记账凭证账务处理程序

根据图 5.3，记账凭证账务处理程序的核算步骤如下。
① 根据原始凭证或原始凭证汇总表编制记账凭证。
② 根据现金和银行存款的收、付款记账凭证逐笔序时地登记现金日记账和银行存款日记账。
③ 根据原始凭证、原始凭证汇总表或记账凭证登记有关明细分类账。
④ 根据记账凭证逐笔登记总分类账。
⑤ 根据对账的要求，将日记账和各种明细分类账定期与总分类账进行核对，并保证结果相符。
⑥ 期末，根据总分类账和明细分类账的记录编制会计报表。

（4）记账凭证账务处理程序的优缺点和适用范围。记账凭证账务处理程序的优点是总分类账可以比较详细地记录和反映经济业务的发生和完成情况；缺点是登记总账的工作量较大。该账务处理程序一般适用于规模较小、经济业务较少、凭证不多的单位。

4．科目汇总表账务处理程序

（1）科目汇总表账务处理程序的特点。科目汇总表账务处理程序是由记账凭证会计核算程序发展而来的。其特点是根据所有记账凭证定期编制科目汇总表，并按科目汇总表登记总分类账。

（2）科目汇总表账务处理程序的核算要求。采用该账务处理程序时，除了要设置通用格式或专用格式的记账凭证外，还要编制科目汇总表。记账凭证、账簿的设置和格式与记账凭证账务处理程序基本相同。

科目汇总表是根据一定期间内所有的记账凭证编制的，编制时按照科目名称的分类，定期汇总出每个科目的借方本期发生额合计和贷方本期发生额合计，并填写在科目汇总表有关栏目内，全部总账科目的借方发生额合计数等于贷方发生额合计数。

（3）科目汇总表账务处理程序的核算步骤。科目汇总表账务处理程序如图 5.4 所示。

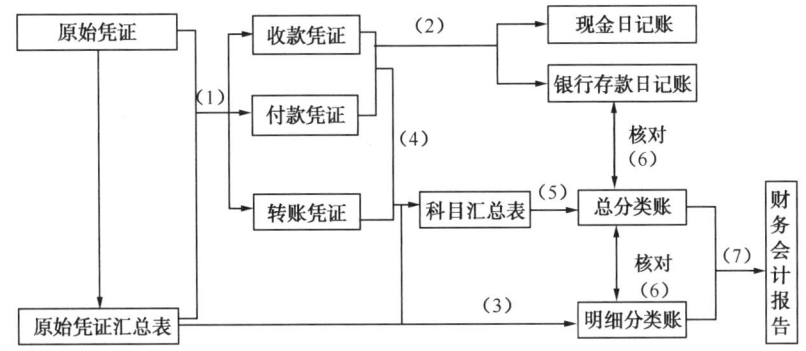

图 5.4 科目汇总表账务处理程序

根据图 5.4，科目汇总表账务处理程序的核算步骤如下。

① 根据原始凭证或原始凭证汇总表编制记账凭证。

② 根据现金和银行存款的收、付款记账凭证逐笔序时地登记现金日记账和银行存款日记账。

③ 根据记账凭证及其所附的原始凭证或原始凭证汇总表逐笔登记有关明细分类账。

④ 根据记账凭证定期编制科目汇总表。

⑤ 根据科目汇总表登记总分类账。

⑥ 根据对账的要求，将日记账和各种明细分类账定期与总分类账进行核对，并保证结果相符。

⑦ 期末，根据总分类账和明细分类账的记录编制会计报表。

（4）科目汇总表的格式与编制方法。编制科目汇总表是指根据一定时期全部收款凭证、付款凭证和转账凭证（或通用记账凭证），按照相同的科目归类，定期（每 10 天或 15 天，或每月一次）将借方、贷方发生额分别汇总，计算出每个会计科目的借方本期发生额、贷方本期发生额，填列在科目汇总表的相关栏内。按会计科目汇总完以后，再将全部会计科目的借方发生额、贷方发生额分别汇总，进行借贷试算平衡。

为了便于科目汇总表的编制，使得在分别汇总计算其借方和贷方金额时不易发生差错，平时填制记账凭证时，应尽可能使账户之间的对应关系保持"一借一贷""一借多贷""一贷多借"，避免"多借多贷"。

科目汇总表的基本格式与发生额试算平衡表相似，其格式如表 5.28 所示。

科目汇总表的作用是可以对总分类账进行汇总登记。根据科目汇总表登记总分类账时，只需将科目汇总表中有关科目的本期借贷方发生额合计数，分次或月末一次记入相应总分类账的借方或贷方。

（5）科目汇总表账务处理程序的优缺点及适用范围。科目汇总表账务处理程序的优点是简化了总分类账的登记工作，而且兼有试算平衡的作用；缺点是科目汇总表和总分类账不能反映账户的对应关系，因而不便于对经济活动情况进行分析和检查。该账务处理程序适用于经营规模较大、经济业务较多的单位。

表 5.28　科目汇总表

		凭证	号至	号共	张
		凭证	号至	号共	张
		凭证	号至	号共	张
类别		凭证	号至	号共	张
编号	年　月　日至　日	凭证	号至	号共	张

会计科目	本期发生额		备注
	借方 亿 千 百 十 万 千 百 十 元 角 分　✓	贷方 亿 千 百 十 万 千 百 十 元 角 分　✓	
合　计			

会计主管：　　　记账：　　　审核：　　　制表：

5. 总分类账的设置和登记

总分类账是按总账科目设置总账账户的账簿，对各项会计要素的增减变动进行分类、连续、全面登记的账簿。一个企业单位一般只设一本总分类账簿，一般采用"三栏式"账页，即金额分为"借方"、"贷方"和"余额"三栏。其一般格式和登记方法如表 5.29 所示，按照记账凭证账务处理程序的登记方法如表 5.30 和表 5.31 所示的"库存现金"总账账户,以及如表 5.32 和表 5.33 所示的"银行存款"总账账户,其登记的依据分别如表 5.6、表 5.7 和表 5.10 所示。

表 5.29 总分类账

账号:　　　总页码:
账户名称:　　　单位:　　　页次:

年		凭证字号	摘　要	借　方	贷　方	借或贷	余　额	核　对
月	日							

表 5.30 总分类账(库存现金,第 1 页)

账号:1001　总页码:1
账户名称:库存现金　　　单位:元　页次:1

2021 年		凭证字号	摘　要	借　方	贷　方	借或贷	余　额
月	日						
1	1		上年结转			借	1 900
	1	现付 1	借支差旅费		1 000	借	900
	3	现付 2	支付购入空调运杂费		100	借	800
	5	现付 3	支付空调安装费		200	借	600
	9	现付 4	采购员借支差旅费		300		
	9	现付 5	支付购入材料运杂费		180	借	120
	12	现收 1	采购员报账返纳	120		借	240
	30	银付 12	提取现金	20 000			
	30	现付 6	发放工资		20 000	借	240
1	31		本月合计	20 120	21 780	借	240
	31		本年累计	20 120	21 780	借	240
2	1		上月结转			借	240

续表

2021年		凭证字号	摘 要	借 方	贷 方	借或贷	余 额
月	日						
2	1	银付1	提取现金	2 000			2 240
	1	现付1	李坚借支差旅费		1 100		1 140
	3	现付2	购入会计账簿		200	借	940
	8	现收1	李坚报账返纳	220			1 160
2	8		过次页	2 220	1 300		1 160

表 5.31 总分类账（库存现金，第 2 页）

账号：1001　总页码：2

账户名称：库存现金　　　　　　　　　　　　　　　　　　　　　单位：元　页次：2

2021年		凭证字号	摘 要	借 方	贷 方	借或贷	余 额
月	日						
2	8		承前页	2 220	1 300		1 160
	9	现付3	报销电话费		400		
	9	现付4	采购员借支差旅费		440		
	9	现付5	支付购入材料运杂费		280	借	40
	28	银付12	提取现金	20 000			
	28	现付6	发放工资		20 000	借	40
2	28		本月合计	22 220	22 420	借	40
	28		本年累计	42 340	44 200	借	40

表 5.32 总分类账（银行存款，第 1 页）

账号：1002　总页码：11

账户名称：银行存款　　　　　　　　　　　　　　　　　　　　　单位：元　页次：1

2021年		凭证字号	摘 要	借 方	贷 方	借或贷	余 额
月	日						
1	1		上年结转			借	200 000
	2	银收1	借入长期借款	90 000		借	290 000
	3	银付1	购入无须安装设备一台		10 000		
	3	银付2	购入需安装设备		20 000	借	260 000
	9	银付3	支付采购材料费用		800	借	259 200
	10	银付4	支付材料价税款		11 300		

续表

2021年		凭证字号	摘　要	借　方	贷　方	借或贷	余　额
月	日						
	10	银付5	偿还材料价税款		50 000	借	197 900
	17	银付6	支付银行手续费		200		
	17	银收2	收到销售商品价款	113 000		借	310 700
	19	银收3	预收W公司货款	20 000			
	19	银收4	收到D公司货款	80 000		借	410 700
	20	银付7	退多收W公司货款		1 000		
	20	银付8	支付广告费等		3 000		
	20	银付9	缴纳上月未交增值税		13 000	借	393 700
	24	银收5	收到罚款收入	200			
	24	银付10	向灾区捐款		1 000		
	24	银付11	罚款支出		500	借	392 400
	30	银付12	提取现金		20 000	借	372 400
1	30		过次页	303 200	127 200	借	372 400

表5.33　总分类账（银行存款，第2页）

账号：1002　总页码：11

账户名称：银行存款　　　　　　　　　　　　　　　　单位：元　　页　次：2

2021年		凭证字号	摘　要	借　方	贷　方	借或贷	余　额
月	日						
1	30		承前页	303 200	127 200	借	372 400
	30	银付13	支付办公用品费用		200		
	30	银付14	支付排污费		1 000		
	30	银付15	支付邮电费		400	借	370 800
	31	银付16	支付股东股利		10 000	借	360 800
1	31		本月合计	303 200	142 400	借	360 800
			本年累计	303 200	142 400	借	360 800

　　上例中的总分类账是由会计人员根据记账凭证进行登记的。采用不同的会计核算形式登记总分类账的依据不同，在记账凭证会计核算形式下，会计人员根据记账凭证逐笔登记总账；在科目汇总表或汇总记账凭证会计核算形式下，会计人员将记账凭证按一定方式定期汇总编制科目汇总表或汇总记账凭证，并据之登记总账；在多栏式日记账会计核算形式下，会计人员根据多栏式日记账汇总登记总账。

5.2.3 总分类账户和明细分类账户的平行登记

企业通常设置一本总分类账和若干本明细分类账。在总分类账的账页上按照规定的总账科目开设若干个总分类账户，对各种会计要素进行总括核算，提供总括资料。而明细分类账户是根据某总账科目所属的明细分类科目在明细分类账的账页上开设的户头，对有关会计要素进行详细的核算，提供详细资料。总分类账上的某一总分类账户及其所属明细分类账户两者所反映的对象是一样的，其区别仅是详细程度不同而已。两者之间存在着密切的内在联系，这种联系表现在某一总账户所记录的借方、贷方、余额三个金额数，必须与其所属的各明细账户记录的借方、贷方、余额三个金额数之和相等。

1. 总分类账户和明细分类账户的关系

（1）总账账户与其所属明细账户之间存在着统御与被统御的关系。总分类账户对明细分类账户起着统御控制的作用；明细分类账户是总分类账户的具体化，起着补充说明的作用。因此，总账账户又称为统御账户，而明细账账户则称为被统御账户。

（2）总分类账户与其所属明细分类账户在总金额上相等。这种数量关系用公式表示如下。

某一总分类账户期初借方（或贷方）余额 = 所属明细分类账户期初借方（或贷方）余额之和

　　某一总分类账户本期借方发生额 = 所属明细分类账户本期借方发生额之和

　　某一总分类账户本期贷方发生额 = 所属明细分类账户本期贷方发生额之和

某一总分类账户期末借方（或贷方）余额 = 所属明细分类账户期末借方（或贷方）余额之和

2. 总分类账户与明细分类账户平行登记要点

由于总账账户与其所属的明细账户之间存在着统御与被统御的关系，因此，在会计核算中，对它们必须采用平行登记的方法。所谓平行登记，是指对发生的每笔经济业务，都要以会计凭证（记账凭证及其所附的原始凭证）为依据，在有关总分类账户及其所属明细分类账户中进行依据相同、期间相同、方向一致、金额相等的记录。总分类账户和明细分类账户的平行登记要点有以下四个。

（1）登记的依据相同。对于发生的每项经济业务，既要在该经济业务涉及的各个总分类账户中进行总括登记，又要在各个总分类账户所属的明细分类账户中进行明细登记（没有明细分类账户的除外），两者登记的依据必须相同。

（2）登记的会计期间相同。对于发生的每项经济业务，既要在该经济业务涉及的各个总分类账户中进行总括登记，又要在各个总分类账户所属的明细分类账户中进行明细登记（没有明细分类账户的除外），两者登记的会计期间（月份）必须相同。

（3）登记的方向一致。对于发生的每项经济业务，记入某一总分类账户和其所属的明细分类账户时，必须记在同一方向，即如果在总分类账户中记入借方，在明细分类账户中也应记入借方；如果在总分类账户中记入贷方，在明细分类账户中也应记入贷方，两者登记的方向必须一致。

（4）登记的金额相等。对于发生的每项经济业务，记入某一总分类账户中的金额必须与记入其所属明细账户中的金额之和相等。

3. 总分类账户与其所属明细分类账户的平行登记方法

下面举例说明总分类账户和其所属明细分类账户的平行登记方法。

假设新光厂（小规模纳税人）2020 年 9 月部分总分类账户和其所属明细分类账户的月初余额如下。

"原材料"总分类账户为 5 000 元；其所属明细账户：E 材料 200 千克，单价 20 元，计 4 000 元，F 材料 100 千克，单价 10 元，计 1 000 元。

"应付账款"总分类账户为 9 000 元；其所属明细账户：光明公司 3 000 元，华光公司 6 000 元。

又假设 2021 年 9 月新光厂发生有关经济业务如下。

（1）9 月 2 日，从光明公司购进 E 材料 100 千克，单价 20 元，计 2 000 元。该材料已验收入库，但货款尚未支付。

（2）9 月 5 日，从华光公司购进 F 材料 500 千克，单价 10 元，计 5 000 元。该材料已验收入库，但货款尚未支付。

（3）9 月 10 日，生产甲产品领用 E 材料 200 千克，单价 20 元，计 4 000 元；生产乙产品领用 F 材料 300 千克，单价 10 元，计 3 000 元。

（4）9 月 20 日，以银行存款支付光明公司货款 4 000 元，华光公司 8 000 元。

（5）9 月 25 日，生产甲产品领用 E 材料 50 千克，单价 20 元，计 1 000 元。

要求：根据上述资料，在"原材料""应付账款"总分类账户及其所属明细账户中进行平行登记。

具体做法如下。

第一步，将月初余额分别记入有关总分类账户和明细分类账户（参见表 5.34～表 5.39）。

第二步，编制上列有关经济业务的会计记录。在分录中，不但要写明应记总分类账户的名称和金额，还要写明应记明细分类账户的名称和金额。具体分录如下。

（1）借：原材料　　　　　　　　　　2 000
　　　　——E 材料　　　　　　　　 2 000
　　　贷：应付账款　　　　　　　　 2 000
　　　　——光明公司　　　　　　　 2 000
（假设所编制的记账凭证编号为 2 号）
（2）借：原材料　　　　　　　　　　5 000
　　　　——F 材料　　　　　　　　 5 000
　　　贷：应付账款　　　　　　　　 5 000
　　　　——华光公司　　　　　　　 5 000
（假设所编制的记账凭证编号为 5 号）
（3）借：生产成本　　　　　　　　　7 000
　　　　——甲产品　　　　　　　　 4 000
　　　　——乙产品　　　　　　　　 3 000
　　　贷：原材料　　　　　　　　　 7 000
　　　　——E 材料　　　　　　　　 4 000

——F 材料　　　　　　　　　　3 000

（假设所编制的记账凭证编号为 10 号）

（4）借：应付账款　　　　　　　　12 000

　　　　——光明公司　　　　　　　4 000

　　　　——华光公司　　　　　　　8 000

　　　贷：银行存款　　　　　　　　12 000

（假设所编制的记账凭证编号为 20 号）

（5）借：生产成本　　　　　　　　1 000

　　　　——甲产品　　　　　　　　1 000

　　　贷：原材料　　　　　　　　　1 000

　　　　——E 材料　　　　　　　　1 000

（假设所编制的记账凭证编号为 25 号）

　　第三步，根据编制的会计分录在有关总账户及其所属明细账户中进行登记，如表 5.34～表 5.39 所示。

表 5.34　原材料明细账

材料名称及规格：E 材料　　　　　　　　　　　　　　　　　　　　　　　　单位：元

2021年		凭证字号	摘要	收入			发出			借或贷	结存			核对
月	日			数量（千克）	单价	金额	数量（千克）	单价	金额		数量（千克）	单价	金额	
9	1		月初结存							借	200	20	4 000	
	2	2	购进	100	20	2 000				借	300	20	6 000	
	10	10	发出				200	20	4 000	借	100	20	2 000	
	25	25	发出				50	20	1 000	借	50	20	1 000	
9	30		本月合计	100		2 000	250		5 000	借	50	20	1 000	

表 5.35　原材料明细账

材料名称及规格：F 材料　　　　　　　　　　　　　　　　　　　　　　　　单位：元

2021年		凭证字号	摘要	收入			发出			借或贷	结存			核对
月	日			数量（千克）	单价	金额	数量（千克）	单价	金额		数量（千克）	单价	金额	
9	1		月初结存							借	100	10	1 000	
	5	5	购进	500	10	5 000				借	600	10	6 000	
	10	10	发出				300	10	3 000	借	300	10	3 000	
9	30		本月合计	500		5 000	300		3 000	借	300	10	3 000	

第5章 会计信息载体之二——账簿

表5.36 应付账款明细分类账

账户名称：光明公司　　　　　　　　　　　　　　　　　　　　　　　　　　　　单位：元

2021年		凭证字号	摘　要	借　方	贷　方	借或贷	余　额	核对
月	日							
9	1		月初余额			贷	3 000	
	2	2	欠货款		2 000	贷	5 000	
	20	20	偿还货款	4 000		贷	1 000	
9	30	30	本月合计	4 000	2 000	贷	1 000	

表5.37 应付账款明细账

账户名称：华光公司　　　　　　　　　　　　　　　　　　　　　　　　　　　　单位：元

2021年		凭证字号	摘　要	借　方	贷　方	借或贷	余　额	核对
月	日							
9	1		月初余额			贷	6 000	
	5	5	欠货款		5 000	贷	11 000	
	20	20	偿还货款	8 000		贷	3 000	
9	30	30	本月合计	8 000	5 000	贷	3 000	

表5.38 总分类账

账户名称：原材料　　　　　　　　　　　　　　　　　　　　　　　　　　　　　单位：元

2021年		凭证字号	摘　要	借　方	贷　方	借或贷	余　额	核对
月	日							
9	1		月初余额			借	5 000	
	2	2	购进	2 000		借	7 000	
	5	5	购进	5 000		借	12 000	
	10	10	发出		7 000	借	5 000	
	25	25	发出		1 000	借	4 000	
9	30		本月合计	7 000	8 000	借	4 000	

表5.39 总分类账

账户名称：应付账款　　　　　　　　　　　　　　　　　　　　　　　　　　　　单位：元

2021年		凭证字号	摘　要	借　方	贷　方	借或贷	余　额	核对
月	日							
9	1		月初余额			贷	9 000	
	2	2	欠货款		2 000	贷	11 000	

续表

2021年		凭证字号	摘要	借方	贷方	借或贷	余额	核对
月	日							
	5	5	欠货款		5 000	贷	16 000	
	20	20	偿还货款	12 000		贷	4 000	
9	30		本月合计	12 000	7 000	贷	4 000	

4. 总分类账户与其所属明细分类账户的平行登记结果查核

由于运用平行登记方法对各项经济业务涉及的有关总分类账户与其所属明细分类账户之间进行依据相同、期间相同、方向一致、金额相等的登记，因此某一总分类账户与其所属明细分类账户之间存在着特定的数量关系。这种数量关系可以用以下公式表示。

某一总分类账户借方（贷方）本期发生额 = 所属各明细分类账户借方（贷方）本期发生额之和

某一总分类账户期末（期初）余额 = 所属各明细分类账户期末（期初）余额之和

利用总分类账户与其所属明细分类账户之间的上述数量关系可以检查有关账户记录是否正确。在总分类账与明细分类账分管的情况下，这种数量关系可以发挥内部牵制的作用。

一个总分类账户所属的明细分类账户往往有若干个，为了便于对总分类账户和明细分类账户的记录进行相互核对，可以根据明细分类账户的记录编制总分类账户及其所属明细分类账户发生额和余额对照表（明细表）。

下面以前面新光厂的原材料明细分类账户和应付账款明细分类账户的记录为例编制有关明细表，分别如表5.40和表5.41所示。

表5.40 原材料总分类账户及其所属明细分类账户发生额和余额对照表（明细表）

2021年9月　　　　　　　　　　　　　　　　　　　　　　　　单位：元

账户名称	月初余额		本月发生额		月末余额	
	借方	贷方	借方	贷方	借方	贷方
原材料	5 000		7 000	8 000	4 000	
E材料	4 000		2 000	5 000	1 000	
F材料	1 000		5 000	3 000	3 000	
合计	5 000		7 000	8 000	4 000	

表 5.41　应付账款总分类账户及其所属明细分类账户发生额和余额对照表（明细表）

2021年9月　　　　　　　　　　　　　　　　　　　　　　　　　　　　　　　单位：元

账户名称	月初余额		本月发生额		月末余额	
	借方	贷方	借方	贷方	借方	贷方
应付账款		9 000	12 000	7 000		4 000
光明公司		3 000	4 000	2 000		1 000
华光公司		6 000	8 000	5 000		3 000
合计		9 000	12 000	7 000		4 000

以上原材料明细表表明，新光厂当月原材料明细分类账户的期初余额合计 5 000 元，本期借方发生额合计 7 000 元，本期贷方发生额合计 8 000 元，期末余额合计 4 000 元，都分别与原材料总分类账户记录的期初余额、本期借贷方发生额和期末余额完全相符。同样，以上应付账款明细表表明，该厂当月应付账款明细分类账户的期初余额合计 9 000 元，本期借方发生额 12 000 元，本期贷方发生额 7 000 元，期末余额 4 000 元，也都分别与应付账款总分类账户记录的期初余额、本期借贷方发生额和期末余额完全相符。这说明上述有关总分类账户和其所属明细分类账户的当月记录基本上是正确的。如果明细表的各项合计数字与有关总分类账户的记录不相符，即表明账户记录有错误，应及时查明更正。

本章小结

会计账簿是由相互联系、具有一定格式的账页组成的，用来记录各项会计要素的分类项目增减变动情况的簿籍（册）。通过设置和登记会计账簿，可以系统地归纳和积累会计核算资料，为计算财务成果、编制会计报表提供依据。

会计账簿按其用途不同，可分为序时账簿（日记账）、分类账簿和备查账簿；按其外表形式不同，可分为订本式账簿、活页式账簿和卡片式账簿；按其账页格式不同，可分为三栏式账簿、数量金额式账簿和多栏式账簿。

各会计主体应当按照国家统一的会计制度规定要求和会计业务的需要设置会计账簿。会计账簿包括总账、明细账、日记账和其他辅助性账簿。使用账簿必须遵守一定的规则，登记账簿的规则是指登记账簿时应遵守的规定和要求。《会计基础工作规范》第六十条规定：会计人员应根据审核无误的会计凭证登记账簿。

由于总账账户与其所属的明细账户之间存在着统御与被统御的关系，因此，在会计核算中，对它们必须采用平行登记的方法。

所谓平行登记，是指对发生的每笔经济业务，都要以会计凭证（记账凭证及其所附的原始凭证）为依据，在有关总分类账户及其所属明细分类账户中进行依据相同、期间相同、方向一致、金额相等的记录。

不同的账务处理程序规定了填制会计凭证、登记账簿、编制财务报表的不同步骤和方法，这是单位内部会计制度设计的一个重要内容，对于提高会计工作的质量和效率，正确、及时地编制财务报表，提供全面、连续、系统、清晰的会计核算资料，满足单位内外部会计信息使用者的需要均具有重要意义。

我国企事业单位目前普遍采用的账务处理程序主要有记账凭证账务处理程序、科目汇总表账务处理程序、汇总记账凭证账务处理程序、多栏式日记账核算程序四种。其中，最基本、最常见的是记账凭证账务处理程序和科目汇总表账务处理程序两种。

各单位应从自身的具体情况出发，选择适合于自身业务特点与管理需要的账务处理程序。

思考与实践 5

一、思考题

1. 设置和登记账簿的意义是什么？
2. 账页格式有哪几种？分别适于哪些账户的核算？试举例说明。
3. 会计账簿的登记应遵循哪些原则？
4. 简述记账凭证与科目汇总表账务处理程序的特点与适用范围。
5. 简述记账凭证与科目汇总表账务处理程序的核算步骤。

二、知识与能力扩展

1. 详细阅读《会计基础工作规范》第三章中的第三节"登记会计账簿"部分。
2. 选择不同规模的企业或行政事业单位，调研其所采用的账务处理程序，并了解其选择的原因与依据。

三、实训

参见《基础会计实训（第3版）》任务四、任务五。

第6章 会计信息载体之三——财务会计报告

【知识目标】
1. 了解财务报告的作用、种类、内容
2. 理解财务报表的编制要求

【能力目标】
理解并掌握资产负债表、利润表的结构及作用

 **案例导入**

1. 小华假期回家，遇到父母因一个大客户要赊购一批货物的问题产生了争执。小华的父亲认为这个客户是老客户了，一直都很守信用，每次欠款都能够按时偿还，这次也应该没有问题。而小华的母亲认为以前客户赊购的都是少量的货物，欠款额度也比较少，而这次赊购的货物量太大，而且现在这种商品的销量也不太好，风险太大。小华的爸爸则认为，正是因为现在该商品的销量不好，客户的赊购对于打开自己商品的销量是个机会。两个人为此一直争论不休。小华听后，也加入了讨论中，感觉到父母双方的意见都有道理，又都存在问题，于是结合自己所学的会计知识，建议父母是否应该看一下客户的财务报表。父母认为做生意关键是看客户的人品，财务报表不能看出什么，所以都很不理解小华的建议。你能帮小华说服她的父母吗？

2. 小雨在上晚自习时，接到爸爸的电话，说因为公司现在的资金比较短缺，所以向银行申请了一笔贷款，银行已经初步答应了爸爸的请求，但要求小雨的爸爸必须将公司的资产负债表、利润表和现金流量表一起准备好。小雨的爸爸很不理解，贷款为什么还要看这些资料呢？小雨也是刚开始学会计，听后也很茫然，你能帮她解释清楚吗？

6.1 财务会计报告概述

6.1.1 财务会计报告的作用

财务会计报告是企业对外提供的反映企业某一特定日期财务状况和某一会计期间经营成

果、现金流量等会计信息的书面文件。

企业会计账簿所提供的信息虽然比会计凭证更加条理化、系统化，但就某一会计期间经营过程的整体而言，仍然是相对分散和不完整的，不能集中地反映企业经营过程的全貌。因此，通过定期地对会计账簿资料进行归集、整理、汇总而编制的财务会计报告，是会计核算的一个重要手段，是对会计核算工作的全面总结，也是企业正式对外披露财务会计信息的渠道，为各有关方面的人员提供总括性的财务会计信息。

编制财务会计报告是对会计核算工作的全面总结，是及时提供合法、真实、准确、完整会计信息的重要环节，对市场经济情况下的企业信息使用者具有非常重要的意义。具体表现在以下几个方面。

（1）财务会计报告是国家进行宏观调控的依据。各行业、各地区、各部门的经济运行情况汇总上报，便于国家了解和掌握国民经济的发展情况，为编制宏观经济计划提供依据。同时，也有利于国家对企业的财务监督，严肃财经纪律，从而保障市场健康、有效地运行。

（2）财务会计报告提供的经济信息是企业内部改善经营管理的重要依据。企业经营管理人员通过研究、分析财务会计报告，随时掌握企业的财务状况、经营成果及现金流动情况，从而改善企业的经营管理，提高经济效益。

（3）财务会计报告是外部单位和个人了解企业财务状况、经营成果及现金流量，并据以做出决策的重要依据；投资者可以了解企业的投资报酬及获利能力；债权人可以了解企业的偿债能力，以及其债权的保障和利息的获取情况；潜在的投资者和债权人可以了解企业的发展趋势、经营活动，为其投资和贷款提供依据。

6.1.2 财务会计报告的构成

财务会计报告由会计报表、会计报表附注和财务情况说明书三部分组成。会计报表是财务会计报告的主干部分，是以会计账簿为主要依据，以货币为计量单位，按照规定的格式，总括反映会计主体一定期间的财务状况、经营成果和现金流量的报告文件。会计报表附注是为了便于会计报表使用者理解会计报表的内容而对会计报表的编制基础、编制依据、编制原则和方法及主要项目所做的解释。财务情况说明书是对企业的财务状况和经营成果进行分析总结的书面报告，是财务会计报告使用者了解、考核和评价企业经营活动情况的重要资料。

会计报表是综合反映一定时期财务状况和经营成果的文件，是财务会计报告的主要组成部分，是企业向外部传递会计信息的主要途径。

会计报表至少应包括资产负债表、利润表、现金流量表、所有者权益（股东权益）变动表及附注。

（1）资产负债表是反映企业某一特定日期财务状况的会计报表。

（2）利润表是反映企业一定会计期间经营成果的会计报表。

（3）现金流量表是反映企业在一定会计期间的现金和现金等价物流入和流出情况的会计报表。

（4）所有者权益变动表反映构成所有者权益的各组成部分当期的增减变动情况。

（5）附注是对在会计报表中列示项目所做的进一步说明，以及对未能在这些报表中列示项目的说明等。

小企业编制的会计报表可以不包括现金流量表。

6.1.3 会计报表的种类和编制要求

1. 会计报表的种类

根据不同需要，可以按照不同的标准将会计报表分类。

（1）会计报表按反映的经济业务的内容不同，可以分为静态报表和动态报表。

① 静态报表，是综合反映企业资产、负债和所有者权益的报表，揭示了企业在某一个特定时点的财务状况，如资产负债表。

② 动态报表，是反映企业在一定时期内资金耗费和资金收回的报表，揭示了企业在一定时期的经营成果，如利润表。

（2）会计报表按编制的时间不同，可以分为月度报表、季度报表和年度报表，分别简称为月报、季报和年报。

（3）会计报表按编制基础和范围不同，可以分为基层会计报表和汇总会计报表。

① 基层会计报表，是基层单位根据账簿记录的有关数字编制的，反映本单位经营情况和结果的会计报表。

② 汇总会计报表，是企业主管部门或上级单位根据所属单位报送的基层会计报表，加上本单位的会计报表进行简单汇总而编制的综合性会计报表。

（4）会计报表按母子公司之间的关系，可以分为个别会计报表和合并会计报表。

① 个别会计报表，是子公司编制的单独反映本单位自身财务状况、经营成果及其变动情况的报表。

② 合并会计报表，是以母公司和子公司组成的企业集团为一个会计主体，以母公司和子公司的个别会计报表为基础编制的综合反映企业集团财务状况、经营成果及其现金流量情况的会计报表。我国《企业会计制度》规定，企业对其他单位的投资如果占被投资单位资本总额50%以上（不含50%），或者虽然占被投资单位资本总额不足50%，但是对该单位拥有实际控制权的，应当编制合并会计报表。

（5）会计报表按服务对象不同，可以分为外部会计报表和内部会计报表。

① 外部会计报表，是根据国家有关规定，定期向企业外部公开报出，供各会计信息使用者使用的会计报表，如资产负债表、利润表等。

② 内部会计报表，是向本企业内部管理人员提供的，供内部管理人员进行预测和决策分析使用的，而不对外公布的会计报表，如商品成本表、管理费用表等。

2. 财务报表列报的总体要求

财务报表列报的要求主要表现在以下几个方面。

（1）持续经营的编制基础。企业应当以持续经营为基础，根据实际发生的交易和事项，按照《企业会计准则——基本准则》和其他各项会计准则的规定进行确认和计量，并在此基础上编制财务报表。

企业不应以附注披露代替确认和计量。

以持续经营为基础编制财务报表不再合理的，企业应当采用其他基础编制财务报表，并在附注中披露这一事实。

企业应当以持续经营为基础编制财务报表及其附注。在编制财务报表时，企业应当对持续经营的能力进行估计。如果已决定进行清算或停止营业，或者已确定在下一个会计期间将被迫进行清算或停止营业，则不应再以持续经营为基础编制财务报表。如果某些不确定的因素导致对企业能否持续经营发生重大怀疑，则应当在财务报表附注中披露这些不确定因素。如果财务报表不是以持续经营为基础编制的，则企业在财务报表附注中对此应当首先予以披露，并进一步披露财务报表的编制基础，以及企业未能以持续经营为基础编制财务报表的原因。

在评估持续经营假定是否恰当时，企业应当考虑所有所能获得的有关未来的信息，这些信息至少应覆盖资产负债表日起12个月的时间。如果企业有获利经营的历史且易于获得财物资源，则无须做详细的分析即可得出持续经营的会计基础是恰当的这一结论。在其他情况下，企业应当在确定持续经营假定是否恰当之前，可能需要考虑广泛的因素，包括目前和预期的获利能力、偿债能力及融资来源等。

（2）不同期间的一致性列报。财务报表项目的列报应当在各个会计期间保持一致，不得随意变更，但下列情况除外。

① 会计准则要求改变财务报表项目的列报。

② 企业经营业务的性质发生重大变化后，变更财务报表项目的列报能够提供更可靠、更相关的会计信息。

当财务报表项目的列示和分类发生重大变化时，企业应当在财务报表附注中披露变化的项目和原因，以及假设未发生变化时该项目原来的列示方法、分类和金额。

（3）轻重项目的分类反映。性质或功能不同的项目，应当在财务报表中单独列示。性质或功能相似的项目，其所属类别具有重要性的，应当按其类别在财务报表中单独列示。重要项目的判断应当综合考虑项目的性质、金额，以及不单独列示该项目是否影响真实、完整地反映企业的当前财务状况、经营成果和现金流量。例如，《企业会计准则——中期财务报告》利润表中规定的应单独披露的项目不包括债务重组的损失，但是如果企业发生了金额较大的债务重组，则应考虑单独披露债务重组的金额。

重要性是指财务报表某项目的省略或错报会影响使用者据此做出经济决策的，该项目具有重要性。重要性应当根据企业所处环境，从项目的性质和金额大小两方面加以判断。判断项目性质的重要性，应当考虑该项目的性质是否属于企业日常活动，是否对企业的财务状况和经营成果具有较大影响等因素；判断项目金额大小的重要性，应当通过单项金额占资产总额、负债总额、所有者权益总额、营业收入总额、净利润等直接相关项目金额的比重加以确定。

（4）项目列报的正确口径。除相关准则另有规定要求或允许抵销外，财务报表中的资产项目和负债项目、收入项目和费用项目不应相互抵销。

单独列报资产和负债、收益和费用是很重要的，在收益表或资产负债表内进行抵销难以让使用者了解已发生的交易、其他事项或情况，以及评价企业未来的现金流量。我国国家统一的会计制度对于哪些报表项目能够抵销，哪些项目不能抵销，都有明确的规定，例如，资产项目按扣除减值准备后的净额列示，不属于抵销；日常活动产生的损益，以及收入扣减费用后的净额列示，不属于抵销。

（5）比较信息的提供标准。除其他会计准则另有规定者外，当期财务报表的列报至少应当提供所有列报项目上一可比会计期间的比较数据，以及与理解当期财务报表相关的说明。如果有助于真实、完整地反映当期的会计信息及其前期至当期的变化过程，企业还应当提供与当期财务报表附注中叙述性信息相关的前期资料。例如，法律诉讼的结果在上一个资产负债表日尚不确定，到本会计期末仍未解决，则法律诉讼的详细情况应在当期披露。

根据《企业会计准则——财务报表列报》第五条的规定，财务报表项目的列报发生变更的，应当对上期比较数据按照当期的列报要求进行调整，并在附注中披露调整的原因和性质，以及调整的各项目金额。对上期比较数据进行调整不切实可行的，应当在附注中披露不能调整的原因。

不切实可行，是指企业在做出所有合理努力后仍然无法采用某项规定，或无法取得前期比较数据外，在列报当期财务报表及其附注的数据时，企业至少应当同时列报前一会计期间相同项目的比较数据，以及与理解当期财务报表相关的说明。

（6）其他相关要求。财务报表中的信息应当与企业披露的其他信息明显地予以区分。《企业会计准则——中期财务报告》只适用于财务报表，不适用于财务报表或其他文件中的其他信息。因此将按照财务报表准则编制的信息与其他不受《企业会计准则——中期财务报告》约束的其他信息区分开来是十分重要的。

① 表头要素。企业应当在财务报表中以显著的方式列示以下内容：编报企业的名称、资产负债表日或财务报表涵盖的会计期间、人民币金额单位。财务报表是合并财务报表的，应当予以标明。

② 报表期间。企业至少应当按年编制和列示《企业会计准则——中期财务报告》所要求的全部财务报表，并在规定的期间内对外提供。如果年度财务报表涵盖的期间短于1年，则企业应当披露：财务报表涵盖的期间；年度财务报表涵盖期间短于1年的原因。

3. 财务报表列报的质量要求

为了保证会计报表的质量，充分发挥会计报表的作用，在编制会计报表时，必须做到以下几点。

（1）内容完整。企业编制会计报表时，必须按照我国《企业会计制度》统一规定的报表种类、格式和内容编制，要求项目填列齐全、完整，不得漏填、漏报或任意取舍。如报表规定项目内容容纳不下，可以利用附表、附注及其他形式加以说明。

（2）数字真实。会计报表必须根据登记完整、核对无误的账簿记录和其他核算资料，按一定的指标体系加工、整理、编制而成，各项指标和数据必须计算准确、真实可靠，不允许使用估计或推算的数字代替实际数字，更不允许以各种方式弄虚作假、隐瞒谎报、人为地夸大或缩小经营成果。

（3）计算正确。编制会计报表时，对有关项目的金额，必须根据规定的计算口径，采用正确的计算方法准确填列，以保证报表资料的准确性。

（4）编报及时。会计报表必须按照规定的期限和程序，及时编制，及时报送，以满足报表使用者对会计报表资料的需要。

（5）会计报表应由单位领导、总会计师和会计主管人员审阅，并签名或盖章。按规定报送有关部门的会计报表,要装订成册,加盖公章。

(6) 报出的会计报表如发现错误,应及时办理订正手续。除更正本单位留存的报表外,应同时通知接受报表的单位更正,错误较多的,应重新编报。

(7) 企业的季度、年度会计报表应附送财务情况说明书。企业的会计报表应报送开户银行、财税机关和上级主管部门各一份。

6.2 资产负债表

资产负债表是反映企业某一特定日期(月末、季末或年末)财务状况的报表。它是一种静态报表,是企业的主要会计报表之一。每个会计主体都要按会计制度的要求编制资产负债表。它是以"资产=负债+所有者权益"这一会计恒等式为理论基础设计的。

资产负债表是反映企业在某一特定日期全部资产、负债和所有者权益情况的报表。企业必须按年、半年、季、月编制资产负债表,为报表使用者进行投资、信贷和经营决策提供及时有效的会计信息,具体表现在以下几方面。

(1) 经营管理者通过资产负债表,可以了解企业控制的经济资源和承担的责任,资产和负债的构成比例是否合理,从变化中分析企业的经营管理情况。

(2) 投资者通过资产负债表,可以了解企业资产的有效利用情况,评价经营管理者的业绩。

(3) 债权人通过资产负债表可以了解企业的偿债能力与财务状况,有利于决策的制定。

(4) 财政、税收部门,根据资产负债表可以了解企业执行财经法规、缴纳税款的情况,以便进行宏观管理。

6.2.1 资产负债表的内容和结构

1. 资产负债表的内容

资产负债表的内容主要包括资产、负债和所有者权益三部分。

(1) 资产。资产负债表中的资产反映企业在某一特定日期所拥有的经济资源总额,分为流动资产和非流动资产两类,并分项列示。

流动资产通常包括货币资金、交易性金融资产、应收票据、应收账款、其他应收款、预付账款、存货、一年内到期的非流动资产。

非流动资产包括可供出售金融性资产、持有至到期投资、固定资产、在建工程、无形资产及其他非流动资产。

(2) 负债。资产负债表中的负债反映企业在某一特定日期所承担的债务总额,按照偿还期限的长短,分为流动负债和非流动负债两类,并分项列示。

流动负债包括短期借款、应付票据、应付账款、预收账款、应付职工薪酬、应付福利费、应付利息、应交税费、其他应交款、其他应付款、一年内到期的非流动负债等项目。

非流动负债包括长期借款、应付债券、长期应付款等项目。

(3) 所有者权益。资产负债表中的所有者权益反映企业在某一特定日期投资者拥有的净资产的总额，一般按照实收资本、资本公积、盈余公积和未分配利润分项列示。

2．资产负债表的结构

资产负债表的结构包括表首、正表和补充资料三部分。

表首部分概括说明报表名称、编制单位、编制日期、报表编号、货币计量单位等。

正表部分是资产负债表的主体。正表格式有两种：报告式和账户式。我国会计制度规定，企业编制资产负债表一律采用账户式格式。

账户式资产负债表是根据"资产=负债+所有者权益"这一会计基本等式，采用左右对称的结构列示财务信息的。报表的左方列示资产项目，右方列示负债和所有者权益项目，且左方的资产总额与右方的负债和所有者权益总额必然相等。

6.2.2 资产负债表的列报要求

（1）资产负债表应当按照资产、负债和所有者权益分类列示，同时应当将流动资产和非流动资产、流动负债和非流动负债分别列示。

（2）流动资产与非流动资产的区分如下。

符合下列条件之一的资产，应当归类为流动资产。

① 预计在一个正常营业周期中变现、出售或耗用；

② 主要为交易目的而持有；

③ 预期在自资产负债表日起一年内变现；

④ 自资产负债表日起一年内，交换其他资产或清偿负债的能力不受限制的现金或现金等价物。

流动资产以外的资产，应当归类为非流动资产。非流动资产应当按照长期投资、固定资产、无形资产及其他资产等分类列示。

《企业会计准则第 30 号——财务报表列报》中判断流动资产、流动负债时所称的一个正常营业周期，是指企业从购买用于加工的资产起至实现现金或现金等价物的期间。

正常营业周期通常短于一年，在一年内有几个营业周期。但是，也存在正常营业周期长于一年的情况，如房地产开发企业开发用于出售的房地产开发产品，往往超过一年才变现、出售或耗用，但仍应划分为流动资产。

（3）流动负债与非流动负债的区分如下。

满足下列条件之一的负债，应当归类为流动负债。

① 预计在一个正常营业周期中清偿；

② 主要为交易目的而持有；

③ 在资产负债表日起一年内到期应予以清偿；

④ 企业无权自主地将清偿推迟至资产负债表日后一年以上。

当没有可靠证据表明企业的营业周期超过一年，或者同行业大多数企业的营业周期均不超过一年时，企业应当以一年作为划分流动资产与非流动资产、流动负债与非流动负债的标准。

流动负债以外的负债，应当归类为非流动负债。非流动负债应当按照长期负债的性质分类列示。

对于在资产负债表日起一年内到期的负债，企业预计能够自主地将清偿义务展期至资产负债表日起一年以上的，应当归类为非流动负债；不能自主地将清偿义务展期的，即使在资产负债表日后、财务报告批准报出日前签订了重新安排清偿计划协议的，该项负债仍应归类为流动负债。

企业在资产负债表日或之前违反了长期借款协议，导致贷款人可随时要求清偿的负债，应当归类为流动负债。贷款人在资产负债表日或之前同意提供在资产负债表日起一年以上的宽限期，企业能够在此期限内改正违约行为，且贷款人不能要求随时清偿的，该项负债应当归类为非流动负债。其他长期负债存在类似情况的，比照前述两款处理。

（4）资产负债表的主要项目构成如下。

① 资产负债表中的资产类至少应当包括以下单列项目：货币资金、应收及预付款项、交易性金融投资、存货、持有至到期投资、长期股权投资、投资性房地产、固定资产、生物资产、递延所得税资产、无形资产。

② 资产负债表中的负债类至少应当包括以下单列项目：短期借款、应付及预收款项、应交税费、应付职工薪酬、预计负债、长期借款、长期应付款、应付债券、递延所得税负债。

③ 资产负债表中的所有者权益类至少应当包括以下单列项目：实收资本（或股本）、资本公积、盈余公积、未分配利润。

资产负债表的基本格式如表6.1所示。

表6.1 资产负债表（会企01表）

编制单位： 　　　　　　　　　　　年　月　日　　　　　　　　　　　　单位：元

资　产	行　数	年初数	期末数	负债及所有者权益	行　数	年初数	期末数
流动资产：				流动负债：			
货币资金				短期借款			
交易性金融资产				交易性金融负债			
应收票据				应付票据			
应收账款				应付账款			
预付账款				预收账款			
应收股利				应付职工薪酬			
应收利息				应交税费			
其他应收款				应付利息			
应收补贴款				其他应交款			
存货				应付股利			
其中：消耗性生物资产				其他应付款			
一年内到期的非流动资产				预计负债			
其他流动资产				一年内到期的非流动负债			
流动资产合计				其他流动负债			
非流动资产：				流动负债合计			

续表

资 产	行 数	年初数	期末数	负债及所有者权益	行 数	年初数	期末数
可供出售金融资产				非流动负债：			
持有至到期投资				长期借款			
投资性房地产				应付债券			
长期股权投资				长期应付款			
长期应收款				专项应付款			
固定资产				递延所得税负债			
在建工程				其他非流动负债			
工程物资				非流动负债合计			
固定资产清理				负债合计			
生产性生物资产				所有者权益（股东权益）：			
油气资产				实收资本（股本）			
无形资产				资本公积			
开发支出				盈余公积			
商誉				未分配利润			
长期待摊费用				减：库存股			
递延所得税资产				所有者权益合计			
其他非流动资产							
非流动资产合计							
资产总计				负债及所有者权益总计			

6.3 利润表

利润是企业在一定期间的经营成果。利润表是反映企业在一定期间内利润（亏损）的实现情况的动态报表，是企业的主要会计报表之一。通过利润表可以全面了解企业的经营业绩，是分析和预测企业获利能力的一个重要依据，有助于投资人和债权人进行投资和信贷决策；通过利润表可以评价企业的经营效率和成果，考核和评价企业经营管理人员的经营业绩和经营水平；通过利润表，可以反映出企业的收入、费用和利润情况。利润表是税收部门课征所得税的依据，也是国家制定政策的依据，每个会计主体都要按会计制度的要求编制利润表。

从内容上看，利润表主要由收入、费用、利得和损失四部分构成；从报表的结构上看，报表分为营业利润、税前利润总额和净利润三部分。

在利润表中，企业应当分别列示从事经营业务取得的收入、对外投资取得的收入与非经营业务取得的收入，并按照费用的功能分类，将费用划分为从事经营业务发生的成本、销售费用、管理费用和财务费用等。

按照《企业会计准则第30号——财务报表列报》的规定，利润表至少应单独反映下列信息的项目。

(1) 营业收入,包括主营业务收入和其他业务收入;
(2) 营业成本,包括主营业务成本和其他业务成本;
(3) 营业税金,包括主营业务和其他业务应缴纳的税金及附加;
(4) 管理费用,包括企业行政管理部门为管理和组织生产经营活动而发生的各项费用;
(5) 销售费用,包括为销售商品所发生的各种费用;
(6) 财务费用,包括企业在生产经营过程中为筹集资金而发生的各种费用;
(7) 投资损益,包括企业对外投资所取得的收益或发生的损失;
(8) 公允价值变动损益,包括各项资产由于公允价值变动所产生的收益或损失;
(9) 资产减值损失,包括各项资产由于减值而可能发生的损失;
(10) 非流动资产处置损益,包括处置固定资产等非流动资产所发生的收益或损失。

利润表的基本格式如表6.2所示。

表6.2 利润表(会企02表)

编制单位: 　　　　　　　　　　　　年 月 日　　　　　　　　　　　　单位:元

项 目	行 次	本 期 金 额	上 期 金 额
一、营业收入			
减:营业成本			
税金及附加			
销售费用			
管理费用			
财务费用			
资产减值损失			
加:公允价值变动损益(净损失以"-"号填列)			
投资收益(净损失以"-"号填列)			
二、营业利润(亏损以"-"号填列)			
加:营业外收入			
减:营业外支出			
其中:非流动资产处置净损失			
三、利润总额(亏损总额以"-"号填列)			
减:所得税费用(25%)			
四、净利润(净亏损以"-"号填列)			
五、每股收益			
(一) 基本每股收益			
(二) 稀释每股收益			

6.4 现金流量表

6.4.1 现金流量

现金流量是某一段时期内企业现金流入和流出的数量。如企业销售商品、提供劳务、出售固定资产、向银行借款等取得现金，形成企业的现金流入；购买原材料、接受劳务、购建固定资产、对外投资、偿还债务而支付的现金等，形成企业的现金流出。现金流量信息能够表明企业经营状况是否良好，资金是否紧缺，企业偿付能力大小，从而为投资者、债权人、企业管理者提供非常有用的信息。应该注意的是，企业现金形式的转换不会产生现金的流入和流出，例如，企业从银行提取现金，是企业现金存放形式的转换，并未流出企业，不构成现金流量。同样，现金与现金等价物之间的转换也不属于现金流量，例如，企业用现金购买将于3个月内到期的国库券等。

1. 现金流量的相关概念

（1）现金。现金流量所涉及的第一个概念，便是现金的概念，这里所说的现金是广义的现金，包括现金及现金等价物，是指企业流动性及变现性很强的库存现金，以及可以随时用于支付的款项及短期投资。会计上所说的现金通常指企业的库存现金，而现金流量表中的"现金"不仅包括"现金"账户核算的库存现金，还包括企业"银行存款"账户核算的存入金融企业、随时可以用于支付的存款，也包括"其他货币资金"账户核算的外埠存款、银行汇票存款、银行本票存款和在途货币资金等其他货币资金。应该注意的是，银行存款和其他货币资金中有些不能随时用于支付的存款，如不能随时支取的定期存款等，不应作为现金，而应列作投资；提前通知金融企业便可支取的定期存款，则应包括在现金范围内。

（2）现金等价物。现金等价物是指企业持有的期限短、流动性强、易于转换为已知金额现金、价值变动风险很小的投资。现金等价物虽然不是现金，但其支付能力与现金的差别不大，可视为现金。如企业为保证支付能力，手持必要的现金，为了不使现金闲置，可以购买短期债券，在需要现金时，随时可以变现。一项投资被确认为现金等价物必须同时具备四个条件：期限短、流动性强、易于转换为已知金额现金、价值变动风险小。其中，"期限短"一般是指从购买日起，三个月内到期，例如可在证券市场上流通的三个月内到期的短期债券投资等。

2. 现金流量的分类

会计准则将现金流量分为三类，即经营活动产生的现金流量、投资活动产生的现金流量、筹资活动产生的现金流量。

（1）经营活动产生的现金流量。经营活动是指企业投资活动和筹资活动以外的所有交易和事项。根据上述定义，经营活动的范围很广，主要包括销售商品、提供劳务、经营性租赁、购买商品、接受劳务、广告宣传、推销产品、缴纳税款等。各类企业由于行业特点不同，对经营活动的认定存在一定差异，在编制现金流量表时，应根据企业的实际情况，对现金流量进行合理归类。

（2）投资活动产生的现金流量。投资活动是指企业长期资产的购建和不包括在现金等价物范围内的投资及其处置活动。投资活动主要包括取得和收回投资、分得的股利及利息、购建和处置固定资产、无形资产和其他长期资产等。

（3）筹资活动产生的现金流量。筹资活动是指导致企业资本及债务规模和构成发生变化的活动。这里所说的资本，包括实收资本（股本）、资本溢价（股本溢价）。与资本有关的现金流入和流出项目，包括吸收投资、发行股票、分配利润等。这里所说的债务，是指企业对外举债所借入的款项，如发行债券、向金融企业借入款项、偿还债务等。

6.4.2 现金流量表的作用和结构

现金流量表是反映企业一定期间现金及现金等价物流入和流出信息的会计报表，属于动态报表。

1. 现金流量表的作用

企业编制现金流量表的目的，是为会计报表使用者提供企业一定会计期间内现金和现金等价物流入和流出的信息，以便于会计报表使用者了解和评价企业获取现金和现金等价物的能力，并据以预测企业未来的现金流量。现金流量表在评价企业经营业绩、衡量企业财务资源和财务风险、预测企业未来前景方面，有着十分重要的作用。现金流量表有助于评价企业支付能力、偿债能力和周转能力，有助于预测企业未来的现金流量，分析企业收益质量及影响现金净流量的因素。

2. 现金流量表的结构

现金流量表的正表共分为 5 项：一是经营活动产生的现金流量；二是投资活动产生的现金流量；三是筹资活动产生的现金流量；四是汇率变动对现金及现金等价物的影响；五是现金及现金等价物净增加额。其中，经营活动产生的现金流量，是按直接法编制的。现金流量表的基本格式如表 6.3 所示。

表 6.3 现金流量表

编制单位：　　　　　　　　　　　　　年　月　日　　　　　　　　　　　　　单位：元

项　目	行　次	金　额
一、经营活动产生的现金流量		
销售商品、提供劳务收到的现金		
收到的税费返还		
收到的其他与经营活动有关的现金		
经营活动现金流入小计		
购买商品、接受劳务支付的现金		
支付给职工以及为职工支付的现金		
支付的各项税费		

续表

项　　目	行　次	金　额
支付的其他与经营活动有关的现金		
经营活动现金流出小计		
经营活动产生的现金流量净额		
二、投资活动产生的现金流量		
收回投资所收到的现金		
取得投资收益所收到的现金		
处置固定资产、无形资产和其他资产所收回的现金净额		
收到的其他与投资活动有关的现金		
投资活动现金流入小计		
购建固定资产、无形资产和其他长期资产所支付的现金		
投资所支付的现金		
支付的其他与投资活动有关的现金		
投资活动现金流出小计		
投资活动产生的现金流量净额		
三、筹资活动产生的现金流量		
吸收投资所收到的现金		
取得借款所收到的现金		
收到的其他与筹资活动有关的现金		
筹资活动现金流入小计		
偿还债务所支付的现金		
分配股利、利润和偿付利息所支付的现金		
支付的其他与筹资活动有关的现金		
筹资活动现金流出小计		
筹资活动产生的现金流量净额		
四、汇率变动对现金及现金等价物的影响		
五、现金及现金等价物净增加额		

6.5 会计报表附注

6.5.1 会计报表附注的作用

会计报表附注是对会计报表的补充说明，也是财务会计报告的重要组成部分。由于会计报表本身的局限性，使会计报表所提供的信息受到一定的限制。为了提供更详尽的财务信息，往往在会计报表附注中对会计报表的某些项目做进一步的补充说明。会计报表附注提供了企业财务状况、经营成果和现金流量增减变动的更详细的资料。会计报表附注主要包括两项内容：一是对会计报表各要素的补充说明；二是对那些会计报表中无法描述的其他财务信息的补充说明。

6.5.2 会计报表附注披露信息的顺序和基本内容

会计报表附注应披露的信息如下。

（1）不符合基本会计假设的说明。如果企业编制的会计报表未遵守基本会计假设，必须予以披露，并说明理由。

（2）重要会计政策和会计估计的说明。会计政策是指企业会计核算时所遵循的具体原则及所采纳的具体会计处理方法。在报表附注中，应对企业采用的会计政策加以说明或解释，如合并的政策、外币折算、收入确认原则、所得税的会计处理方法、存货的计价方法、长期投资会计处理方法、坏账损失的会计处理方法等。

（3）重要会计政策和会计估计变更的说明。如果企业会计政策、会计估计发生了变更，应对变更的内容、理由及影响等进行披露。

（4）关联方关系及其交易的披露。关联方关系及其交易，按《企业会计准则——关联方关系及其交易的披露》规定的原则和方法披露。

（5）资产负债表日后事项的说明。资产负债表日后事项是指自年度资产负债表日至财务报告批准报出日之间发生的需要调整或说明的事项，包括调整事项和非调整事项。对于调整事项，应进行相关的账务处理，并调整资产负债表日已编制的会计报表；对于非调整事项，应按《企业会计准则——资产负债表日后事项》对非调整事项的要求，在会计报表附注中披露。非调整事项的例子：股票和债权的发行；对一个企业的巨额投资；自然灾害导致的资产损失；外汇汇率发生较大变动。

（6）或有事项的说明。

（7）企业合并、分立的说明。

（8）会计报表中重要事项的明细资料。

（9）有助于理解、分析会计报表需要说明的其他事项。

本章小结

财务会计报告是企业对外提供的反映企业某一特定日期财务状况和某一会计期间经营成果、现金流量等会计信息的书面文件。

财务会计报告由会计报表、会计报表附注和财务情况说明书三部分组成。

会计报表至少应包括资产负债表、利润表、现金流量表、所有者权益（股东权益）变动表及附注。

资产负债表是反映企业某一特定日期财务状况的会计报表。

利润表是反映企业一定会计期间经营成果的会计报表。

资产负债表应当按照资产、负债和所有者权益分类列示，同时应当将流动资产和非流动资产、流动负债和非流动负债分别列示。

从内容上看,利润表主要由收入、费用、利得和损失四部分构成;从报表的结构上看,报表分为营业利润、税前利润总额和净利润三部分。

正确理解现金、现金等价物和现金流量的含义,是把握现金流量表的重要基础。

现金流量分为三类,即经营活动产生的现金流量、投资活动产生的现金流量、筹资活动产生的现金流量。

现金流量表是反映企业一定期间现金及现金等价物流入和流出信息的会计报表,属于动态报表。

会计报表附注是对会计报表的补充说明,也是财务会计报告的重要组成部分。

会计报表附注主要包括两项内容:一是对会计报表各要素的补充说明;二是对那些会计报表中无法描述的其他财务信息的补充说明。

思考与实践6

一、关键词

财务会计报告　　资产负债表　　利润表　　现金流量表

二、思考题

1. 简述财务会计报告的含义及构成。
2. 简述会计报表的分类。
3. 简述会计报表的列报要求。
4. 简述资产负债表的主要项目构成。
5. 按照《企业会计准则第30号——财务报表列报》的规定,利润表至少应单独反映哪些信息?
6. 会计报表附注应披露哪些信息?
7. 请帮助小华、小雨解决她们所遇到的困难。

三、知识与能力拓展

1. 试讨论从企业的财务会计报告中能够得到哪些信息。
2. 阅读《企业会计准则第30号——财务报表列报》。

第3篇

基于会计工作过程的实务处理篇

第7章

期初业务——建账

【知识目标】
1. 了解会计循环包括的各环节的工作内容
2. 掌握账簿的设置原则和启用规则
3. 掌握期初建账的业务流程

【能力目标】
1. 根据企业经济业务正确选择和设置账簿
2. 按照规范要求进行期初建账

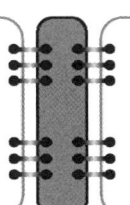

案例导入

1. 小华到公司去实习，正好赶上该公司刚开始营业，所以，公司主管就要求小华帮助刚招聘的会计人员一起把账开了，小华听后很高兴，幸好自己刚做完了开设账簿的实训，经过两天的加班，小华顺利完成了此项工作，因而也得到了公司老板的表扬，并被明确告知可以长期在公司兼职。

2. 小雨的师姐经过3年的会计专业学习，很想找一个会计工作的岗位，所以毕业前每天都忙于到外面去应聘，某天晚上，小雨发现师姐的情绪很不好，一问才知道，师姐今天去面试时，发现一个自己很喜欢的公司，但在面试时，公司主管让师姐说一下，会计人员在期初、日常和期末的工作规律。师姐感觉很茫然，反复回想在课堂上老师讲授的问题，最后也不知道该怎样回答才正确，所以，感觉自己失去了一个工作机会。小雨听后，也在回想自己课堂学习的内容，好像自己也没注意这个问题，你能帮她们解释一下吗？

7.1 会计循环概述

会计工作具有周期性，会计循环是指将会计期间发生的全部业务，按照会计原则的规定和一定的步骤、方法加以记录并进行加工处理的全过程。由于这一过程表现为各步骤依次继起、定期重复，形成周而复始不断循环的过程，所以称为会计循环。

每个会计期间（月份）的工作，都要经过期初建账、日常业务处理和期末业务处理三个阶段。每个阶段的会计工作均由几个基本步骤组成。具体循环过程如图7.1所示。

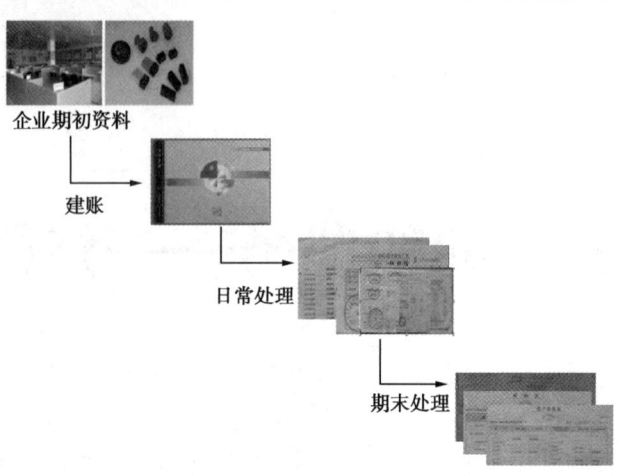

图 7.1　企业会计循环

1．期初建账业务

期初建账业务包括更换账簿、启用账簿和设置账簿三项工作。当新的会计年度开始时，应将上年度的会计账簿归档保管。更换账簿有利于保持会计账簿的连续性，清晰地反映各个会计年度的财务状况和经营成果。新旧账簿更换时，账户余额的结转无须编制记账凭证。

在启用新的会计账簿时，应按照账簿启用的规则填写账簿使用登记表，并认真填写账簿的扉页和目录。

在设置账簿环节时，应根据要求开设相关账页，录入期初余额，并进行试算平衡。

2．日常业务处理

当完成期初的账户设置任务后，会计工作就进入了日常经济业务的处理环节。对于日常经济业务的处理主要是对经济业务进行确认、计量和记录的过程。在此环节过程中主要的工作是对企业所发生的业务按照会计核算原则和方法要求，以货币为主要计量手段，通过对各种原始凭证反映的经济业务及会计人员的职业判断能力进行相应业务分析，并将各类业务通过相应的会计科目反映到记账凭证上，同时登记到相关的明细账簿和总分类账簿上的过程。在此过程中，随着企业生产经营活动所引起的供应过程、生产过程和销售过程不断变化，必然伴随着企业资金的循环和周转，也会引起货币的收支、职工薪酬的计算和支付、成本的形成及产品销售所带来的货币资金的回流等相关业务，在这些业务进行的过程中，会计人员都要通过各种专门的方法对上述业务进行反映，并最终形成相关的会计记录。其具体的业务处理流程如图 7.2 所示。

会计工作的日常业务主要包括填制与审核原始凭证、填制记账凭证和登记账簿三个环节。

填制与审核原始凭证环节主要包括填制自制原始凭证和审核外来原始凭证两项工作。

填制记账凭证环节主要就是根据审核无误后的原始凭证对经济业务进行确认，并按照规则填制记账凭证。

登记账簿环节就是采用一定的方法和程序将经济业务记入日记账、明细账和总分类账。

具体而言,包括日记账的登记、明细账的登记、科目汇总表的编制和总账的登记几个环节。

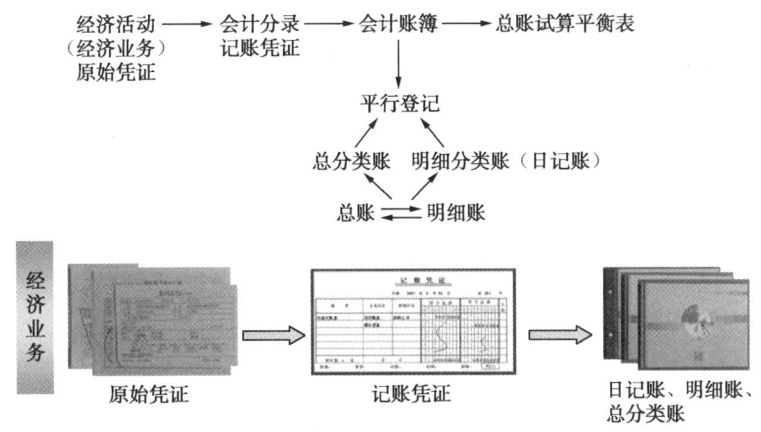

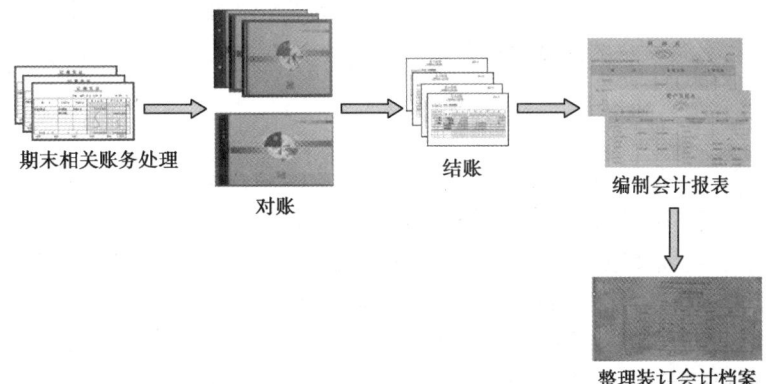

图 7.2 日常业务处理流程

3.期末业务处理

期末业务处理主要包括账项调整、成本计算、结转损益、对账与结账及编制财务会计报告五个环节。

(1)账项调整就是根据权责发生制原则,对本期的收入和费用进行调整,并编制试算平衡表。

(2)成本计算是指计算并结转存货出入库成本、计算并结转制造费用、计算并结转完工产品成本及计算产品销售成本。

(3)结转损益是指计算结转各项损益并计算企业的利润。

(4)对账与结账主要包括试算平衡、对账与更正错账,并进行结账(月结和年结)。

(5)编制财务会计报告主要包括在试算平衡的基础上,通过工作底稿,编制各项财务报表。

期末业务处理的流程如图 7.3 所示。

图 7.3 期末业务处理流程

会计循环的期初建账业务、日常业务处理和期末业务处理三个环节，均有其特定的任务及相关要求，上述分析正是基于企业会计工作的业务流程所进行的归纳和总结，是对会计工作过程按照行动导向所进行的纵向解剖与建构，对会计工作的脉络、工作内容与要求进行的全面概括，对把握会计核算实务的工作流程和将教材中的知识点与能力点按照工作流程进行整合具有十分重要的意义。

7.2 期初建账

期初建账包括启用账簿、设置账簿（总分类账户、日记账和明细分类账户）、登记期初余额、试算平衡、填写账户目录几个环节。

7.2.1 启用账簿

1. 填写"账簿启用表"

每本账簿的扉页均附有"账簿启用表"，内容包括单位名称、账簿名称、账簿号码、账簿页数、启用日期、单位负责人、单位主管财会工作负责人、会计机构负责人、会计主管人员等。为了保证账簿记录的合法性和账簿资料的完整性，明确记录责任，《会计基础工作规范》第五十九条规定：启用会计账簿时，应当在账簿封面上写明单位名称和账簿名称。在账簿扉页上应当附启用表，内容包括启用日期、账簿页数、记账人员和会计机构负责人、会计主管人员姓名，并加盖名章和单位公章。记账人员或者会计机构负责人、会计主管人员调动工作时，应当注明交接日期、接办人员或者监交人员姓名，并由交接双方人员签名或者盖章。

启用订本式账簿，应当从第一页到最后一页顺序编定页数，不得跳页、缺号。使用活页式账页，应当按账户顺序编号，并定期装订成册。装订后再按实际使用的账页顺序编定页码，另加目录，记明每个账户的名称和页次。

2. 填写"经管本账簿人员一览表"

账簿经管人员是指负责登记使用该账簿的会计人员，当账簿的经管人员调动工作时，应办理交接手续，填写该表中的账簿交接内容，并由交接双方人员共同签名或盖章。

3. 粘贴印花税票

根据税法的相关规定，企业的会计账簿中的资金账簿，即反映企业实收资本和资本公积金额增减变化的账簿，按以下方法贴花：在企业设立初次建账时，按实收资本和资本公积金额的 0.5‰贴花；次年度实收资本与资本公积未增加的，不再计算贴花，实收资本与资本公积增加的，就其增加部分按 0.5‰税率补贴印花。其他会计账簿，每本应粘贴 5 元面值的贴花。

印花税票粘贴在账簿扉页的右下角"印花粘贴处"框内，并在印花税票中间画几条平行横线即行注销，注销标记应与骑缝处相交。若企业使用缴款书缴纳印花税，应在账簿扉页的"印花粘贴处"框内注明"印花税已缴"及缴款金额。

账簿启用表的格式如表 7.1 所示。

表 7.1 "账簿启用表"和"经管本账簿人员一览表"

账簿启用表					
单位名称			负责人	职务	姓名	盖章
账簿名称	账簿第 册		单位领导			
账簿号码	第 号	启用日期 年 月 日	会计主管			
账簿页数	本账簿共计 页		主办会计			
经管本账簿人员一览表					
记账人员			接管日期	移交日期	监交人员		印花粘贴处
职务	姓名	盖章	年 月 日	年 月 日	职务	姓名	

7.2.2 设置账簿

1. 设置账簿的规范

（1）应当按照国家统一会计制度的规定设置账簿。《会计基础工作规范》第五十六条规定：各单位应当按照国家统一会计制度的规定和会计业务的需要设置会计账簿。会计账簿包括总账、明细账、日记账和其他辅助性账簿。

（2）应根据会计业务的需要设置账簿。一般而言，一个单位设置一本总账、一本现金日记账和一本银行存款日记账，设置若干本明细账（应设置哪些明细账要根据会计业务的需要而定）。

《会计基础工作规范》第五十七条规定：现金日记账和银行存款日记账必须采用订本式账簿。不得用银行对账单或者其他方法代替日记账。

《会计基础工作规范》第五十八条规定：实行会计电算化的单位，用计算机打印的会计账簿必须连续编号，经审核无误后装订成册，并由记账人员和会计机构负责人、会计主管人员签字或盖章。

（3）账簿的设置要组织严密，能够全面、分类、序时地反映和监督经济业务活动情况，便于提供全面、系统的核算资料。

（4）要科学划分账簿的核算范围及层次，账簿之间既要互相联系，能清晰地反映账户间的对应关系，又要防止相互重叠，避免重复记账。

（5）账页格式要符合所记录的经济业务的内容要求，力求简明实用，既要防止过于烦琐，又要避免过于简单，以满足日常管理和编制报表的资料需求。

2. 总分类账户的设置

总分类账簿中包括本企业使用的全部总分类账户，因此需指定每个总分类账户在总分类账簿中的登记账页,在相应账页的"会计科目及编号"栏处填写指定登记账户的名称及编码。

由于总分类账采用的是订本式账簿,为了便于账户的查找,各总账账户的排列顺序应有一定的规律,一般应按会计科目表中的编码顺序排列,因此,只要是本单位会计核算涉及的总账账户,不论期初是否有余额,都需在总账中设置出相应账户,并根据实际需要预留账页。

3. 日记账的设置

现金日记账按现金的币种分别开设账户,银行存款日记账按单位在银行开立的账户和币种开设账户,每个账户都要预留账页。因外币现金和银行存款需采用包含原币信息的复币账页,因此,本位币与外币现金、银行存款应分别开设账簿。

4. 明细分类账户的设置

对于有期初余额的三栏式明细分类账户,如应收账款、其他应收款、长期待摊费用、短期借款、应付账款、应付职工薪酬、应付利息、应交税费、长期借款、实收资本、盈余公积、利润分配等账户应对应账户进行设置。其他无期初余额的明细账户暂不设置。

开设明细账户时,应首先在选定明细账页上方填写该明细账户所属总分类科目名称、明细科目名称、明细科目编码及该明细账户当前页码。

活页式账簿内账页事先未印制固定页码,由企业根据使用情况填写。每一账页均有两个页码。

(1)"第　页"("分第　页"),指按明细分类账户对账页所进行的编码,即该账页为该明细分类账户的第几页,在启用新账页时进行编码。如开设"应收账款——广州美达有限公司"账户时,选定的账页为该账户的"第1页",该页登记满,转入下页继续登记时,下页即该账户的"第2页"。

(2)"连续　页"("总第　页"),指不区分明细分类账户,对账簿中包含的账页按排列顺序进行的编码,即该账页为该明细账簿中的第几页。由于活页账在使用过程中会根据需要对账页进行增减,以及调整账页的顺序,所以该编码在年度结束时,将账簿中的空白账页抽出,并对账页顺序进行整理后填写。

由于活页账簿中账页数量和位置的可变性,账簿登记过程中不能通过账户目录来查找账户,因此,为了便于账户查找,在每个账户首页上加贴口取纸标签。

由于应交增值税明细账是专用账簿,用以登记应交增值税的增减变化情况。因此,无须再进行账户设置,在启用账簿后,将应交增值税账户的期初余额直接登记进账簿即可。

生产成本明细账用以登记各成本核算对象的实际生产成本,按产品品种开设明细分类账户,对每种产品设置直接材料、直接人工及制造费用三个成本构成项目。开设时,在选定的账页左上方填入总账科目、产品名称、规格型号及计量单位等资料,并填写账页编码。

普通多栏式明细分类账主要用来登记制造费用及各损益类账户,这些账户一般没有期初余额。开设账户时,首先将总分类科目填入账户的"科目名称"栏;然后确定多栏方向并写入栏目上方,一般将该账户登记增加的一方设为多栏方向,如"制造费用"和损益类中的费用账户设借方多栏,损益类中的收入账户设贷方多栏;最后将所属明细科目作为账户中栏目名称写入各栏目,注意将第一栏设为"合计"栏。

5. 备查簿的设置

如果企业有租入的行政办公用房情况，需要设置备查簿，该账簿没有固定的账本形式和账页格式，企业可以根据实际情况选择适用账簿。

此外，企业在经营过程中涉及应收票据的，还应设"应收票据备查簿"，逐笔登记商业汇票的种类、号数和出票日、票面金额、交易合同号和付款人、承兑人、背书人的姓名或单位名称、到期日、背书转让日、贴现日、贴现率和贴现净额、收款日和收回金额、退票情况等资料。商业汇票到期结清票款或退票后，应在备查簿中注销。

企业在经营过程中涉及应付票据的，应设"应付票据备查簿"，详细登记商业汇票的种类、号数和出票日期、到期日、票面金额、交易合同号和收款人姓名或单位名称、付款日期和金额等资料。应付票据到期结清时，应在备查簿中注销。

特别提示

企业在期初应设置的账簿种类包括以下几种。
（1）总分类账：订本式三栏账。
（2）日记账：库存现金日记账和银行存款日记账必须采用订本式账簿，不得用银行对账单或者其他方法代替日记账。
（3）明细账：包括三栏式明细账、数量金额式明细账、多栏式明细账。
（4）备查簿：包括租入的固定资产、应收票据备查簿等。

7.2.3 登记期初余额

1. 总账期初余额的登记

对于有期初余额的总账账户，根据相关资料登记账户记录。在该账户账页的第一行日期栏中填入期初的日期，在摘要栏中填入"期初余额"（年度更换新账簿时填入"上年结转"），在借贷方向栏标明余额的方向，在余额栏填入账户的期初余额。对于没有余额的总账账户，无须特别标识其余额为零。例如，"库存现金"和"主营业务收入"总分类账中期初余额栏的登记如图7.4所示。

特别提示

（1）当新旧账簿更换而重新设置时，账户余额的结转无须编制记账凭证。
（2）对于没有余额的总账账户，根据需要也要预先设置，但无须特别标识其开设的时间，也无须特别标识其余额为零。

总分类账
GENERAL LEDGER

第1页

会计科目及编号 ACCOUNT NO. 1001 库存现金

2021年		凭证字号	摘要	借方 亿千百十万千百十元角分	√	贷方 亿千百十万千百十元角分	√	借或贷	余额 亿千百十万千百十元角分
月	日								
1	1		上年结转					借	4 1 4 0 0 0

总分类账
GENERAL LEDGER

第38页

会计科目及编号 ACCOUNT NO. 6001 主营业务收入

2021年		凭证字号	摘要	借方 亿千百十万千百十元角分	√	贷方 亿千百十万千百十元角分	√	借或贷	余额 亿千百十万千百十元角分
月	日								

图7.4 总分类账期初余额栏的登记

2．日记账期初余额的登记

对于有期初余额的"库存现金"日记账，根据相关资料在账户中登记期初余额，对于有期初余额的"银行存款"日记账，根据相关资料在账户中登记期初余额。

3．明细账期初余额的登记

明细分类账一般采用活页式账簿，有三栏式、数量金额式及多栏式多种账页格式，相同格式的账页装订成册。

三栏式和数量金额式明细分类账户，根据相关资料在明细分类账户中登记期初余额。

生产成本明细账的期初余额，根据相关资料将该种产品期初在产品成本登记入账。登记时，在"合计栏"中填入期初总成本，在"直接材料"、"直接人工"和"制造费用"栏中填入各成本构成项目金额。例如，生产成本账期初余额栏的登记如图7.5所示。

总账科目	生产成本					生 产 成 本 账					第	1 页		
产品名称	B产品					SUBSIDIARY LEDGER OF PRODUCTIVE COST					连续第	页		
规格型号														
计量单位	个													

2021年		凭证字号	摘要	合 计		成 本 项 目			
月	日					直接材料	直接人工	制造费用	
				亿千百十万千百十元角分		百十万千百十元角分	百十万千百十元角分	百十万千百十元角分	
1	1		上年结转	1 1 2 0 0 0 0		5 0 0 0 0 0	3 0 0 0 0 0	3 2 0 0 0 0	

图 7.5 生产成本账期初余额栏的登记

7.2.4 试算平衡

1. 总账 ⟷ 总账

如表 7.2 所示,将设置完成的各总分类账户的期初余额写入总分类账户本期发生额和余额试算平衡表的期初余额栏,结出借方合计和贷方合计。试算平衡后,在各总分类账户的核对号处打"√"。

表 7.2 各总分类账户期初余额

单位:元

账户名称	期初余额		本期发生额		期末余额	
	借方	贷方	借方	贷方	借方	贷方
现金	800					
银行存款	150 000					
原材料	20 000					
固定资产	3 500 000					
短期借款		50 000				
应付票据		70 000				
应付账款		60 000				
应交税费		60 000				
长期借款		150 000				
实收资本		3 130 000				
资本公积						
盈余公积		150 800				
所得税费用						
合 计	3 670 800	3 670 800				

2. 总账 ←→ 明细账

将各总分类账户的余额与其所属的各明细账户或日记账户的余额之和进行核对，核对无误后，在各明细账户或日记账户的核对号处打"√"。

一般来说，总账、日记账和多数明细账应每年更换一次，但有些财产物资明细账和债权债务明细账，由于材料品种、规格和往来单位较多，更换新账重抄一遍工作量较大，因此，可以跨年度使用，不必每年都更换一次。各种备查簿也可以连续使用。

7.2.5 填写账户目录

对于订本式账簿，在各账页中预先印有连续编号，为方便查找，所有总账账户设置完成后，应在账簿启用页后的"账户目录表"中填入各账户的科目编号、名称及起始页码。实际填写的一个账户目录表如图 7.6 所示。

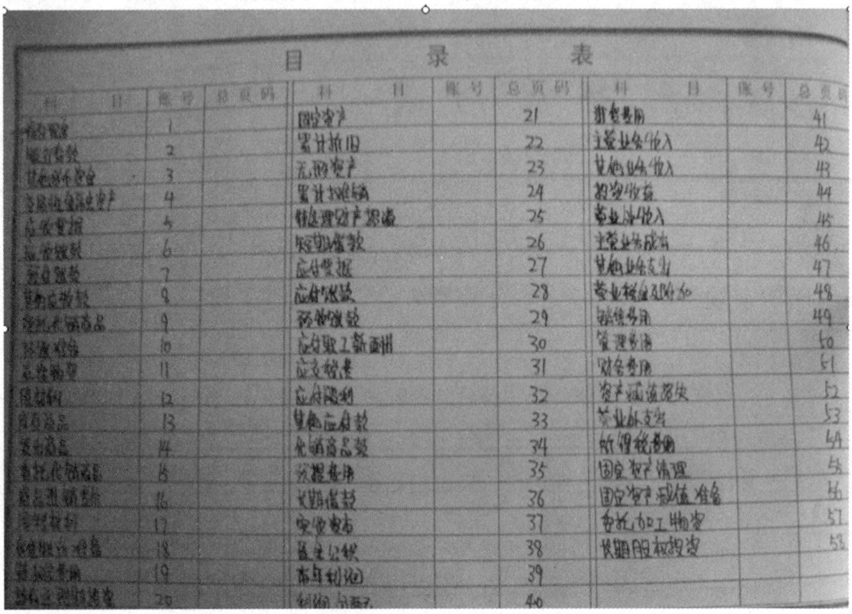

图 7.6　账户目录表

本章小结

每个会计期间（月份）的工作，都要经过期初建账、日常业务处理和期末业务处理三个阶段。每个阶段的会计工作均由几个基本步骤组成。

会计循环的期初建账业务、日常业务处理和期末业务处理三个环节，均有其特定的任务及相关要求。把握会计核算实务的工作流程和将教材中的知识点与能力点按照工作流程进行整合具有十分重要的意义。

期初建账包括启用账簿、设置账簿（总分类账户、日记账和明细分类账户）、登记期初余额、试算平衡、填写账户目录几个环节。

启用账簿时需要按照规范填写"账簿启用表"和"经管本账簿人员一览表"，并粘贴印花税票。

《会计基础工作规范》第五十六条规定：各单位应当按照国家统一会计制度的规定和会计业务的需要设置会计账簿。会计账簿包括总账、明细账、日记账和其他辅助性账簿。

《会计基础工作规范》第五十八条规定：实行会计电算化的单位，用计算机打印的会计账簿必须连续编号，经审核无误后装订成册，并由记账人员和会计机构负责人、会计主管人员签字或盖章。

完成账户的设置工作后，应按照《会计基础工作规范》的规定登记相关账户的期初余额。

对于订本式账簿，在各账页中预先印有连续编号，为方便查找，所有总账账户设置完成后，应在账簿启用页后的"账户目录表"中填入各账户的科目编号、名称及起始页码。

思考与实践 7

一、思考题

1. 简述会计循环的含义，并说明其包括的业务环节。
2. 简述期初建账业务、日常业务处理和期末业务处理包括的主要工作内容。
3. 请帮助小华和小雨解决她们所遇到的问题。

二、知识与能力扩展

1. 详细阅读《会计基础工作规范》第三章中的第三节"登记会计账簿"部分。
2. 请选择一个小型企业，试考虑这个企业应设置哪些账户。

三、实训题

1. 参见《基础会计实训（第3版）》任务四。
2. 根据规范要求和综合实训部分资料，进行期初建账业务的处理。

第8章

日常业务处理——经济业务的核算

【知识目标】
1. 了解制造业企业的经济活动内容
2. 理解并掌握制造业企业在日常经营活动中各阶段的主要交易或事项
3. 理解制造业企业经营活动过程核算所涉及的账户及应用原理

【能力目标】
1. 根据借贷记账法的记账规则对日常经济业务进行确认并进行账务处理
2. 正确运用权责发生制原则确认收入和费用，并进行账项调整

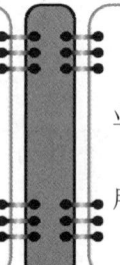

案例导入

小华课后到兼职的公司去上班，正赶上公司的几个股东和公司老板发生争执，小华听了好一会儿才听明白，原来股东在查账时发现公司接受捐赠的一批设备记到了大股东的名下，所有其他股东发现后，来找大股东讨说法。大股东也是一脸茫然，说这事是由会计处理的，他也不清楚啊。小华听后明白大股东不是有意而为，于是就结合自己所学的会计知识向各位股东解释说这可能是会计人员在账务处理方面出现了差错，正确的处理应该是将这批设备列为"资本公积"，而不是列入某个股东的名下，待需要时可以将其按照投资比例转为每个股东的资本。待小华解释清楚后，所有股东都认为聘请一个合格的会计人员对公司非常重要，所以，全体股东一致要求更换会计，并决定正式聘请小华担任公司的主管会计。没想到一笔业务就决定了一个会计人员的工作，在答应公司的聘任要求后，小华也暗自下决心要好好地提高自己的业务能力，同时也明白了老师为什么在课堂上反复要求大家要提高自己的职业判断能力的重要性。

制造业企业的生产经营活动比较复杂，经济活动比较频繁，其会计业务具有代表性。制造业企业主要的交易或事项有筹集资金、供应过程、生产过程、销售过程、资金退出等。本章是这门课程的重点和难点。

制造业企业为了独立地进行生产经营活动，就需要从各种渠道筹集一定数量且结构合理的经营资金，作为从事经营活动的物质基础。投资者投入的资本金是一个重要的资金来源，

另外，企业还可以通过负债方式向债权人借入资金。这些资金进入企业后，会随着企业经营过程的开展和经济业务的发生，由货币资金形态转化为固定资金形态和储备资金形态。

制造业企业的生产经营活动，由供应过程、生产过程和销售过程三个过程组成。

（1）供应过程，即储备过程。在这一过程中，企业要购置生产所需的机器设备，为生产准备各种材料，这时企业经营资金由货币资金转化成储备资金。其主要的经济业务是固定资产购建，材料采购成本的计算和结转，以及由此产生的相关账款的结算等。

（2）生产过程，即产品的形成过程。在这一过程中，原材料被生产领用，固定资产在生产中损耗，生产工人在生产中发生工资及福利费，生产车间为管理和组织生产而产生费用等，这些因产品的生产而发生的生产费用（概括起来即料、工、费）最终经过生产制造过程，形成产成品，即储备资金先转化为生产资金，再转化为成品资金。其主要的经济业务是生产制造过程中发生的各种费用的归集和分配，以及完工产品成本的计算和结转。

（3）销售过程。在这一过程中，企业销售产品，取得销售收入，产品的生产成本等转变为产品的销售成本，销售中发生的各种耗费形成销售费用，企业的产品资金转化为货币资金。其主要的经济业务是产品销售收入及销售成本的确认，同客户发生的货款结算，计算缴纳销售税金等。

一个经营周期的结束，标志着新一轮经营的开始。随着生产经营活动不间断地进行，其经营资金依次从货币资金转化为储备资金、生产资金、成品资金，直至恢复到货币资金，周而复始地循环周转着。企业生产经营活动过程中，资金筹集和资金退出企业与供应过程、生产过程和销售过程三个过程相衔接，构成了制造业企业的主要交易或事项。

8.1 筹资业务的核算

企业筹集资金的渠道是指企业取得资金的来源。企业筹集资金的渠道主要有两个：一是吸收所有者的投资；二是向银行等金融机构申请借款。目前，企业的资金来源渠道，主要是企业的所有者和企业的债权人。从企业所有者处筹集的资金，属于投资人投入的资本；从企业债权人处筹集的资金，则属于企业的负债。

企业为了反映资金的筹集，主要设置"实收资本""银行存款""资本公积""短期借款""长期借款"等账户进行核算。

8.1.1 投入资本的核算

投入资本是所有者权益的组成部分，是企业得以生存和发展的基本条件。按照投入资本的不同物质形态，可分为货币资金投资、实物投资、无形资产投资等。以货币资金投资的，应按实际收到的款项作为投资者的投资入账；以实物形式投资的，应当进行合理的估价，按双方认可的估价款项作为实际投资额入账。投资者按照出资比例或合同、章程的规定，分享企业的利润，分担企业的风险。

1. 投入资本的账户设置

（1）实收资本。"实收资本"（股份有限公司称为"股本"）账户是一个所有者权益类账户，用以核算投资者投入企业的资本。本账户的贷方登记所有者投资的增加额，借方登记所有者投资的减少额，期末余额在贷方，反映所有者投资的实有数额。企业收到以货币资金投资的，应借记"库存现金"或"银行存款"账户，贷记本账户；企业收到以实物投资的，应按双方确认的数额，借记"原材料""固定资产"等账户，贷记本账户。所有者投入企业的资金一般不得随意抽走。该账户平时一般没有借方发生额，应按投资人设置明细账，如图8.1所示。

借方	实收资本	贷方
投入资本的减少额		收到投资者投入的资本
		余额：投入资本的实有数额

图8.1 "实收资本"账户

（2）银行存款。"银行存款"账户是资产类账户，用来核算企业存放在银行的各种存款的增减变动及结余情况。本账户的借方登记银行存款的增加额，贷方登记银行存款的减少额。期末余额在借方，反映银行存款账户的结余数额。企业收到银行存款时，应借记本账户，贷记"主营业务收入""应收账款""应收票据"等账户。企业支付银行存款时，应借记"固定资产""无形资产""材料采购"等账户，贷记本账户。该账户按开户银行和其他金融机构及存款种类分别设置"银行存款日记账"。有外币存款的企业，还应分别按人民币和外币设置"银行存款日记账"进行明细核算，如图8.2所示。

借方	银行存款	贷方
银行存款增加额		银行存款减少额
余额：银行存款结余数额		

图8.2 "银行存款"账户

（3）资本公积。"资本公积"账户是所有者权益类账户，用来核算资本公积增减变动及结余情况。本账户的贷方登记资本公积的增加额，借方登记资本公积的减少额。期末余额在贷方，反映资本公积的实有数额。该账户按资本公积项目设置明细账户，如图8.3所示。

借方	资本公积	贷方
资本公积减少额		资本公积增加额
		余额：资本公积实有数额

图8.3 "资本公积"账户

特别提示

对某项经济业务进行核算时应掌握的几个要点。

> （1）通过对经济业务活动进行分析，根据复式记账原理判断此业务可能涉及的会计科目（账户），并根据所涉及的会计科目（账户）的性质、结构进一步判断业务所应记入的账户方向及金额。
> （2）对于涉及的会计科目（账户）均涉及以下四个问题。
> ① 会计科目（账户）的性质。因为会计科目（账户）的性质决定了其结构。
> ② 会计科目（账户）的用途。因为会计科目（账户）的用途决定了其核算的内容。
> ③ 会计科目（账户）的结构。因为会计科目（账户）的结构决定了经济业务发生后应记入的方向。
> ④ 会计科目（账户）的明细账设置原则。因为会计科目（账户）的明细账设置原则决定了明细核算的方式及要求。

2．投入资本的会计处理

四海制造公司于 2021 年 1 月成立，本月发生以下经济业务。

【例 8.1】收到广州万里公司作为投资的新设备一台，价值 50 000 元。

此项经济业务，一方面使企业固定资产增加，应记入该账户的借方；另一方面收到了广州万里公司的投资，使投资者投入的实收资本也增加，应记入该账户的贷方。编制会计分录为

借：固定资产　　　　　　　50 000
　贷：实收资本　　　　　　　　50 000

【例 8.2】委托光大证券公司代理发行普通股票 2 000 000 股，每股面值 1 元，按每股 1.5 元价格发行。

此项经济业务，一方面使企业的银行存款增加，应记入该账户的借方；另一方面使企业所有者权益中的实收资本和资本公积也增加，应记入这两个账户的贷方。编制会计分录为

借：银行存款　　　　　　　3 000 000
　贷：实收资本　　　　　　　　2 000 000
　　　资本公积　　　　　　　　1 000 000

【例 8.3】企业收到专利技术一项，评估作价 100 000 元。

此项经济业务，一方面使企业的无形资产增加，应记入该账户的借方；另一方面使企业的实收资本也增加，应记入该账户的贷方。编制会计分录为

借：无形资产　　　　　　　100 000
　贷：实收资本　　　　　　　　100 000

8.1.2　借入资金的核算

企业筹集的资金，除了所有者投入的外，还需要向银行或其他金融机构借入，以弥补生产周转资金的不足。企业的借入资金，按照偿还期限的不同，分为短期借款和长期借款。企业借入的偿还期在一年以内的借款为短期借款，借入的偿还期在一年以上的借款为长期借款。企业借入的资金必须按照规定的用途使用，到期还本付息。

1. 借入资金的账户设置

（1）短期借款。"短期借款"账户是负债类账户，用来核算企业向银行等金融机构借入的期限在一年以下（含一年）或超过一年的一个营业周期内的各种借款。企业取得借款时，应借记"银行存款"等有关账户，贷记"短期借款"账户；归还借款时，应借记"短期借款"账户，贷记"银行存款"等账户。企业因使用借款而应支付的利息，应直接记入当期财务费用，本账户应按债权人设置明细账，并按借款种类进行明细核算，如图8.4所示。

借方	短期借款	贷方
短期借款的归还额		短期借款的借入额
		余额：短期借款的尚未归还数额

图 8.4 "短期借款"账户

（2）财务费用。"财务费用"账户属于损益类账户，用以核算企业为筹集生产经营所需资金而发生的筹资费用，包括利息支出、汇兑损益以及相关的手续费等。借方登记企业发生的各项财务费用，贷方登记期末将借方归集的财务费用的余额转入"本年利润"账户，结转后该账户应无余额。该账户可按费用项目设置专栏进行明细核算，如图8.5所示。

借方	财务费用	贷方
归集本期发生的财务费用		期末转入"本年利润"中的财务费用

图 8.5 "账务费用"账户

（3）长期借款。"长期借款"账户是一个长期负债类账户，用来核算期限在一年以上（不含一年）或超过一年的一个营业周期以上的各种借款。企业取得长期借款时，借记"银行存款"等有关账户，贷记"长期借款"账户；到期归还借款时，借记"长期借款"账户，贷记"银行存款"账户。企业因使用长期借款而应支付的利息，应按不同情况分别计入"财务费用"或"固定资产"（"在建工程"）等账户，如图8.6所示。

借方	长期借款	贷方
长期借款的归还额		长期借款的借入额
		余额：长期借款的尚未归还数额

图 8.6 "长期借款"账户

2. 借入资金的会计处理

【例8.4】企业向银行借入期限为3个月的资金60 000元，款项已存入银行。

此项经济业务，一方面使企业的银行存款增加，应记入该账户的借方；另一方面使企业流动负债中的短期借款也增加，应记入该账户的贷方。编制会计分录为

借：银行存款　　　　　60 000
　　贷：短期借款　　　　　　60 000

【例8.5】从银行取得3年期借款200 000元，款项已存入银行。

此项经济业务，一方面使企业的银行存款增加，应记入该账户的借方；另一方面使企业长期负债中的长期借款也增加，应记入该账户的贷方。编制会计分录为

借：银行存款　　　　　　　200 000
　贷：长期借款　　　　　　　200 000

【例8.6】企业以银行存款偿还上述到期的短期借款，其中，本金60 000元，利息1 000元。

此项经济业务，一方面使企业的银行存款减少，应记入该账户的贷方；另一方面企业偿还了到期的借款，使短期借款这项负债减少，应记入该账户的借方，利息费用增加，应记入"财务费用"账户的借方。编制会计分录为

借：短期借款　　　　　　　60 000
　　财务费用　　　　　　　 1 000
　贷：银行存款　　　　　　　61 000

8.2 生产准备业务的核算

8.2.1 购入固定资产的核算

固定资产是制造业企业进行正常生产经营活动的重要条件。为了生产的进行，企业不仅需要原材料，还必须建造厂房，购买机器设备。由于厂房、建筑物等的取得主要是通过基本建设完成的，具有使用期限较长、单位价值较大的特点。企业购进固定资产，应按其取得成本入账，即应按实际支付的买价、包装费、运杂费、缴纳的有关税费，以及为使设备达到预定使用状态前所必要的支出入账。

1. 购入固定资产的账户设置

企业购入的固定资产，分为需安装的固定资产和无须安装的固定资产两种，企业应分别设置"固定资产"和"在建工程"两个账户进行核算。凡购入无须安装的固定资产，应按其取得成本，直接借记"固定资产"账户，贷记"银行存款"等有关账户；凡购入需安装的固定资产，应先在"在建工程"账户进行归集，即借记"在建工程"账户，贷记"银行存款"等账户，待安装完毕交付使用时再由"在建工程"账户转入"固定资产"账户，即借记"固定资产"账户，贷记"在建工程"账户。

（1）固定资产。"固定资产"账户是资产类账户，用来核算企业固定资产原值增减变动及结余情况。原值是指购置或建造固定资产时所发生的全部支出。企业购建固定资产时，以购建成本为原值借记"固定资产"账户，贷记"银行存款"等账户；处置固定资产时，借记"固定资产清理"等账户，贷记"固定资产"账户。该账户的期末余额在借方，反映企业持有的固定资产原值的实有数额。该账户可以按固定资产的类别设置二级账户，如图8.7所示。

借方	固定资产	贷方
原值的增加额		原值的减少额
余额：原值的实有数额		

图8.7 "固定资产"账户

（2）无形资产。"无形资产"账户是资产类账户，用来核算无形资产的增减变动及结余情况。企业取得无形资产时，借记"无形资产"账户，贷记"银行存款"等账户。转让无形资产时，借记"营业外支出"等账户，贷记"无形资产"等账户。该账户可以按无形资产项目设置明细账户，如图 8.8 所示。

借方	无形资产	贷方
无形资产的增加额		无形资产的减少额
余额：无形资产的实有数额		

图 8.8 "无形资产"账户

【例 8.7】企业收到投资人投入的专利技术一项，评估作价 120 000 元。

此项经济业务，一方面使企业的无形资产增加，应记入该账户的借方；另一方面使企业的实收资本也增加，应记入该账户的贷方。编制会计分录为

借：无形资产　　　　　　　　　　　　120 000
　　贷：实收资本　　　　　　　　　　120 000

2. 购入固定资产的会计处理

【例 8.8】企业购入汽车一辆，价款 50 000 元，增值税税款 6 500 元。货款和税款均已用银行存款支付。

此项经济业务，一方面使企业的固定资产增加，应记入该账户的借方；另一方面使企业的银行存款减少，应记入该账户的贷方。编制会计分录为

借：固定资产　　　　　　　　　　　　50 000
　　应交税费——应交增值税（进项税额）　6 500
　　贷：银行存款　　　　　　　　　　56 500

【例 8.9】购入需要安装的机器设备一台，价款 40 000 元，税款 5 200 元，以银行存款支付。

此项经济业务的发生，一方面使企业的在建工程增加，应记入该账户的借方；另一方面使企业的银行存款减少，应记入该账户的贷方。编制会计分录为

借：在建工程　　　　　　　　　　　　40 000
　　应交税费——应交增值税（进项税额）　5 200
　　贷：银行存款　　　　　　　　　　45 200

【例 8.10】安装上述机器设备共耗用材料价值 300 元，另外用现金支付安装人员的人工费 100 元。

此项经济业务，一方面使企业的在建工程增加，应记入该账户的借方；另一方面使企业的原材料减少，企业的库存现金也减少，应记入这两个账户的贷方。编制会计分录为

借：在建工程　　　　　　　　　　　　400
　　贷：原材料　　　　　　　　　　　300
　　　　库存现金　　　　　　　　　　100

【例 8.11】上述机器设备安装完毕交付使用。

此项经济业务，一方面使企业的固定资产增加，应记入该账户的借方；另一方面使企业

的在建工程减少，应记入该账户的贷方。编制会计分录为

借：固定资产　　　　　　47 200
　　贷：在建工程　　　　　47 200

8.2.2　材料采购业务的核算

供应过程的主要任务是通过材料采购，形成生产储备，以保证企业生产经营的正常进行。制造业应有计划地采购材料，避免过多地储备材料，占用资金。材料采购的实际成本包括材料的买价、运杂费（运输费、装卸费、保险费、包装费等）、入库前的整理挑选费、途中的合理损耗和进口的关税等。材料经采购完成并验收入库后，进入储备阶段，然后根据生产需要领用。供应过程会计核算的主要内容包括材料采购的核算、增值税进项税额的核算，以及反映材料的收入、发出和储存的核算。

1. 材料采购业务的账户设置

为了加强对材料采购业务的管理，反映和监督库存材料的增减变动和结存情况，以及因材料而与供应单位发生的债权债务结算关系，材料采购业务应设置以下账户。

（1）材料采购。"材料采购"账户是一个资产类账户，用以归集和计算企业购入材料的采购成本。该账户借方登记购入材料的买价、运杂费、运输途中的合理损耗、入库前的整理挑选费用和应由购入材料负担的其他费用，贷方登记结转入库材料的实际采购成本；期末如有余额，一定在借方，表明月末在途材料的成本。该账户可按材料的供应单位和材料品种设置明细账户进行明细核算，如图8.9所示。

借方	材料采购	贷方
购入材料的买价和采购费用		已验收入库材料的实际成本
余额：在途材料的实际成本		

图8.9　"材料采购"账户

（2）原材料。"原材料"账户是资产类账户，用来核算和监督企业库存材料增减变动和结存情况。购入的材料验收入库时，按实际采购成本记入该账户的借方；材料发出时，按其实际成本记入该账户的贷方。该账户的期末余额在借方，反映的是企业库存原材料的实际成本。该账户可按材料的品种、规格设置明细账户进行明细核算，如图8.10所示。

借方	原材料	贷方
入库材料的实际成本		发出材料的实际成本
余额：结余材料的实际成本		

图8.10　"原材料"账户

（3）应付账款。"应付账款"账户是负债类账户，用来核算企业因采购材料、商品和接受劳务等而与供应单位发生结算债务的增减变动及结余情况。企业购入材料，但货款尚未支付时，按应付的款项记入该账户的贷方；实际支付前欠款项时，记入该账户的借方。该账户的期末余额在贷方，反映企业尚未支付的应付账款余额。该账户可按债权人设置明细账户进行

明细核算，如图8.11所示。

借方	应付账款	贷方
应付账款的偿还额		应付账款的发生额
		余额：尚未归还额

图8.11 "应付账款"账户

（4）应付票据。"应付票据"账户是负债类账户，用来核算和监督企业因购买材料、商品和接受劳务等而开出、承兑的商业汇票的增减变动和结存情况，包括银行承兑汇票和商业承兑汇票。企业开出或承兑商业汇票时，按票面金额记入该账户的贷方；商业汇票到期支付票款时，按票面金额记入该账户的借方。该账户的期末余额在贷方，反映企业尚未到期的商业汇票的票面金额，如图8.12所示。

借方	应付票据	贷方
到期付款的商业汇票		开出或承兑的商业汇票
		余额：尚未到期的商业汇票

图8.12 "应付票据"账户

（5）预付账款。"预付账款"账户是资产类账户，用来核算和监督企业因购买材料、商品和接受劳务等按照合同规定向供应单位预付购料款而与供应单位发生的债权结算业务。企业向供应单位预付货款时，按照合同规定的预付金额记入该账户的借方；结算货款时，冲销预付的货款金额记入该账户的贷方。该账户的期末余额在借方，反映企业尚未结算的预付货款数额。此账户按供应单位名称设置明细账户进行明细核算，如图8.13所示。

借方	预付账款	贷方
预付的货款额		冲销预付的货款额
余额：尚未结算的预付货款数额		

图8.13 "预付账款"账户

（6）应交税费——应交增值税。增值税是对我国境内销售、进口货物，或者提供加工、修理修配劳务的增值额征收的一种流转税。增值额是企业在生产经营过程中新创造的价值，即企业销售收入扣除相应的外购材料、商品等成本的差额。增值税是一种价外税，凡在我国境内销售、进口货物，或提供加工、修理修配劳务的单位和个人，均应按期缴纳增值税。

增值税的纳税义务人按照经营规模及会计核算的健全程度，分为一般纳税人和小规模纳税人两类。一般纳税人应纳增值税额的计算公式为

应交增值税税额＝当期销项税额－当期准予抵扣的进项税额

"应交税费——应交增值税"账户是一个负债类账户，用于对企业增值税的核算。其借方登记企业在购进货物或接受劳务时，所支付的进项税额和实际缴纳的增值税税费，贷方登记企业销售货物等时应缴纳的增值税销项税额、进项税额转出、出口退税等。余额如在借方，表示有尚未抵扣的增值税税额；余额如在贷方，表示企业有应缴而尚未缴纳的增值税税额。

为了核算企业应交增值税的发生、抵扣、缴纳等情况，应在"应交税费——应交增值税"

明细账内设置"进项税额""已交税额""销项税额""出口退税""进项税额转出"等专栏,如图 8.14 所示。

借方	应交税费——应交增值税	贷方
进项税额		销项税额
已交税额		进项税额转出
		出口退税
余额:尚未抵扣的增值税税额		余额:应缴而尚未缴纳的增值税税额

图 8.14 "应交税费——应交增值税"账户

2. 材料采购业务的会计处理

【例 8.12】从华大公司购入甲材料 2 000 千克,单价 80 元,增值税专用发票上注明的增值税额为 20 800 元;乙材料 4 000 千克,单价 15 元,增值税专用发票上注明的增值税额为 7 800 元。货税款均未支付。

此项经济业务涉及"材料采购""应交税费——应交增值税""应付账款"三个账户。一方面,增加了材料的采购成本,应借记"材料采购"账户;同时,增值税专用发票上注明的因采购材料而支付的增值税进项税额,可以在销项税额中进行抵扣,借记"应交税费——应交增值税(进项税额)"账户;另一方面,企业尚未支付货款,使应付账款这项负债增加,应贷记"应付账款"账户。编制会计分录为

借:材料采购——甲材料　　　　　　　　　　160 000
　　　　　　——乙材料　　　　　　　　　　 60 000
　　应交税费——应交增值税(进项税额)　　 28 600
　　贷:应付账款——华大公司　　　　　　　　248 600

【例 8.13】以银行存款支付前欠华大公司的货税款。

此项经济业务涉及"应付账款"和"银行存款"两个账户。一方面企业偿还了前欠账款使负债减少,应借记"应付账款"账户;另一方面使企业的资产也减少,应贷记"银行存款"账户。编制会计分录为

借:应付账款——华大公司　　　　　　　　　248 600
　　贷:银行存款　　　　　　　　　　　　　　248 600

【例 8.14】向华大公司购入的甲、乙材料运至企业验收入库,以银行存款支付运杂费 4 800 元。

此项经济业务,一方面使企业材料采购成本增加,应借记"材料采购"账户;另一方面使企业银行存款减少,应贷记"银行存款"账户。

由于材料采购需按材料的供应单位和品种进行明细核算,因此对于由甲、乙材料共同负担的采购费用需采用一定的标准进行分配后,分别记入甲、乙材料的采购成本。若选择料重为分配标准,则

每千克材料应负担的运杂费=4 800÷(2 000+4 000)=0.8(元/千克)
甲材料负担的运杂费=2 000×0.8=1 600(元)

乙材料负担的运杂费=4 000×0.8=3 200（元）
编制会计分录为

借：材料采购——甲材料　　　　　　　　　　1 600
　　　　　　——乙材料　　　　　　　　　　3 200
　　贷：银行存款　　　　　　　　　　　　　　　　4 800

【例8.15】从光明公司购进甲材料400千克，每千克80元，材料的运杂费400元，增值税进项税额4 160元。材料尚未运到企业，企业签发3个月到期的商业汇票一张。

此项经济业务涉及"材料采购""应交税费——应交增值税""应付票据"三个账户。材料采购成本增加，使企业的资产增加，应记入"材料采购"账户的借方，增值税进项税额应记入"应交税费——应交增值税"账户的借方，应付票据的增加；使企业的负债增加，应记入"应付票据"账户的贷方。编制会计分录为

借：材料采购——甲材料　　　　　　　　　　32 400
　　应交税费——应交增值税（进项税额）　　　4 160
　　贷：应付票据　　　　　　　　　　　　　　　36 560

【例8.16】企业以银行存款50 000元向新光工厂预付购买材料的货款。

此项经济业务涉及"预付账款"和"银行存款"两个账户。预付账款的增加使企业的资产增加，应记入"预付账款"账户的借方；银行存款的减少使企业的资产减少，应记入"银行存款"账户的贷方。编制会计分录为

借：预付账款　　　　　　　　　　　　　　　50 000
　　贷：银行存款　　　　　　　　　　　　　　　50 000

【例8.17】企业收到新光工厂发来的乙材料6 000千克，单价15元，材料的买价为90 000元，运杂费1 000元，增值税进项税额11 700元，除了冲销原预付货款外，其余用银行存款支付。

此项经济业务涉及"材料采购""应交税费——应交增值税""预付账款""银行存款"四个账户。材料采购支出增加应记入"材料采购"账户的借方，增值税进项税额应记入"应交税费——应交增值税"账户的借方；预付账款的减少应记入"预付账款"账户的贷方，银行存款的减少应记入"银行存款"账户的贷方。编制会计分录为

借：材料采购——乙材料　　　　　　　　　　91 000
　　应交税费——应交增值税（进项税额）　　11 700
　　贷：预付账款　　　　　　　　　　　　　　　50 000
　　　　银行存款　　　　　　　　　　　　　　　52 700

【例8.18】本期购入的材料已全部验收入库，结转采购成本。

企业应根据材料采购账户归集的买价和采购费用，计算其实际采购成本，并按实际采购成本将其从"材料采购"账户的贷方结转到"原材料"账户的借方，以反映库存原材料的增加，并据以编制结转入库材料成本的会计分录。

根据上述各项经济业务材料采购成本的计算和结转，编制会计分录为

借：原材料——甲材料　　　　　　　　　　　194 000
　　　　　——乙材料　　　　　　　　　　　154 200

贷：材料采购——甲材料　　　　　　　　　　194 000
　　　　　　——乙材料　　　　　　　　　　154 200

根据以上分录登记的"材料采购"相关明细账户，记录如图8.15和图8.16所示。

借方	材料采购——甲材料	贷方
（12）160 000		
（14）　1 600		
（15）32 400		
		（18）194 000
本期发生额：194 000		本期发生额：194 000

图8.15 "材料采购——甲材料"账户

借方	材料采购——乙材料	贷方
（12）60 000		
（14）　3 200		
（17）91 000		
		（18）154 200
本期发生额：154 200		本期发生额：154 200

图8.16 "材料采购——乙材料"账户

8.3 产品生产业务的核算

8.3.1 产品生产阶段的主要交易或事项

制造业企业要进行正常的生产经营活动，就会发生各项耗费。制造产品的过程，是从领用材料到产品入库的过程。在这个过程中，企业要生产产品，就要发生各种各样的生产耗费，企业在一定时期内发生的用货币表现的各种生产耗费，称为生产费用。这些费用最终都要汇集、分配到一定种类的产品上，形成各种产品的成本。企业为生产一定种类和数量的产品所发生的各项生产费用的支出，就是产品的生产成本。因此，在产品生产过程中费用的发生、归集和分配，以及产品成本的形成，构成了产品生产业务核算的主要交易或事项的内容。

企业为生产一定种类、一定数量的产品所发生的直接材料、直接人工和制造费用的总和就是这些产品的生产成本。构成产品成本的费用，应按不同产品进行归集，并正确区分产成品和在产品的费用界限，据以正确计算出产品的生产成本。

制造业企业在生产经营过程中，除了发生构成产品生产成本的费用外，因管理和保证生产的需要，还会发生期间费用。期间费用是指不能直接归属于某个特定产品成本的费用，它随着时间的推移而发生，一般与企业当期的产品销售和经营活动的组织与管理有关，而与当期产品生产过程无直接关系，容易判断其应归属的会计期间，而难以判断其应归属的产品。对于这类费用，按其发生的期间归集，直接计入当期损益。期间费用包括：销售费用、管理费用和财务费用。

制造业企业的生产经营活动是一个连续不断的生产经营过程。根据管理的需要，在会计上应将这一连续不断的经营过程分为若干个会计期间，以便分期结算盈亏，考核生产经营情况。根据会计准则的规定，企业应当以权责发生制为基础进行会计核算。

8.3.2 产品生产业务核算的账户设置

为完成生产成本的核算和期间费用的归集任务，需设置以下账户。

1．生产成本

"生产成本"账户属于成本类账户，是企业用来归集和分配产品生产过程中所发生的全部生产成本的账户。其借方登记产品成本的发生额，即直接材料、直接人工、期末分配应负担的制造费用；贷方登记已生产完工并验收入库的产品成本。该账户的期末余额在借方，反映企业尚未加工完成的在产品成本。在实际工作中，企业生产多种产品，为了核算每一种产品的生产成本，就需要在该账户下同时按品种设置明细分类账户，用来核算各种产品的生产成本，如图8.17所示。

借方	生产成本	贷方
归集发生的全部生产成本		转出的完工产品生产成本
余额：尚未完成的在产品生产成本		

图8.17 "生产成本"账户

2．制造费用

"制造费用"账户属于成本类账户，用来归集和分配企业为生产产品而发生的各项间接费用。借方登记企业发生的各项间接费用；期末，将借方归集的间接费用，按照一定的方法在各种产品之间进行分配，并将分摊的制造费用金额从该账户的贷方转入"生产成本"账户的借方，结转后本账户应无余额。在实际工作中，该账户应按不同的车间或品种设置明细分类账户进行明细核算，如图8.18所示。

借方	制造费用	贷方
归集本期发生的制造费用		分配转入到生产成本中的制造费用

图8.18 "制造费用"账户

3．应付职工薪酬

"应付职工薪酬"账户是负债类账户。职工薪酬是指企业为获得职工提供的服务而给予各种形式的报酬以及其他相关支出，主要包括各种工资、奖金、津贴等。借方登记实际发放的职工薪酬。贷方登记企业应付的各项职工薪酬。该账户的期末余额在贷方，反映企业应付而未付的职工薪酬。该账户可按"工资""职工福利""社会保险费"等项目设置明细账进行明细核算，如图8.19所示。

借方	应付职工薪酬	贷方
实际支付的薪酬		应付的薪酬
		余额：应付而未付的薪酬

图 8.19 "应付职工薪酬"账户

4. 库存商品

"库存商品"账户属于资产类账户，用来核算企业库存商品的增减变动及结存情况。借方登记企业产品生产完工并验收入库的生产成本；贷方登记企业已销售产品转出的实际生产成本。该账户的期末余额在借方，反映企业库存商品的实际成本。该账户可按产品的品种和规格设置明细账进行明细核算，如图 8.20 所示。

借方	库存商品	贷方
完工入库产品的实际生产成本		发出产品的实际生产成本
余额：库存商品实际成本		

图 8.20 "库存商品"账户

5. 管理费用

"管理费用"账户属于损益类账户，用以核算企业行政管理部门为组织和管理生产经营活动所发生的各项费用。借方登记企业发生的各项管理费用，贷方登记期末将借方归集的管理费用的余额转入"本年利润"账户，结转后该账户应无余额。该账户可按费用项目设置专栏进行明细核算，如图 8.21 所示。

借方	管理费用	贷方
归集本期发生的管理费用		期末转入"本年利润"账户中的管理费用

图 8.21 "管理费用"账户

6. 库存现金

"库存现金"账户是资产类账户，用来核算企业库存现金增减变动和结余情况的账户。该账户的借方登记库存现金的增加额，贷方登记库存现金的减少额。期末余额在借方，反映库存现金账户的余额。企业收到库存现金时，应借记本账户，贷记"主营业务收入""其他业务收入""应收账款"等账户。企业支付库存现金时，应借记 "其他应收款""材料采购"等账户，贷记本账户。该账户按库存现金的种类设置"库存现金日记账"，进行明细核算。有外币库存现金的企业还应该分别按人民币和外币设置"库存现金日记账"进行明细核算，如图 8.22 所示。

借方	库存现金	贷方
库存现金的增加额		库存现金的减少额
余额：库存现金实有数额		

图 8.22 "库存现金"账户

7. 累计折旧

"累计折旧"账户属于资产类账户，用来核算企业固定资产的累计折旧增减变动和结余情况的账户。由于固定资产在其较长的使用期限内保持原有实物形态，而其价值却随着固定资产的损耗而逐渐减少。固定资产由于损耗而减少的价值就是固定资产折旧。固定资产折旧应该作为折旧费用计入产品成本和期间费用。该账户借方登记企业固定资产折旧的减少额或注销额，贷方登记折旧的增加额或计提额，该账户的期末余额在贷方，反映企业现有固定资产累计折旧。企业计提折旧时，应借记"制造费用"或"管理费用"账户，贷记本账户。该账户可按费用项目设置专栏进行明细核算，如图 8.23 所示。

借方	累计折旧	贷方
折旧的减少额或注销额	折旧的增加额或计提额	
	余额：现有固定资产累计折旧	

图 8.23 "累计折旧"账户

8.3.3 产品生产业务的会计处理

1. 材料费用的会计处理

企业在产品生产过程中所需用的材料，应通过填制领料单向材料库领取。仓库根据领料单发出材料后，应将领料单按领用材料的用途和种类进行汇总，编制材料耗用汇总表，作为编制材料发出记账凭证的依据。

【例 8.19】月末，根据本月领料凭证进行汇总，编制发出材料汇总表，如表 8.1 所示。

表 8.1 材料发出汇总表

用 途	甲材料		乙材料		合计金额
产品生产耗用	数 量（千克）	金 额（元）	数 量（千克）	金 额（元）	（元）
一、A 产品	1 000	80 000	4 000	60 000	140 000
B 产品			5 600	84 000	84 000
二、车间管理部门耗用	1 200	96 000	200	3 000	99 000
三、行政管理部门耗用			100	1 500	1 500
合 计	2 200	176 000	9 900	148 500	324 500

根据本月材料发出汇总表中的资料，这项经济业务发生后，一方面使企业的库存甲材料减少 176 000 元，乙材料减少 148 500 元，应记入"原材料"账户的贷方。另一方面使企业的生产经营费用增加 324 000 元：其中生产产品耗用 224 000 元，应记入"生产成本"账户的借方，车间管理部门耗用 99 000 元，应记入"制造费用"账户的借方，行政管理部门耗用 1 500 元，应记入"管理费用"账户的借方。编制会计分录为

```
借：生产成本——A产品        140 000
          ——B产品         84 000
    制造费用              99 000
    管理费用               1 500
   贷：原材料——甲材料      176 000
          ——乙材料       148 500
```

以上会计分录除了应在"生产成本""制造费用""管理费用""原材料"总分类账户中登记外，还应在"生产成本——A产品""生产成本——B产品""原材料——甲材料""原材料——乙材料"等明细分类账户中做相应的登记。

2．职工薪酬的会计处理

职工薪酬是指企业为获得职工提供的服务而给予各种形式的报酬以及其他相关支出，包括以下内容。

（1）职工工资、奖金、津贴和补贴。

（2）职工福利费。职工福利费是指为职工集体提供的福利，如职工的生活困难补助等。

（3）社会保险费。社会保险费是指企业按国家规定的基准和比例计算，向社会保险经办机构缴纳的医疗保险金、基本养老保险金、补充养老保险金、失业保险费、工伤保险费和生育保险费等社会保险，以及以商业保险形式提供给职工的各种保险待遇。

（4）住房公积金。住房公积金是指企业按国家规定的基准和比例计算，向住房公积金管理机构缴纳的住房公积金。

（5）工会经费和职工教育经费。工会经费和职工教育经费是指根据国家规定的基准和比例计算，用于开展工会活动和职工教育及技能培训的开支。

（6）非货币性福利。非货币性福利是指企业提供给职工的实物福利、服务性福利、优惠性福利及有偿休假性福利等。

（7）因解除与职工的劳动关系而给予的补偿。

（8）其他与获取职工提供的服务相关的支出。

"应付职工薪酬"账户是负债类账户，用来核算企业根据有关规定应付给职工的各种薪酬，主要包括各种工资、奖金、津贴、福利费等。企业计算出的应付各项职工薪酬记入该账户的贷方，实际发放职工薪酬时记入该账户的借方。该账户的期末余额在贷方，反映企业应付未付的职工薪酬。该账户可按"工资""职工福利""社会保险费""工会经费""职工教育经费"等设置明细账进行明细核算。

应付职工薪酬应根据发生的地点和用途不同，分别记入有关的费用成本账户。其中，产品生产工人的职工薪酬应作为直接人工费用，记入"生产成本"账户；车间管理及技术人员的职工薪酬应记入"制造费用"账户；销售部门人员的职工薪酬应记入"销售费用"账户；企业行政管理部门人员的职工薪酬应记入"管理费用"账户等。

职工福利费于月末时进行分配，分配的去向与"应付职工薪酬——工资"一致，但是按福利人员工资提取的福利费由"管理费用"列支。

【例8.20】结算本月应付职工工资120 000元，其中，A产品生产工人工资50 000元，B

产品生产工人工资 30 000 元，车间管理人员工资 20 000 元，销售部门人员工资 8 000 元，行政管理部门工资 12 000 元。

此项经济业务涉及"生产成本""制造费用""销售费用""管理费用"及"应付职工薪酬"五个账户。根据职工提供服务的受益对象，分别计入产品生产成本或当期损益。其中，从事产品生产的直接生产工人工资借记"生产成本"账户，车间管理人员工资借记"制造费用"账户，销售部门人员工资借记"销售费用"账户，行政管理部门人员工资借记"管理费用"账户；企业应根据当月结算出的职工工资，贷记"应付职工薪酬——工资"账户。编制会计分录为

  借：生产成本——A 产品　　　　　　　　50 000
      ——B 产品　　　　　　　　30 000
    制造费用　　　　　　　　　　　　20 000
    销售费用　　　　　　　　　　　　 8 000
    管理费用　　　　　　　　　　　　12 000
    贷：应付职工薪酬——工资　　　　　　120 000

【例 8.21】委托银行代发工资 120 000 元。

此项经济业务是企业用银行存款发放了职工工资，一方面使企业的应付职工薪酬这项负债减少，应借记"应付职工薪酬"账户；另一方面使企业的银行存款也减少，应贷记"银行存款"账户。编制会计分录为

  借：应付职工薪酬——工资　　　　　　　120 000
    贷：银行存款　　　　　　　　　　　120 000

【例 8.22】按职工工资总额的 9%、7% 分别计提本月应向社会保险经办机构缴纳的职工社会医疗保险和社会养老保险。

根据国家规定的计提基础和计提标准，本月应计提的社会保险费为：

A 产品生产工人社会保险费：　　50 000×（9%+7%）=8 000
B 产品生产工人社会保险费：　　30 000×（9%+7%）=4 800
车间管理人员社会保险费：　　　20 000×（9%+7%）=3 200
销售部门人员社会保险费：　　　 8 000×（9%+7%）=1 280
行政管理部门人员社会保险费：　12 000×（9%+7%）=1 920

企业计提的社会保险费，应根据职工提供服务的受益对象，分别计入产品生产成本或当期损益，其中，从事产品生产的直接生产工人社会保险费借记"生产成本"账户，车间管理人员社会保险费借记"制造费用"账户，销售部门人员社会保险费借记"销售费用"账户，行政管理部门人员社会保险费借记"管理费用"账户；作为应付职工薪酬的构成部分，应贷记"应付职工薪酬"账户。同时编制会计分录为

  借：生产成本——A 产品　　　　　　　　 8 000
      ——B 产品　　　　　　　　 4 800
    制造费用　　　　　　　　　　　　 3 200
    销售费用　　　　　　　　　　　　 1 280
    管理费用　　　　　　　　　　　　 1 920

    贷：应付职工薪酬——社会保险费　　　　　19 200

【例 8.23】企业签发转账支票向社保局缴纳职工社会保险费 19 200 元。

此项经济业务，一方面使企业的应付职工薪酬这项负债减少，应借记"应付职工薪酬"账户；另一方面使企业的银行存款也减少，应贷记"银行存款"账户。编制会计分录为

　　借：应付职工薪酬——社会保险费　　　　　19 200
　　　　贷：银行存款　　　　　　　　　　　　　　　19 200

【例 8.24】企业按规定的比例从工资总额中计提职工福利费用 16 800 元。

　　A 产品生产工人福利费：　　　50 000×14%＝7 000
　　B 产品生产工人福利费：　　　30 000×14%＝4 200
　　车间管理人员福利费：　　　　20 000×14%＝2 800
　　销售部门人员福利费：　　　　 8 000×14%＝1 120
　　行政管理部门人员福利费：　　12 000×14%＝1 680
　　合计：　　　　　　　　　　　　　　　　　16 800

企业计提的福利费，应根据职工提供服务的受益对象，分别计入产品生产成本或当期损益，其中，从事产品生产的直接生产工人福利费借记"生产成本"账户，车间管理人员福利费借记"制造费用"账户，销售部门人员福利费借记"销售费用"账户，行政管理部门人员福利费借记"管理费用"账户；作为应付职工薪酬的构成部分，应贷记"应付职工薪酬"账户。同时编制会计分录为

　　借：生产成本——A 产品　　　　　　　　7 000
　　　　　　　　——B 产品　　　　　　　　4 200
　　　　制造费用　　　　　　　　　　　　　2 800
　　　　销售费用　　　　　　　　　　　　　1 120
　　　　管理费用　　　　　　　　　　　　　1 680
　　　　贷：应付职工薪酬——职工福利　　　　16 800

【例 8.25】以库存现金支付职工李显生活困难补助 2 000 元。

此项经济业务，一方面使企业的应付职工薪酬这项负债减少，应借记"应付职工薪酬"账户；另一方面使企业库存现金也减少，应贷记"库存现金"账户。编制会计分录为

　　借：应付职工薪酬——职工福利　　　　　2 000
　　　　贷：库存现金　　　　　　　　　　　　　　2 000

3. 固定资产费用的会计处理

固定资产在其使用寿命内，虽然能够保持其原有的实物形态，但其价值却在使用中逐渐损耗，这部分损耗的价值称为折旧。固定资产折旧的核算，设置的账户主要是"累计折旧"账户。该账户是用来核算企业固定资产的累计折旧增减变动和结余情况的账户。

固定资产折旧应该作为折旧费用计入产品成本和期间费用，这样做不仅是为了企业在将来有能力重置固定资产，更主要的是为了实现期间收入和费用的正确配比。

根据固定资产的用途：生产车间使用的固定资产，计提的折旧应计入制造费用；行政管理部门使用的固定资产，计提的折旧应计入管理费用；销售部门使用的固定资产，计提的折

旧应计入销售费用。

企业生产车间和行政管理部门发生的固定资产修理费用，计入管理费用，销售机构发生的固定资产修理费用，计入销售费用。

【例 8.26】按规定提取本月固定资产折旧 4 500 元，其中，生产车间 3 500 元，行政管理部门 1 000 元。

每月计提的固定资产折旧费，应按固定资产使用部门借记有关费用账户，贷记"累计折旧"账户。其中，对生产用固定资产提取的折旧额和生产车间管理部门使用的固定资产所提取的折旧额，借记"制造费用"账户；对于企业行政管理部门使用的固定资产所提取的折旧额，借记"管理费用"账户。编制会计分录为

  借：制造费用   3 500
    管理费用   1 000
   贷：累计折旧   4 500

【例 8.27】以银行存款 2 000 元支付生产车间的一台设备日常修理费。

此项经济业务，一方面使生产车间的固定资产修理费增加，应借记"管理费用"账户；另一方面使企业的银行存款减少，应贷记"银行存款"账户。编制会计分录为

  借：管理费用   2 000
   贷：银行存款   2 000

4．其他费用的会计处理

【例 8.28】以银行存款支付租入的固定资产改良支出 1 200 元。

对于租入的固定资产改良支出，虽然款项在本月实际支付，但其受益期为下一年度各月份，此时，企业应设置"长期待摊费用"账户，该账户根据资产类"长期待摊费用"科目设置，用以核算已经支付但应由本期和以后各期负担的分摊期限在一年以上的各项费用，企业发生长期待摊费用时，记入该账户的借方；在受益期内摊销时，记入该账户的贷方。该账户的期末余额在借方，反映企业尚未摊销完毕的待摊费用。该项经济业务，一方面使长期待摊费用增，记入该账户的借方；另一方面使企业银行存款减少，贷记"银行存款"账户。编制会计分录为

  借：长期待摊费用   1 200
   贷：银行存款   1 200

【例 8.29】企业行政管理人员王刚出差预借差旅费 5 000 元，以银行存款支付。

此项经济业务，一方面使企业的其他应收款增加，借记"其他应收款"账户；另一方面使企业的银行存款减少，贷记"银行存款"账户。编制会计分录为

  借：其他应收款——王刚 5 000
   贷：银行存款   5 000

【例 8.30】计提应由本月负担的短期借款利息 600 元。

此项经济业务，一方面使企业的财务费用增加，应借记"财务费用"账户；另一方面使企业的应付利息也增加，贷记"应付利息"账户。编制会计分录为

  借：财务费用   600

贷：应付利息   600

【例 8.31】 以银行存款支付本月的水电费用 20 000 元，其中，生产车间用 15 000 元，管理部门用 5 000 元。

此项经济业务，一方面使企业的制造费用增加，应借记"制造费用"账户，同时使管理费用也增加，应借记"管理费用"账户；另一方面使企业的银行存款减少，应贷记"银行存款"账户。编制会计分录为

   借：制造费用   15 000
       管理费用   5 000
   贷：银行存款   20 000

【例 8.32】 职工王刚出差回来报销差旅费 4 500 元，返还现金 500 元。

此项经济业务，一方面使企业的管理费用增加，应借记"管理费用"账户，同时使库存现金增加，应借记"库存现金"账户；另一方面使企业的其他应收减少，应贷记"其他应收款"账户。编制会计分录为

   借：管理费用   4 500
       库存现金   500
   贷：其他应收款——王刚   5 000

【例 8.33】 以银行存款购买办公用品 1 200 元，其中，生产车间领用 500 元，厂部行政管理部门领用 700 元。

此项经济业务，一方面使企业的制造费用增加，应借记"制造费用"账户，同时使管理费用也增加，应借记"管理费用"账户；另一方面使企业的银行存款减少，应贷记"银行存款"账户。编制会计分录为

   借：制造费用   500
       管理费用   700
   贷：银行存款   1 200

【例 8.34】 摊销应由本月负担的固定资产改良支出 400 元。

此项经济业务，一方面使企业的管理费用增加，应借记"管理费用"账户；另一方面使企业的长期待摊费用减少，应贷记"长期待摊费用"账户。编制会计分录为

   借：管理费用   400
   贷：长期待摊费用   400

【例 8.35】 以银行存款支付短期借款的利息 1 800 元，已提未付利息 1 200 元。

此项经济业务，一方面使企业的应付利息减少，应借记"应付利息"账户，同时使财务费用增加，应借记"财务费用"账户；另一方面使企业的银行存款减少，应贷记"银行存款"账户。编制会计分录为

   借：应付利息   1 200
       财务费用   600
   贷：银行存款   1 800

5. 制造费用的会计处理

制造费用是指企业各生产车间等生产单位为组织和管理生产而发生的各项间接费用，包括工资和福利费、折旧费、租赁费、社会保险费等。生产车间管理部门耗用的材料费以及管理人员的工资和计提的福利费都在"制造费用"账户中进行了核算。在生产一种产品的车间中，制造费用可直接计入其产品生产成本。在生产多种产品的车间中，就要采用既合理又简便的分配方法，将制造费用分配计入各种产品成本。本章例题中所发生的制造费用均假设为制造A、B两种产品共同发生的。制造费用分配计入产品成本的方法，常用的有按生产工时、定额工时、机器工时、直接人工费等比例进行分配。

【例8.36】将本月制造费用按机器工时比例在A、B两种产品之间进行分配。本月A产品机器工时为6 000工时，B产品机器工时为2 000工时。

根据"制造费用"账户记录，本月共发生制造费用144 000元，按A、B两种产品的机器工时比例进行分配，则：

每机器工时应分摊的制造费用=144 000/8 000=18（元/小时）

A产品分摊的制造费用=6 000×18=108 000（元）

B产品分摊的制造费用=2 000×18=36 000（元）

"制造费用"账户中归集的是A、B两种产品的间接成本，也属于产品成本的重要构成部分，因此，计算出A、B两种产品应负担的制造费用后，应将其从"制造费用"账户贷方结转到A、B两种产品的"生产成本"账户借方，结转后"制造费用"账户应无余额，同时，只有在A、B两种产品"生产成本"账户中才能反映其直接材料、直接人工及制造费用等全部成本构成项目，从而进一步计算出产品的实际生产成本。编制会计分录为

借：生产成本——A产品　　　　　108 000
　　　　　　——B产品　　　　　 36 000
　　贷：制造费用　　　　　　　　144 000

分配结果如表8.2所示。

表8.2 制造费用分配表

产品名称	机器工时（小时）	分配率（元/小时）	分配金额（元）
A产品	6 000	18	108 000
B产品	2 000	18	36 000
合　计	8 000	18	144 000

6. 结转完工产品成本

材料经过生产加工成为可供销售的库存商品，而处在生产过程尚未制造完成的产品，称为在产品。每月月末应计算本月完工产品的生产成本，并将其从"生产成本"账户转入"库存商品"账户，以反映本期验收入库的完工产品成本。

计入产品成本的生产费用在生产过程中的用途是不同的，有的直接用于产品生产，如原材料、生产工人的工资；有的间接用于产品生产，如制造费用。为了具体地反映计入产

品成本的生产费用的各种用途和产品成本的构成，还应该进一步划分为若干项目，即产品成本项目。也就是说，计入产品成本的生产费用，还要进一步按成本项目进行归集，计算成本。

通过各项费用的归集与分配，应计入产品成本的各项费用均已记入了各产品"生产成本"账户的借方。但这些费用仅是本月发生的生产成本，对于在以前月份投产的产品，还必须考虑该产品在以前月份已发生的生产成本，即将本期发生的生产成本加上期初在产品成本，才是该产品至本月所发生的全部生产成本，然后再采用适当的方法，将其在本期完工产品和期末在产品间进行分配，从而计算并结转本期完工产品的实际生产成本。

【例 8.37】假设月末 A 产品全部完工、B 产品全部未完工。A 产品本月初在产品 1 000 件，成本 75 000 元，其中，直接材料 48 000 元，直接人工 12 000 元，制造费用 15 000 元，月末全部完工验收入库。B 产品无期初在产品，本月投产 800 件，月末全部尚未完工。

A 产品本月份的生产成本 313 000 元，其中，直接材料 140 000 元，直接人工 65 000 元，制造费用 108 000 元。

根据 A 产品的"生产成本"账户记录，至本月月末共归集了 A 产品的生产成本 388 000 元，其中，直接材料 188 000 元，直接人工 77 000 元，制造费用 123 000 元。由于 A 产品 1 000 件期末全部完工，因此，这 1 000 件 A 产品的总成本为 388 000 元，单位成本为 388 元。A 产品完成了加工过程并验收入库，在计算出实际成本后，应将其从"生产成本"账户的贷方结转到"库存商品"账户的借方，按 A 产品的实际生产成本反映库存商品的增加。

根据 B 产品的"生产成本"账户记录，至本月末共归集了 B 产品的生产成本 159 000 元，其中，直接材料 84 000 元，直接人工 39 000 元，制造费用 36 000 元。由于 B 产品 800 件全部未完工，因此，其"生产成本"账户中归集的为 B 产品期末在产品的成本，保留在 B 产品"生产成本"账户的借方，待下期继续归集 B 产品的生产成本。产品成本明细账是按照成本计算对象设置的，并在明细账中按成本项目设置专栏或专行来归集应计入各种产品的生产费用。
编制会计分录为

借：库存商品——A 产品　　　　388 000
　　贷：生产成本——A 产品　　　　388 000

"生产成本——A 产品"明细分类账户归集的生产成本如表 8.3 所示。

表 8.3　生产成本——A 产品

单位：元

日　期	摘　要	直接材料	直接人工	制造费用	合　计
	期初在产品成本	48 000	12 000	15 000	75 000
	耗用材料	140 000			140 000
	人工费		65 000		65 000
	分配制造费用			108 000	108 000
	全部生产成本	188 000	77 000	123 000	388 000

"生产成本——B产品"明细分类账户归集的生产成本如表8.4所示。

表8.4 生产成本——B产品

单位：元

日　期	摘　　要	直接材料	直接人工	制造费用	合　　计
	耗用材料	84 000			84 000
	人工费		39 000		39 000
	分配制造费用			36 000	36 000
	全部生产成本	84 000	39 000	36 000	159 000

8.4　销售业务的核算

8.4.1　销售业务阶段的主要交易或事项

销售业务阶段是制造业资金运动的第三个阶段，也是生产经营活动的最后一个阶段。在这一阶段中，企业出售产品，按照销售价格和销售数量收取货款，形成销售收入，使产品资金转化为货币资金，从而完成了资金的一次循环。企业的各项支出也从中得到补偿，使再生产得以持续不断地进行。

企业在产品的销售过程中，首先，要确认销售收入的实现。企业通过出售产品或材料取得营业收入，并按销售额和规定的税率向购买方收取增值税销项税额，与客户办理货款的结算，收回货款。其次，要结转产品销售成本。随着产品或材料的销售收入的确认，已销售产品或材料的实际生产成本或采购成本也需计入当期损益，形成营业成本；同时，企业在取得营业收入时，还应按税法的相关规定，计算缴纳相关税费，形成税金及附加。再次，支付为销售产品而发生的销售费用，如送货运杂费、包装费、广告费、展览费等。最后，确定产品销售损益。上述各项交易或事项构成了产品销售过程核算的主要内容。

在实际工作中，销售收入的确认是一个十分重要的内容，它既关系到纳税的时间，又关系到经营成果的计算。确认销售收入一般以产品已经发出、货款已经收到或取得收款凭据为标志。产品销售成本是指已经售出产品的实际成本，它是根据已销产品的数量和实际单位成本计算出来的。销售环节缴纳的税金主要有增值税、城市维护建设税、个别产品还应缴纳消费税。产品销售费用作为期间费用，按月归纳，月终全部转入"本年利润"账户，以确定当期的经营成果。

8.4.2　销售业务核算的账户设置

在销售环节，企业需要设置以下账户。

1. 主营业务收入

"主营业务收入"账户是损益类账户，用以核算企业确认的销售商品等主营业务的收入。

企业销售产品确认的销售收入记入该账户的贷方,销售退回、折让冲销的收入记入该账户的借方。月末,将该账户的余额转入"本年利润"账户,结转后该账户无余额。该账户按销售的产品品种或劳务种类设置明细账户,进行明细核算,如图 8.24 所示。

借方	主营业务收入	贷方
销售退回的收入 期末转入"本年利润"账户的收入		实现产品销售的收入

图 8.24 "主营业务收入"账户

2. 其他业务收入

"其他业务收入"账户是损益类账户,用以核算企业确认的除主营业务活动以外的其他经营活动实现的收入,包括出租固定资产、出租无形资产、出租包装物和商品、销售材料等实现的收入。企业确认的其他业务收入记入该账户的贷方。月末,将该账户的余额转入"本年利润"账户,结转后该账户无余额,如图 8.25 所示。

借方	其他业务收入	贷方
期末转入"本年利润"账户的收入		实现其他经营活动的收入

图 8.25 "其他业务收入"账户

3. 主营业务成本

"主营业务成本"账户是损益类账户,用以核算企业确认销售产品等主营业务收入时应结转的成本。在每个会计期末,企业应根据本期销售各种产品等实际生产成本,计算应计入当期损益的已销售产品实际生产成本,并将其从"库存商品"账户的贷方转入"主营业务成本"账户的借方。然后,再将该账户的余额转入"本年利润"账户,结转后该账户无余额。该账户按销售的产品品种或劳务种类设置明细账户,进行明细核算,如图 8.26 所示。

借方	主营业务成本	贷方
已销售商品或劳务的实际成本		销售退回商品实际成本 期末转入"本年利润"账户的成本

图 8.26 "主营业务成本"账户

4. 其他业务成本

"其他业务成本"账户是损益类账户,用以核算企业确认的除主营业务活动以外的其他经营活动所发生的支出,包括销售材料的成本、出租固定资产的折旧额、出租无形资产的摊销额、出租包装物的成本或摊销额等。企业发生的其他业务成本,记入该账户的借方。期末,应将该账户的余额转入"本年利润"账户,结转后该账户无余额。该账户按其他业务的种类设置明细账户,进行明细核算,如图 8.27 所示。

借方	其他业务成本	贷方
其他业务发生的成本、费用		期末转入"本年利润"账户的支出

图 8.27 "其他业务成本"账户

5. 税金及附加

"税金及附加"账户是损益类账户,用以核算企业经营活动发生的消费税、城市维护建设税、资源税和教育费附加等相关税费。企业按规定计算确定的与经营活动相关的税费,记入该账户的借方。期末,应将该账户的余额转入"本年利润"账户,结转后该账户无余额。该账户按税种及附加项目设置明细账户,进行明细核算,如图 8.28 所示。

借方	税金及附加	贷方
应由主营业务负担的各种税金及附加		转入"本年利润"账户的税金及附加

图 8.28 "税金及附加"账户

6. 应收账款

"应收账款"账户是资产类账户,用以核算企业因销售商品等经营活动应收取的款项。企业发生应收账款时按应收金额,记入该账户的借方;收回应收账款时,记入该账户的贷方。该账户的期末余额在借方,反映企业尚未收回的应收账款。该账户按客户的名称设置明细账户,进行明细核算,如图 8.29 所示。

借方	应收账款	贷方
应收账款的发生额		应收账款的收回额
余额:尚未收回的应收账款		

图 8.29 "应收账款"账户

7. 应收票据

"应收票据"账户是资产类账户,用以核算企业因销售商品等收到的商业汇票,包括银行承兑汇票和商业承兑汇票。企业因销售商品收到商业汇票时,按其票面金额,记入该账户的借方;商业汇票到期,按其票面金额记入该账户的贷方。该账户的期末余额在借方,反映企业持有的商业汇票的票面金额。该账户按客户的名称设置明细账户,进行明细核算,如图 8.30 所示。

借方	应收票据	贷方
收到的商业汇票		到期收回货款或转销的商业汇票
余额:尚未收回的应收票据额		

图 8.30 "应收票据"账户

8. 销售费用

"销售费用"账户是损益类账户,用来核算企业销售商品过程中发生的各项费用的账户,包括应由销售方负担的运输费、装卸费、包装费、保险费、商品展览费、推销费、广告费以及专设销售机构的职工工资、福利费、业务费等经常费用。期末，应将本账户的余额转入"本年利润"账户，结转后该账户无余额。该账户按销售费用项目设置明细账户，进行明细核算，如图 8.31 所示。

借方	销售费用	贷方
销售费用的发生额		转入"本年利润"账户的费用数额

图 8.31 "销售费用"账户

9. 预收账款

"预收账款"账户是负债类账户，用来核算企业按照合同规定向客户收取预收货款的账户。对预收账款不多的企业，可以不设置该账户，而将预收账款在"应收账款"账户进行核算。企业收到预收货款时，记入该账户的贷方；实现销售清偿的货款和退回多收的货款，记入该账户的借方；其余额如果在借方，表示应补付的货款；其余额如果在贷方，则为尚未偿付的预收账款，此账户按客户的名称设置明细账户，进行明细核算，如图 8.32 所示。

借方	预收账款	贷方
实现销售清偿的货款 退回多收的货款		收到的预收货款
余额：应补付的货款		余额：尚未偿付的预收货款

图 8.32 "预收账款"账户

8.4.3 销售业务的会计处理

【例 8.38】本月销售给东方公司 A 产品 400 件，开具的增值税专用发票上注明售价为 200 000 元，增值税税额为 26 000 元，收到东方公司开具的银行承兑汇票一张。

此项经济业务，一方面使企业收到了一张银行承兑汇票，应按其票面金额即销售产品的价税合计额记入"应收票据"账户的借方；另一方面企业通过销售产品取得的收入属于主营业务收入，应按增值税专用发票上的销售价格记入"主营业务收入"账户的贷方，应向购货方收取的增值税销项税额，记入"应交税费——应交增值税"账户的贷方。编制会计分录为

借：应收票据　　　　　　　　　　　　　226 000
　　贷：主营业务收入——A 产品　　　　　200 000
　　　　应交税费——应交增值税（销项税额）　26 000

【例 8.39】本月销售给华联公司 A 产品 200 件，开具的增值税专用发票上注明售价为 100 000 元，增值税额为 13 000 元，代垫运杂费 3 000 元，已办妥托收手续。

此项经济业务，一方面使企业的应收账款增加了，应按其托收金额即销售产品的价税合计和运费额记入"应收账款"账户的借方；另一方面企业通过销售产品取得的收入属于主营业务收入，应按增值税专用发票上的销售价格记入"主营业务收入"账户的贷方，应向购货

方收取的增值税销项税额,记入"应交税费——应交增值税"账户的贷方。支付的代垫运杂费使银行存款减少,应记入"银行存款"账户的贷方。编制会计分录为

  借:应收账款   116 000
   贷:主营业务收入——A产品   100 000
     应交税费——应交增值税(销项税额) 13 000
     银行存款   3 000

【例8.40】以银行存款支付本月销售产品的展览费5 000元。

  此项经济业务,一方面使企业的销售费用增加,应计入"销售费用"账户的借方;另一方面使企业的银行存款减少,应记入"银行存款"账户的贷方。编制会计分录为

  借:销售费用   5 000
   贷:银行存款   5 000

【例8.41】企业销售乙材料100千克,开具的增值税专用发票上注明售价为2 000元,增值税税额为260元,款项已收存银行。

  此项经济业务,一方面,企业收到销售价款及增值税销项税额,使银行存款增加,应记入"银行存款"账户的借方;另一方面,企业销售材料取得的收入属于其他业务收入,应按增值税专用发票上的售价记入"其他业务收入"账户的贷方,向购货方收取的增值税销项税额,记入"应交税费——应交增值税"账户的贷方。编制会计分录为

  借:银行存款   2 260
   贷:其他业务收入——A产品   2 000
     应交税费——应交增值税(销项税额) 260

【例8.42】月末,结转本月销售乙材料的采购成本1 500元。

  此项经济业务,一方面使企业已销售乙材料的实际采购成本增加,应记入"其他业务成本"账户的借方;另一方面使企业库存乙材料减少,应记入"原材料"账户的贷方。编制会计分录为

  借:其他业务成本   1 500
   贷:原材料——乙材料   1 500

【例8.43】收到易得公司购买A产品的预付货款60 000元,已存入银行。

  此项经济业务,一方面使企业的银行存款增加,应记入"银行存款"账户的借方;另一方面使企业的预收账款增加,应记入"预收账款"账户的贷方。编制会计分录为

  借:银行存款   60 000
   贷:预收账款——易得公司   60 000

【例8.44】向易得公司销售A产品100件,开具的增值税专用发票上注明售价为50 000元,增值税税额为6 500元。款项已预付60 000元,余款以银行存款退回。

  此项经济业务,一方面使企业的预收账款减少,应记入"预收账款"账户的借方。另一方面使企业的主营业务收入增加,应记入"主营业务收入"账户贷方;同时使企业的应交税费——应交增值税(销项税额)增加,应记入"应交税费——应交增值税(销项税额)"账户的贷方;余款以银行存款退回,使企业的银行存款减少,应记入"银行存款"账户的贷方。编制会计分录为

借：预收账款——易得公司　　　　　　　　　　　　60 000
　　贷：主营业务收入——A 产品　　　　　　　　　　50 000
　　　　应交税费——应交增值税（销项税额）　　　　 6 500
　　　　银行存款　　　　　　　　　　　　　　　　 3 500

【例 8.45】月末，结转本月 A 产品的销售成本 271 600 元。

此项经济业务，一方面使企业已销售 A 产品的成本增加，应记入"主营业务成本"账户的借方；另一方面使企业库存 A 产品减少，应记入"库存商品"账户的贷方。编制会计分录为

借：主营业务成本　　　　　　　　　　　　　　　 271 600
　　贷：库存商品——A 产品　　　　　　　　　　　 271 600

【例 8.46】计算本月企业应缴的城市维护建设税 119 元，教育费附加 51 元。

城市维护建设税和教育费附加是以企业缴纳的增值税、消费税税额为依据所征收的附加税费，分别用于城市的公用事业和公共设施的维护建设及教育支出。本企业适用的城市维护建设税税率及教育费附加的征收比率分别为 7%和 3%。根据前面的账户记录计算的"应交税费——应交增值税"账户的余额如图 8.33 所示。

借方				应交税费——应交增值税				贷方
	（12）	37 400	（进）	28 600	（38）	34 000	（销）	26 000
	（15）	5 440	（进）	4 160	（39）	17 000	（销）	13 000
	（17）	15 300	（进）	11 700	（41）	340	（销）	260
					（44）	8 500	（销）	6 500
					期末余额：1 300			

图 8.33 "应交税费——应交增值税"账户

此项经济业务，一方面使企业税金及附加增加，应记入"税金及附加"账户的借方；另一方面使企业的应交税费这项负债也增加，应记入"应交税费——应交城市维护建设税"和"应交税费——应交教育费附加"账户的贷方。编制会计分录为

应交城建税=1 300×7%=91（元）
应交教育费附加=1 700×3%=39（元）
借：税金及附加　　　　　　　　　　　　　　　　　 130
　　贷：应交税费——应交城市维护建设税　　　　　　 91
　　　　　　　　——应交教育费附加　　　　　　　　 39

本章涉及的经济业务总分类账户登记如图 8.34 所示。

借方		库存现金		贷方
（32）	500		（10）	100
			（25）	2 000

图 8.34 总分类账户登记

借方		银行存款			贷方
(2)	3 000 000		(6)	61 000	
(4)	60 000		(8)	58 500	
(5)	200 000		(9)	46 800	
(41)	2 340		(13)	257 400	
(43)	60 000		(14)	4 800	
			(16)	50 000	
			(17)	56 300	
			(21)	120 000	
			(23)	19 200	
			(27)	2 000	
			(28)	1 200	
			(29)	5 000	
			(31)	20 000	
			(33)	1 200	
			(35)	1 800	
			(39)	3 000	
			(40)	5 000	
			(44)	1 500	

借方		应收账款			贷方
(39)	120 000				

借方		应收票据			贷方
(38)	234 000				

借方		预付账款			贷方
(16)	50 000		(17)	50 000	

借方		其他应收款			贷方
(29)	5 000		(32)	5 000	

借方		材料采购			贷方
(12)	220 000		(18)	348 200	
(14)	4 800				
(15)	32 400				
(17)	91 000				

图 8.34 总分类账户登记（续）

借方		库存商品			贷方
(37)	388 000		(45)	271 600	

借方		原材料			贷方
(18)	348 200		(10)	300	
			(19)	324 500	
			(42)	1 500	

借方		长期待摊费用			贷方
(28)	1 200		(34)	400	

借方		固定资产			贷方
(1)	50 000				
(8)	58 500				
(11)	47 200				

借方		累计折旧			贷方
			(26)	4 500	

借方		在建工程			贷方
(9)	46 800		(11)	47 200	
(10)	400				

借方		无形资产			贷方
(3)	100 000				
(7)	120 000				

借方		短期借款			贷方
(6)	60 000		(4)	60 000	

借方		应付票据			贷方
			(15)	37 840	

借方		应付账款			贷方
(13)	257 400		(12)	257 400	

借方		预收账款			贷方
(44)	60 000		(43)	60 000	

图 8.34 总分类账户登记（续）

借方		应付利息		贷方
(35)	1 200	(30)	600	

借方		应付职工薪酬		贷方
(21)	120 000	(20)	120 000	
(23)	19 200	(22)	19 200	
(25)	2 000	(24)	16 800	

借方		应交税费		贷方
		(38)	26 000	
(12)	28 600	(39)	13 000	
(15)	4 160	(41)	260	
(17)	11 700	(44)	6 500	
		(46)	130	

借方		长期借款		贷方
		(5)	200 000	

借方		资本公积		贷方
		(2)	1 000 000	

借方		实收资本		贷方
		(1)	50 000	
		(2)	2 000 000	
		(3)	100 000	
		(7)	120 000	

借方		生产成本		贷方
(19)	224 000	(38)	388 000	
(20)	80 000			
(22)	12 800			
(24)	11 200			
(36)	144 000			

借方		制造费用		贷方
(19)	99 000	(36)	144 000	
(20)	20 000			
(22)	3 200			
(24)	2 800			
(26)	3 500			
(31)	15 000			
(33)	500			

图 8.34 总分类账户登记（续）

借方		主营业务收入		贷方
		（38）	200 000	
		（39）	100 000	
		（44）	50 000	

借方		其他业务收入		贷方
		（41）	2 000	

借方		主营业务成本		贷方
（45）	271 600			

借方		其他业务成本		贷方
（42）	1 500			

借方		税金及附加		贷方
（46）	170			

借方		管理费用		贷方
（19）	1 500			
（20）	12 000			
（22）	1 920			
（24）	1 680			
（26）	1 000			
（27）	2 000			
（31）	5 000			
（32）	4 500			
（33）	700			
（34）	400			

借方		销售费用		贷方
（20）	8 000			
（22）	1 280			
（24）	1 120			
（40）	5 000			

借方		财务费用		贷方
（6）	1 000			
（30）	600			
（35）	600			

图 8.34　总分类账户登记（续）

本章小结

一般来说,企业的主要经济活动包括筹资活动、投资活动和经营活动。制造业企业的经营过程由供应、生产和销售三个过程构成,制造业的主要经济业务大部分都发生在这三个过程中。

企业筹集资金的渠道主要有两个:一个是投资者投入的,另一个是向债权人借入的,需设置"实收资本""资本公积""短期借款""长期借款"等账户进行会计核算。

供应过程是制造业企业生产经营过程的第一个阶段,其主要经济业务是购买材料、材料入库以及材料采购成本的计算,需设置"材料采购""原材料""银行存款""应交税费——应交增值税(进项税额)""应付账款"等账户进行会计核算。

生产过程是制造业企业生产经营过程的第二个阶段,其主要经济业务是生产费用的归集和分配以及产品生产成本的计算。在生产过程中,发生的各种耗费有直接材料、直接人工和制造费用,这三项耗费构成了生产费用的主要内容,需设置"生产成本""制造费用""管理费用""应付职工薪酬"等账户进行会计核算。

销售过程是制造业企业生产经营过程的最后一个阶段,其主要经济业务是销售产品取得销售收入,结转产品销售成本,同时还会发生销售费用等,需设置"主营业务收入""主营业务成本""销售费用""税金及附加""应交税费——应交增值税(销项税额)""应收账款"等账户进行会计核算。

思考与实践 8

一、思考题

1. 制造业日常有哪些主要经济业务?
2. 企业资金筹集的渠道有哪些?核算时应设置哪些账户?
3. 企业设备购置应怎样核算?
4. 材料采购成本包括哪些内容,应怎样核算?
5. 应付职工薪酬包括哪些内容?
6. 什么是增值税?增值税应怎样核算?
7. 产品销售核算包括哪些内容?
8. 简述成本项目及其构成的内容。
9. 产品生产成本明细账应怎样设置和使用?
10. 生产过程应设置哪些专门账户?如何应用?

二、知识与能力拓展

1. 试归纳一下制造业企业的日常会计核算业务的内容。
2. 试比较百货业企业与制造业企业日常会计核算业务的内容有何差别。

三、实务题

实务一

目的：练习资金筹集的核算。

资料：南方公司 2021 年 4 月份发生下列经济业务：

（1）接受南华公司以某项商标权 600 000 元作为投资，经专家评估作价为 100 000 元。

（2）收到投资人投入的货币资金 200 000 元，存入银行。

（3）收到投资人投入的全新机器设备评估作价 300 000 元。

（4）向银行借入短期借款 200 000 元，年利率为 6%，期限为 3 个月。

（5）向银行借入长期借款 4 000 000 元，用于建造新厂房。

（6）以银行存款偿还已到期的短期借款本金 400 000 元，利息 36 000 元。

（7）收到到期的商业汇票款 234 000 元。

要求：根据上述经济业务编制会计分录。

实务二

目的：练习供应过程的核算。

资料：南方公司 2021 年 5 月发生下列经济业务：

（1）向美林公司购入甲材料一批，价款 200 000 元，增值税进项税额 26 000 元，对方代垫运杂费 2 600 元，材料已经验收入库，货款、税款及运费用银行存款支付。

（2）向利达公司购买乙材料 5 000 千克，增值税专用发票上注明的单价 10 元，价款 50 000 元，增值税税额 6 500 元，利达公司代垫了 600 元运费，材料已经验收入库，货款尚未支付。

（3）以银行存款归还利达公司乙材料的货款。

（4）以银行存款向宏远公司预付甲材料购料款 300 000 元。

（5）企业购入甲材料 300 000 元，对方代垫运杂费 4 000 元，增值税税额 39 000 元，除已预付的货款外，其余的款项签发一张 3 个月到期的商业承兑汇票结算，材料已验收入库。

（6）以银行存款购入无须安装的机器设备一台，取得的增值税专用发票中注明价款 400 000 元，增值税税额 52 000 元。

（7）企业购入丙材料 600 千克，每千克 100 元；购入丁材料 200 千克，每千克 50 元，运费共计 2 400 元，增值税税额为 9 100 元，货款及运费尚未支付。材料点验无误，当即验收入库（运杂费按重量分配）。

要求：根据上述经济业务编制会计分录，并登记"材料采购"总分类账户。

实务三

目的：练习生产过程的核算。

资料：东方工厂 2020 年 6 月发生下列经济业务：

（1）本月发出甲材料 615 000 元，其用途如下：

A 产品耗用　　　400 000
B 产品耗用　　　150 000
车间一般耗用　　 60 000
公司管理部门耗用　5 000
合　计：　　　　615 000

(2) 结算本月职工工资 80 000 元，其中，A 产品生产人员工资 40 000 元，B 产品生产人员工资 20 000 元，车间管理人员工资 10 000 元，销售人员工资 5 000 元，行政管理人员工资 5 000 元。

(3) 按本月工资总额的 9%和 7%比例分别计提职工养老保险费和医疗保险费。

(4) 以银行存款支付水电费 40 000 元，其中，车间用 27 000 元，销售部门用 5 000 元，行政管理部门用 8 000 元。

(5) 采购员刘洪出差预借差旅费 5 000 元。

(6) 以银行存款支付车间设备修理费 2 600 元，管理部门用设备修理费 1 400 元。

(7) 计提本月固定资产折旧费 9 600 元，其中，车间固定资产折旧费 6 200 元，销售部门固定资产折旧 1 400 元，管理部门固定资产折旧 2 000 元。

(8) 以银行存款支付本月电话费 7 000 元，网络使用费 3 000 元。

(9) 以银行存款支付销售产品过程中发生的运输费 600 元，以现金支付包装费 100 元。

(10) 采购员刘洪出差回来报销差旅费 4 500 元，交回现金 500 元。

(11) 以银行存款支付产品广告费 2 000 元。

(12) 摊销本期应由行政管理部门负担的报刊费 500 元。

(13) 以 A、B 产品的生产工人的工资为标准分配并结转本月发生的制造费用。

(14) 本月投产的 A 产品全部完工，B 产品全部未完工。计算并结转 A 产品的实际生产成本。

要求：根据上述经济业务编制会计分录。

实务四

目的：练习销售过程的核算。

资料：东方工厂 2021 年 7 月发生下列经济业务：

(1) 销售给甲单位 A 产品 300 件，开具增值税专用发票上的单价 200 元，价款 60 000 元，增值税税额 7 800 元，收到甲单位签发的商业汇票一张。

(2) 销售给乙公司 B 产品 200 件，开具增值税专用发票上的单价 80 元，价款 16 000 元，增值税税额 2 080 元，以银行存款支付代垫运费 2 500 元，款项尚未收到。

(3) 用银行存款支付销售部门办公费 2 000 元。

(4) 向丙单位销售原材料一批，开出的增值税专用发票中注明价款 4 000 元，增值税税额 520 元，款项已存入银行。

(5) 收到乙公司归还的购买 B 产品的货款，存入银行。

(6) 预收海天公司的购货款 100 000 元，存入银行。

(7) 结转本月销售原材料的账面实际成本 3 000 元。

(8) 以银行存款支付本月广告费 8 000 元。

(9) 向海天公司销售 A 产品 400 件，每件 200 元，代垫运杂费 1 400 元，增值税税额 10 400 元，余款用银行存款退回。

(10) 结转本月销售 A 产品、B 产品的销售成本。A 产品单位成本 150 元，B 产品单位成本 50 元。

(11) 分别按 7%和 3%的比例计提本月城建税和教育费附加。本月"应交税费——应交增值税（进项税额）"为 4 200 元。

要求：根据上述经济业务编制会计分录。

实务五

目的：练习制造业主要经营过程的核算。

资料：东方公司2021年12月发生下列经济业务：

（1）1日，购入甲材料一批，货款300 000元，增值税税额39 000元，运输费2 000元，账款暂欠。

（2）3日，收到万达公司预付的材料款100 000元。

（3）4日，以银行存款支付生产车间日常的固定资产维修费16 000元。

（4）5日，向伟业公司购入乙材料，货款400 000元，增值税税额52 000元，款项用银行存款支付，材料已验收入库。

（5）8日，收回M公司所欠的货款200 000元，存入银行。

（6）10日，本月领用甲材料250 000元，其中，生产A产品领用150 000元，生产B产品领用80 000元，车间一般耗用12 000元，销售部门领用5 000元，管理部门领用3 000元。

（7）12日，计提本月职工工资共计134 000元，其中，生产A产品的工人工资60 000元，生产B产品的工人工资50 000元，车间管理人员工资12 000元，行政管理人员工资8 000元，销售人员工资4 000元。

（8）15日，收到出租固定资产的租金25 000元，存入银行。

（9）16日，商业汇票到期，收回票面金额150 000元，存入银行。

（10）17日，偿还到期的短期借款100 000元。

（11）18日，收到万达公司投入的汽车一辆，价值130 000元。

（12）20日，处理甲材料一批，成本价1 600元，售价2 000元，增值税税额260元，款项已收存银行。

（13）21日，摊销本月应负担的报刊杂志费600元，其中，生产车间负担200元，企业行政管理部门负担400元。

（14）22日，以银行存款80 000元预付乙材料款。

（15）24日，计提本月的固定资产折旧80 000元，生产部门的固定资产折旧60 000元，管理部门的固定资产折旧20 000元。

（16）24日，销售产品给万和公司，其中，A产品货款200 000元，B产品货款300 000元，增值税税额65 000元，以银行存款代垫运费2 000元，款项尚未收回。

（17）25日，向银行借入期限为3个月的借款200 000元，存入银行。

（18）26日，用银行存款归还本月1日购买甲材料的欠款。

（19）27日，以银行存款上交上月的税费21 000元。

（20）28日，分配结转本月制造费用（以生产工人工资为标准分配）。

（21）31日，结转本月完工产品生产成本，其中，A产品220 000元，B产品120 000元。

（22）31日，结转本月销售产品成本，其中，A产品120 000元，B产品180 000元。

要求：

1．根据上述经济业务编制会计分录。

2．登记各账户的总分类账以及A产品和B产品的明细分类账。

实务六

目的：练习制造业主要经营过程的核算。

资料：维达公司2021年12月发生下列经济业务：

（1）1日，采购员王阳出差预借差旅费4 000元，以库存现金支付。

(2) 3 日，向阳光电子厂购入甲材料 400 千克，单价 100 元，价款 40 000 元，增值税税额 5 200 元，乙材料 1 000 千克，单价 20 元，价款 20 000 元，增值税税额 2 600 元，取得增值税专用发票，材料已验收入库，货款尚未支付。

(3) 4 日，以银行存款支付前欠科华公司账款 46 800 元。

(4) 6 日，接受 M 公司投入一项专利权，协商作价 200 000 元。

(5) 8 日，购入无须安装的机器设备一台，取得增值税专用发票上价款 300 000 元，增值税税额 39 000 元，款项以银行存款支付。

(6) 9 日，以银行存款支付购买甲、乙材料的运杂费 2 000 元，材料已验收入库。

(7) 10 日，采购员王阳报销差旅费 3 500 元，余款 500 元交回现金。

(8) 11 日，本月共领用材料 45 000 元，其中：生产 A 产品领用甲材料 4 500 元，乙材料 20 000 元；生产 B 产品领用甲材料 6 000 元，乙材料 8 000 元；车间一般耗用乙材料 3 000 元；行政管理部门耗用甲材料 2 000元；销售部门耗用甲材料 1 500 元。

(9) 15 日，计提本月固定资产折旧 14 000 元，其中，生产车间固定资产折旧 8 000 元，行政管理部门固定资产折旧 4 000 元，销售部门固定资产折旧 2 000 元。

(10) 16 日，结算本月职工工资 100 000 元，其中，A 产品生产工人工资 22 000 元，B 产品生产工人工资 28 000 元，车间技术及管理人员工资 20 000 元，销售人员工资 13 000 元，行政管理人员工资 17 000 元。

(11) 18 日，以库存现金支付行政管理部门的办公用品费用 800 元。

(12) 20 日，委托银行发放工资 100 000 元。

(13) 21 日，销售 A 产品 800 件给海天公司，单价 500 元，开具增值税专用发票，价款 400 000 元，增值税税额 68 000 元，货款尚未收到。

(14) 22 日，摊销本月水电费 2 800 元，其中，车间负担 2 200 元，行政管理部门负担 600 元。

(15) 23 日，按职工工资总额的 9%和 7%比例分别计提职工养老保险及医疗保险费。

(16) 24 日，以银行存款缴纳税费 6 600 元，其中，增值税 4 000 元，消费税 2 000 元，城建税 420 元，教育费附加 180 元。

(17) 25 日，向银行借入 3 年期长期借款 300 000 元，利率 7.5%，按年付息，到期还本。

(18) 26 日，销售甲材料，开具增值税专用发票，价款 1 000 元，增值税税额 130 元，款项存入银行。

(19) 28 日，按 A、B 两种产品的机器工时比例分配并结转本月制造费用。已知 A 产品的机器工时为 2 000 工时，B 产品的机器工时为 3 000 工时。以银行存款支付前欠长安电子厂账款 5 8500 元。

(20) 29 日，以银行存款支付本月产品展览费 7 000 元。

(21) 29 日，以现金支付生产车间机器设备修理费 300 元。

(22) 30 日，本月 A 产品全部完工入库，计算并结转其实际生产成本。

(23) 31 日，结转本月销售 A 产品的实际生产成本。成本价 300 元/件。

要求：

1. 根据上述经济业务编制会计分录。
2. 开设"T"形账户，登记各账户的总分类账以及 A 产品和 B 产品的明细分类账。

第9章

期末业务处理

【知识目标】
1. 了解期末需要处理的业务或事项
2. 了解财产清查的意义、种类和程序
3. 理解权责发生制下账项调整的原理
4. 理解试算平衡原理的重要性
5. 理解结账与财务成果计算之间的关系
6. 掌握对账的内容及错账更正的原则

【能力目标】
1. 正确选择财产清查的方法及账务处理的程序和方法
2. 正确应用余额调节表调整未达账项
3. 正确编制试算平衡表
4. 正确、完整地处理期末各项业务，并进行账项调整
5. 正确选择错账的更正方法更正错账
6. 正确计算财务成果并结账
7. 正确编制资产负债表
8. 正确编制利润表

案例导入

1. 小华在某单位的银行出纳岗位实习，在月末时，发现银行存款日记账的余额为5 680 000元，而开户银行发来的银行对账单的余额却为5 260 000元，小华发现两者的差额非常大，为此，小华非常紧张，暗自怀疑是自己负责登记的银行存款日记账出现了问题。你能帮她查找原因吗？

2. 一晃小华在单位实习一个月了，到月末时，师傅问小华，一般情况下，到月末时，作为会计应该有哪些工作要做，小华听后感觉很茫然。你能从会计循环的角度帮她解释一下吗？

3. 小华在公司实习，负责审核记账凭证业务，在审核一笔业务时发现该笔业务的会计科目使用发生了错误，但该笔业务已经入账了，于是小华就告诉会计再做一笔正确的记账凭证，据此再登记一次账簿。下班前，小华向师傅汇报了自己的处理情况，师傅听后，告诉小华回去好好学习一下《会计基础工作规范》，明天再向她解释，小华听后心想自己工作很认真啊，能够发现问题，也进行了及时处理，还会有什么问题呢？你能告诉小华她的处理是否出现了问题吗？

9.1 财产清查

9.1.1 财产清查的含义、意义和种类

1. 财产清查的含义

财产清查是指通过对企业的实物、现金、有价证券的实地盘点和对银行存款、往来款项的核对，以确定各项财产物资、货币资金以及往来款项的实有数与账面数是否相符的一种方法。财产清查不仅是会计核算的一种专门方法，也是财产管理的一项重要制度。

各单位日常发生的各项经济业务，都需要通过填制和审核会计凭证、登记账簿、试算平衡等一系列严密的会计处理方法，以保证账簿记录正确地反映各项财产的增减变化情况。从理论上说，会计账簿上所记录的财产的增减和结存情况，应该与实际的财产的收发和结存相符。但在实际工作中，由于许多主观和客观原因致使各项财产的账面数与实际结存数发生差异，造成账实不符。主要表现在以下几方面。

（1）自然损耗造成的短缺或溢余。在财产物资的收、发和保管过程中发生自然损益而产生数量或质量上的变化，造成账实不符。

（2）管理不善造成的损失。由于企业各种管理制度不健全，或工作人员疏忽发生错收、错付等情况，造成账实不符。

（3）计量和检验的差错。财产物资在收发或检验过程中，因计量或检验不准确造成多收多付或少收少付等情况，造成账实不符。

（4）因不可抗力造成损失。财产物资在保管过程中因发生水灾、火灾等自然灾害，造成的账实不符。

（5）由于不法分子贪污、盗窃和营私舞弊等使得财产损失，造成账实不符。

（6）在结算过程中，由于未达账项而造成账实不符。

通过上述内容可以看出，造成账实不符既有主观的原因，又有客观原因。因此，就需要通过财产清查发现账实不符的情况，采取有效措施，保证会计资料的真实正确。

2. 财产清查的意义

运用财产清查手段，对各种财产物资进行定期或不定期的盘点或核对。在会计实务中，财产清查是企业期末的重要业务之一，具有十分重要的意义，主要表现在以下几方面。

（1）保证会计核算资料的真实性。通过财产清查，可以查明各项财产的实存数，将实存数与账存数进行对比，寻找差异，确定盘盈、盘亏并及时调整账簿记录，做到账实相符，保证会计核算资料的真实可靠。

（2）挖掘财产潜力，提高资金使用效率。通过财产清查，可以查明各项财产物资的储备和利用情况，对储备不足的，予以补充；对超储积压的，及时处理，防止盲目采购和不合理的积压，充分挖掘财产的潜力，加速资金周转，提高资金使用效率。

（3）完善企业财产物资内部控制制度。通过财产清查，可以查明是否存在被非法挪用、贪污、盗窃等人为原因造成的财产物资损失浪费、霉烂变质等现象，能够帮助管理者判断内部控制制度设计是否完善、执行是否有效，最终有助于企业内部控制制度的检查与完善。

（4）保证财产物资的安全与完整。通过财产清查，建立、健全财产保管制度，促使经办人员遵守结算纪律和国家财政、信贷的有关规定，及时结清往来款项，避免发生坏账损失，保证财产物资的安全与完整。

3. 财产清查的种类

（1）按照财产清查的范围不同，可将财产清查分为全面清查和局部清查。

① 全面清查。全面清查是指对企业的全部财产进行盘点和核对。对工业企业而言，全面清查的对象一般包括：货币资金、存货、固定资产、债权债务、对外投资、委托加工物资、往来款项等。全面清查的范围广、时间长、工作量大，参加的人员多，所以通常在年终结算、企业撤销、合并或改变隶属关系、清产核资以及单位领导人调离工作岗位等情况下才进行全面清查。

② 局部清查。局部清查是根据需要对企业的一部分财产进行的清查。局部清查的范围小，专业性较强，对象主要是流动性较大又易于损坏的物资，一般包括：对库存现金每日盘点一次；对银行存款至少每月与银行核对一次；对原材料、在产品和产成品除年度清查外，应有计划地每月重点抽查，尤其对贵重的财产物资每月至少应清查盘点一次；对债权债务，年度内至少核对一次。

（2）按照财产清查时间不同，可将财产清查分为定期清查和不定期清查。

① 定期清查。定期清查是根据预先安排的时间对财产进行的清查。这种清查的对象不固定，可以是全面清查，也可以是局部清查。其清查的目的在于保证会计核算资料的真实准确。一般是在年末、季末或月末结账时进行。

② 不定期清查，也称临时清查，是指根据临时需要所进行的清查。一般是在更换财产物资保管员或现金出纳员，企业撤销或合并，企业发生财产损失，有关单位对本单位进行审计查账等情况下进行。不定期清查可以是全面清查，也可以是局部清查。

（3）按照执行单位不同，可将财产清查分为内部清查和外部清查。

① 内部清查，也称自查，是本单位的有关人员组成清查工作组对本单位的财产进行的清查。

② 外部清查，是由企业外部的有关人员根据国家法律或制度对企业进行的财产清查。

（4）按财产物资的盘存制度不同，可将财产清查分为永续盘存制和实地盘存制。

① 永续盘存制。永续盘存制也称账面盘存制，是指平时各项财产物资的增减变化都必须根据有关会计凭证一一记入账簿，并随时结出账面结存数的一种盘存制度。具体做法：财产物资明细账按品名、规格设置，财产物资收入时，根据会计凭证将收入的数量和金额登记在有关明细账的收入栏；发出财产物资时，根据会计凭证将发出的数量和金额登记在有关明细账的发出栏，并及时结出该项财产物资在明细账上结存的数量和金额。其计算公式为

$$账面期末结存数=账面期初结存数+本期增加数-本期减少数$$

永续盘存制，对财产物资的增减变化进行逐日、逐笔的登记，可以随时反映出各种存货的收、发、结存情况，并能进行数量和金额上的双重控制，手续比较严密，对加强财产物资的管

理起着重要作用。不足之处就是工作量较大，但永续盘存制在控制和保护财产物资安全完整以及保证成本计算的准确性等方面具有明显优越性，因此，在实际工作中被多数企业采用。

② 实地盘存制。实地盘存制又称"以存计耗"或"以存计销"制，是指平时只在账簿中登记财产物资的增加数，不登记减少数，到月末结账时，再根据实地盘点的实存数来倒挤本月的减少数，并据以登记入账的一种盘存制度，其计算公式为

$$本期减少数=账面期初结存数+本期增加数-期末实际结存数$$

实地盘存制，平时对发出、销售和结存的数量和金额不做记录，因而核算工作较简单，工作量较小，但手续不够严密，不能通过账簿随时掌握财产物资的增减变化，期末以实存数作为账存数，倒挤发出数量的方法，容易将财产物资在保管中的非正常损耗（如盗窃、差错、事故等）隐藏在正常的耗用中，这样既不利于管理，又影响成本计算的正确性。因此，实地盘存制是一种不完善的物资管理办法，只适用于发生频繁、价值较低的财产物资。

在不同的盘存制度下，财产物资的账簿记录方法和清查盘点的目的是不同的。

9.1.2 财产清查的程序和方法

1. 财产清查的程序

财产清查是一项涉及范围广、人员多、操作时间长的工作，必须有计划、有组织、有步骤地进行。其一般程序有以下几个方面。

（1）组织准备。为了保证财产清查能够有效地进行，保证财产清查的工作质量，在进行财产清查时应成立专门的领导小组，即在主管厂长和总会计师的领导下，成立由财会部门牵头，由设备、技术、生产、行政等有关部门组成的财产清查领导小组。该领导小组的主要任务是：制定清查工作计划，明确清查范围，拟定财产清查工作的详细步骤，确定参加清查的具体人员；掌握工作进度，检查和督促财产清查工作，及时解决清查工作中出现的问题；在财产工作结束后，写出财产清查工作的总结性书面报告，并提出财产清查结构的处理意见。

（2）业务准备。业务准备是做好财产清查工作的前提条件，各有关部门务必引起重视，做好以下准备工作。

① 账簿准备。会计部门应在财产清查之前将所有经济业务登记入账并结出余额，做到账证相符、账账相符，为财产清查提供可靠的依据。

② 实物准备。财产物资保管部门要在财产清查前将各项财产物资的出入办好凭证手续，全部登记入账，结出各科目余额。同时将各种财产物资排列整齐，挂上标签，标明品种、规格和结存数量，以便进行实物盘点。

③ 工具准备。财产清查小组的工作人员应准备好各种计量器具和有关清查登记用的表册，如盘存表、账存实存对比表、未达账项登记表等。银行存款和结算款项的清查，还应取得对账单。

2．财产清查的方法

（1）清查方法。各种不同的财产物资形态各异，因而对它们所采用的清查方法也不同，常用的清查方法有以下几种。

① 实地盘点法。实地盘点法是指对所需清查的实物通过实地点数、量尺、过磅等方法来确定其数量的方法。一般适用于机器设备、原材料、产成品和库存商品等的清查。

② 技术推算法。技术推算法是指利用技术方法对财产的实存数进行推算的一种方法，适用于数量多、体积大或难以逐一清点的实物。如散装的、大量成堆的化肥、饲料等的清查。

③ 查询法。查询法是指根据账簿记录，采取当面查对或函调方式查对，以确定财产实有数的一种方法，主要适用于委托加工、出租出借以及应收项目的清查。

④ 账单核对法。账单核对法是指把本单位的账簿记录与对方的账证进行核对，并据以确定财产实有数的一种方法，主要适用于银行存款和应收项目的清查。

（2）财产清查方法的应用。

① 库存现金的清查。库存现金清查的基本方法是实地盘点法，是通过对库存现金盘点的实有数与现金日记账的余额进行核对，以查明账实是否相符。具体可分为以下两种情况。

第一种情况是在日常工作中，现金出纳员每日清点库存现金实有数额，并及时与现金日记账的余额进行核对，这种清查方法实际上是现金出纳员的分内职责。

第二种情况是由专门的清查人员进行的清查工作，为了明确经济责任，清查时出纳人员必须在场。清查人员要认真审核收付凭证和账簿记录，检查经济业务的合理性和合法性。此外，清查人员还应检查企业是否以"白条"或"借据"抵充库存现金。

现金盘点结束后，应根据盘点的结果，填制"库存现金盘点报告表"。它是重要的原始凭证，填制完毕后，应由盘点人员和出纳员共同签章方能生效。其格式如表9.1所示。

表9.1　库存现金盘点报告表

单位名称：　　　　　　　　　　　年　月　日　　　　　　　　　　　　　　单位：

实存金额	账存金额	实存与账存对比		备注
		盘 盈	盘 亏	

盘点人：（签章）　　　　　　　　　　　　　　　出纳员：（签章）

② 银行存款的清查。银行存款的清查采用的是银行存款日记账与开户银行的"对账单"相核对的方法。核对前，先将清查日止所有银行存款的收、付业务登记入账，对发生的错账、漏账应及时查清更正，然后再与银行的对账单逐笔核对，若二者余额相符，则说明无错误，若二者不符，则可能存在着未达账项。

所谓未达账项是指在银行和企业之间，由于凭证的传递时间不同，导致双方记账时间不一致，使得一方已接到有关结算凭证并登记入账，另一方却由于尚未接到有关结算凭证而未入账的款项。企业与银行之间的未达账项大致有以下四种情况。

第一种情况：企业已收款入账而银行尚未入账的款项；

第二种情况：企业已付款入账而银行尚未入账的款项；

第三种情况：银行已收款入账而企业尚未入账的款项；

第四种情况：银行已付款入账而企业尚未入账的款项。

上述任何一种未达账项的存在，都会使银行存款日记账的余额与银行开出的对账单的余额不符。在与银行对账时，应首先查明是否存在未达账项，如果存在未达账项，应编制银行存款余额调节表对有关账项进行调整。银行存款余额调节表的编制是在企业银行存款日记账余额和银行对账单余额的基础上，分别加减未达账项，调节后双方的余额应该相符，且既不等于企业账面余额，也不等于银行账面余额，而是企业当时实际可动用的款项。

下面举例说明"银行存款余额调节表"的具体编制方法。

【例9.1】某企业2021年8月31日银行存款日记账余额为705 000元，银行对账单余额为743 000元，经核对发现以下未达账项：

（1）8月20日，企业销售产品收到转账支票一张101 260元，企业入账并送存银行，但银行尚未收到款项。

（2）8月27日，企业当月的水电费2 380元已由银行代缴，但企业尚未收到付款通知单。

（3）8月30日，银行为企业托收的款项134 000元已入账，尚未通知企业。

（4）8月30日，企业购进办公用品1 640元，用支票付款，收款人尚未办理转账。

（5）8月31日，银行主动将存款利息6 000元转入本企业账户，尚未通知公司。

根据上述资料编制"银行存款余额调节表"如表9.2所示。

表9.2　银行存款余额调节表

2020年8月31日　　　　　　　　　　　　　　　　　　　　　单位：元

项　目	金　额	项　目	金　额
企业银行存款日记账余额	705 000	银行对账单余额	743 000
加：银行已收，企业未收的款项	134 000	加：企业已收，银行未收的款项	101 260
	6 000	减：企业已付，银行未付的款项	1 640
减：银行已付，企业未付的款项	2 380		
调节后的存款余额	842 620	调节后的存款余额	842 620

 **特别提示**

需要注意的是，银行存款余额调节表的编制只起对账作用，不能作为调整账面记录的原始凭证，银行存款日记账的登记，须在收到有关原始凭证后再进行。

③ 存货的清查。存货的清查是指对企业的原材料、包装物、在产品、产成品、低值易耗品、库存商品、委托加工物资等的清查。在企业流动资产中，存货所占比重较大且易于流动，是企业日常管理的重点，对其清查一般采用实地盘点法和技术推算法。

为了明确经济责任，有关实物的保管人员必须在场，并参加盘点工作。对各项财产的盘点结果，应如实准确地登记在"盘存单"上，并由有关参加盘点人员同时签章生效。"盘存单"是财产盘点结果的书面证明，也是反映实物财产实有数额的原始凭证。其一般格式如表9.3所示。

表9.3 盘存单

单位名称：				盘点时间：				
财产类别：			存放地点：			单位：		编号：
编 号	名 称	规格型号	计量单位	实存数量	单 价	金 额	备 注

盘点人签章：　　　　　　　　　　　　　实物保管人签章：

盘点完毕，将"盘存单"中所记录的实存数与账面结存数相核对，如发现不符，应填制"账存实存对比表"（也称"盘盈盘亏报告表"），以确定财产物资盘盈或盘亏的数额。"实存账存对比表"是财产清查的重要报表，是调整账面记录的原始凭证，也是分析盈亏原因，明确经济责任的重要依据。其一般格式如表9.4所示。

表9.4 实存账存对比表

单位名称：							年　月　日			单位：		编号：
类别及名称	计量单位	单价	实 存		账 存		差 异				备 注
							盘 盈		盘 亏		
			数 量	金 额	数 量	金 额	数 量	金 额	数 量	金 额	

盘点人：（签章）　　　　　保管人：（签章）　　　　　　　　　会计：（签章）

④ 固定资产的清查。固定资产是企业开展经营活动的物质基础，主要有房屋、建筑物、机器设备、运输工具等，在企业的资产总额中占用很大的比重。对它的清查与存货清查方法相同，通常也采用盘点法，清查完毕应编制"固定资产盘盈盘亏报告表"，如表9.5所示。

表9.5 固定资产盘盈盘亏报告表

单位名称						年　月　日					单位：
固定资产编号	固定资产名称	固定资产规格和型号	盘盈			盘亏			毁损			原因
			数量	重置价值	累计折旧	数量	原价	已提折旧	数量	原价	已提折旧	
处理意见	使用部门			清查小组				保管部门				

财务负责人：　　　　　　　　盘点人：　　　　　　　　　制表人：

⑤ 往来款项的清查方法。往来款项清查是对单位应收、应付项目以及其他应收、应付项目的结算和往来款项所实施的清查，主要采用查询法或核对法。在清查过程中，不仅要查明往来款项的余额，还要查明形成的原因，以便加强管理。进行清查时，首先检查核对账簿记

录；然后编制往来款项对账单（如图 9.1 所示），寄发给对方单位进行核对；最后编制"往来款项清查结果报告表"，在检查、核对并确认了往来款项余额后，清查人员应根据清查中发现的问题和情况，及时编制"往来款项清查结果报告表"，如表 9.6 所示，以便进行调整。

往来款项对账单

单位：

你单位于 20××年××月××日购入我单位×产品××台，已付货款×××元，尚有×××元货款未付，请核对后将回单联寄回。

清查单位：（盖章）

20××年××月××日

沿此虚线裁开，将以下回单联寄回！

往来款项对账单（回联）

清查单位：

你单位寄来的"往来款项对账单"已经收到，经核对与实际相符无误（或不符，应注明具体内容）。

××单位（盖章）

20××年××月××日

图 9.1 往来款项对账单

表 9.6 往来款项清查结果报告表

单位名称： 　　　　　　　　　　　　　　　年　月　日

总分类账户		明细账户		对方结存数	对比结果及差异额	差异原因及金额			备注
名　称	金　额	名　称	金　额			未达账项	争议款项	无法收回	

清查人员：（签章）　　　　　　　　　　　　　　　　　记账人员：（签章）

9.1.3　财产清查结果的处理

　　财产清查结果的处理，主要是查明财产物资的盘盈、盘亏原因并按规定进行处理，即通过财产清查发现实存数与账存数相等，说明账实相符，不必进行账务处理。如果实存数与账存数不等，则会出现实存数大于账存数时的盘盈与实存数小于账存数时的盘亏两种情况。此时，应当认真分析研究，以有关的法令、制度为依据进行严肃处理。

1. 财产清查结果的处理原则

（1）核准差异，分析原因。根据清查情况，已将全面的清查结果填列在"实存账存对比表"等有关的表格中。在进行具体处理前，应对这些原始凭证中所记录的货币资金、财产物资以及往来款项的盘盈盘亏数字进行全面核对，对各项差异产生的原因进行分析，以明确经济责任，针对不同原因造成的盈亏、余缺提出处理意见，提请有关部门批准。

（2）调整账目，账实相符。对于财产清查中所发现的差异以及对差异的处理，必须及时进行账簿记录的调整。账簿记录调整的原则是：以"实存"为准，盘盈时补充账面记录，盘亏时冲销账面记录。在调整了账面记录，做到账实相符后，将编制的"实存账存对比表"和相关的文字说明按规定程序报送有关部门批准。

（3）批准后的账务处理。当有关部门领导对所呈报的财产清查结果做出批准意见后，企业应严格按照批复意见编制记账凭证，进行批准后的账务处理。

2. 财产清查结果的账务处理

（1）账户的设置。为了反映和监督企业在财产清查中对财产物资盘盈、盘亏、毁损以及处理情况，应设置"待处理财产损溢"账户。该账户属于双重性质账户，下设"待处理流动资产损溢"和"待处理固定资产损溢"两个明细分类账户，以进行明细核算。该账户用来核算企业在财产清查时所发现的各项财产物资的盘盈、盘亏以及转销数，其借方登记各项财产物资的盘亏或毁损数、盘盈财产经批准后的转销数；贷方登记各项财产物资的盘盈数或盘亏财产经批准后的转销数。月末借方余额，反映尚未处理的财产净损失，如为贷方余额，则为尚未处理的财产净溢余。其账户结构如图9.2所示。

待处理财产损溢

借方	贷方
（1）清查时发现的盘亏数	（1）清查时发现的盘盈数
（2）经批准后盘盈的转销数	（2）经批准后盘亏的转销数

图9.2 "待处理财产损溢"账户结构

（2）财产清查结果的会计处理。

① 现金清查结果的处理。现金清查中发现长款或短款，应根据"库存现金盘点报告表"进行批准前和批准后的账务处理，通过"待处理财产损溢"账户进行核算，分两种情况进行。

第一种情况：在清查中，发现现金短缺。应按实际短缺金额，借记"待处理财产损溢——待处理流动资产损溢"账户，贷记"库存现金"账户。待查明原因后，根据实际短缺的原因进行处理，属于应由责任人赔偿部分，借记"其他应收款——应收现金短缺款（××个人）"，贷记"待处理财产损溢——待处理流动资产损溢"账户；属于应由保险公司赔偿部分，借记"其他应收款——应收保险赔偿款"账户，贷记"待处理财产损溢——待处理流动资产损溢"账户；属于无法查明的其他原因，经批准后借记"管理费用——现金短缺"账户，贷记"待处理财产损溢——待处理流动资产损溢"账户。

第二种情况：在清查中，发现现金溢余。应按实际溢余金额，借记"库存现金"账户，贷记"待处理财产损溢——待处理流动资产损溢"账户。待查明原因后，根据实际溢余的原因进行处理，属于应支付给有关人员或单位的，借记"待处理财产损溢——待处理流动资产损溢"账户，贷记"其他应付款——应付现金溢余（××人员或单位）"账户。属于无法查明原因的溢余部分，经批准后，借记"待处理财产损溢——待处理流动资产损溢"账户，贷记"营业外收入——现金溢余"账户。

【例9.2】某企业在财产清查中发现现金短款200元。经查明原因，应由出纳员赔偿50元，其余150元不能确定原因，经批准后转作管理费用处理。账务处理如下：

批准前
借：待处理财产损溢——待处理流动资产损溢　　　200
　　贷：库存现金　　　　　　　　　　　　　　　　200

批准后
借：其他应收款——应收现金短缺款（出纳员）　　　50
　　管理费用——现金短缺　　　　　　　　　　　　150
　　贷：待处理财产损溢——待处理流动资产损溢　　200

【例9.3】某企业在财产清查中发现现金长款310元，其中，200元为应付张华的津贴款，110元无法查明原因，经批准后转做营业外收入处理。账务处理如下：

批准前
借：库存现金　　　　　　　　　　　　　　　　　310
　　贷：待处理财产损溢——待处理流动资产损溢　　310

批准后
借：待处理财产损溢——待处理流动资产损溢　　　310
　　贷：其他应付款——张华　　　　　　　　　　　200
　　　　营业外收入——现金溢余　　　　　　　　　110

② 实物财产清查结果的处理。企业的实物财产主要是指流动资产和固定资产两部分，在清查中发现盘盈、盘亏，应先通过"待处理财产损溢"账户核算，报经批准后再根据不同情况进行相应的处理。

第一，对于流动资产，如果属于管理不善、收发计量不准确、自然损耗产生的定额内损耗，转作管理费用；属于超定额的短缺毁损和非常损失造成的短缺毁损，应扣除过失人或保险公司赔偿和残料价值后的净损失，列作营业外支出；由于收发计量不准或自然升溢等原因造成的盘盈，经批准后冲减管理费用。

第二，对于固定资产，盘盈按余额调增"固定资产"账户，查明原因经过批准后将其转入"营业外收入"账户；对于盘亏，按账面原价调减"固定资产"账户，经批准后将其净值记入"营业外支出"账户。

【例9.4】某企业期末对存货进行清查，发现甲材料盘亏3 000元，其中定额内损耗2 200元，由于管理责任造成短缺800元，经批准，冲减管理费用。账务处理如下：

批准前
借:待处理财产损溢——待处理流动资产损溢   3 000
　　贷:原材料——甲材料   3 000
批准后
借:管理费用   2 200
　　其他应收款   800
　　贷:待处理财产损溢——待处理流动资产损溢   3 000

【例 9.5】某企业在财产清查中,发现账外设备一台,其市场价格为 50 000 元,估计七成新。
批准前
借:固定资产   35 000
　　贷:待处理财产损溢——待处理固定资产损溢 35 000
批准后
借:待处理财产损溢——待处理固定资产损溢   35 000
　　贷:营业外收入   35 000

【例 9.6】某企业在财产清查中,发现盘亏设备一台,其原价为 230 000 元,累计折旧为 70 000 元。
批准前
借:待处理财产损溢——待处理固定资产损溢   160 000
　　累计折旧   70 000
　　贷:固定资产   230 000
批准后
借:营业外支出   160 000
　　贷:待处理财产损溢——待处理固定资产损溢 160 000

9.2 试算平衡、账项调整与结账

9.2.1 试算平衡

1. 试算平衡的意义及原理

在复式记账法下,用借贷记账法记录经济业务时,可能会出现差错。为了检查、验证账户记录是否正确,并及时进行更正,一般会采用试算平衡的方法对账户记录的准确性进行检验。

试算平衡,是指根据借贷记账法的记账原则和资产与权益的平衡关系,通过对所有账户的发生额和余额进行汇总计算和比较,来检查账户记录是否正确的一种方法,包括发生额试算平衡和余额试算平衡。

(1)发生额试算平衡。发生额试算平衡是根据本期所有账户的借方发生额合计与贷方发生额合计之间的恒等关系来检查账户记录是否正确的方法。由于每笔经济业务都是按照"有借必有贷,借贷必相等"的记账原则登记入账的,因而将一定时期所有经济业务登记入账后,全部账户的借方本期发生额合计与全部账户的贷方本期发生额合计必定相等。发生额试算平衡公式为

全部账户的借方本期发生额合计=全部账户的贷方本期发生额合计

(2) 余额试算平衡。余额试算平衡是根据本期所有账户借方余额合计与贷方余额合计之间的恒等关系来检查账户记录是否正确的方法。余额试算平衡是以资产与权益的平衡关系,即"资产=负债+所有者权益"为依据进行的试算平衡。由于资产的余额表现为各项资产账户的期末借方余额,而负债和所有者权益的余额表现为各项负债和所有者权益的期末贷方余额,所以它的平衡公式为

全部账户借方期初余额合计=全部账户贷方期初余额合计

全部账户借方期末余额合计=全部账户贷方期末余额合计

2. 试算平衡表的结构及编制方法

在实际工作中,试算平衡是通过编制试算平衡表来进行的。试算平衡表通常是在期末结出各账户的本期发生额合计和期末余额后编制的,在试算平衡表中设置"期初余额""本期发生额""期末余额"三个大栏,每一大栏分设"借方"和"贷方"两小栏,各大栏中的借方合计与贷方合计应该平衡相等,从而可以推断出账户记录或计算是否正确。试算平衡表的一般格式如表9.7 所示。

表9.7 试算平衡表

年 月 日 单位:

账户名称	期初余额		本期发生额		期末余额	
	借方	贷方	借方	贷方	借方	贷方
合 计						

特别提示

试算平衡表检查账户的正确性有其局限性,因为借贷方余额保持平衡并不能肯定记录没有错误,例如:借贷双方同时漏记、重记相等金额;记错账户与金额;应借、应贷账户相互颠倒;某账户的错误金额一多一少,恰好互相抵消等,都不一定破坏借贷平衡关系。但借贷金额不平衡,则可以肯定账户记录有错误。所以,还需要对一切会计记录进行日常或定期的复核,以保证账面记录的正确性。

9.2.2 对账和错账更正

1. 对账的内容和方法

在实际工作中，会计人员经过填制凭证、记账、过账、算账、结账和计算等过程，难免会发生差错，出现账实不符的情况。因此，在对账前后，要通过对有关账簿记录和会计核算资料进行核对，确保会计资料的正确性和完整性，为编制会计报表提供真实可靠的数据资料。根据有关制度规定，各单位的对账工作每年至少进行一次。对账的内容和方法如图9.3所示。

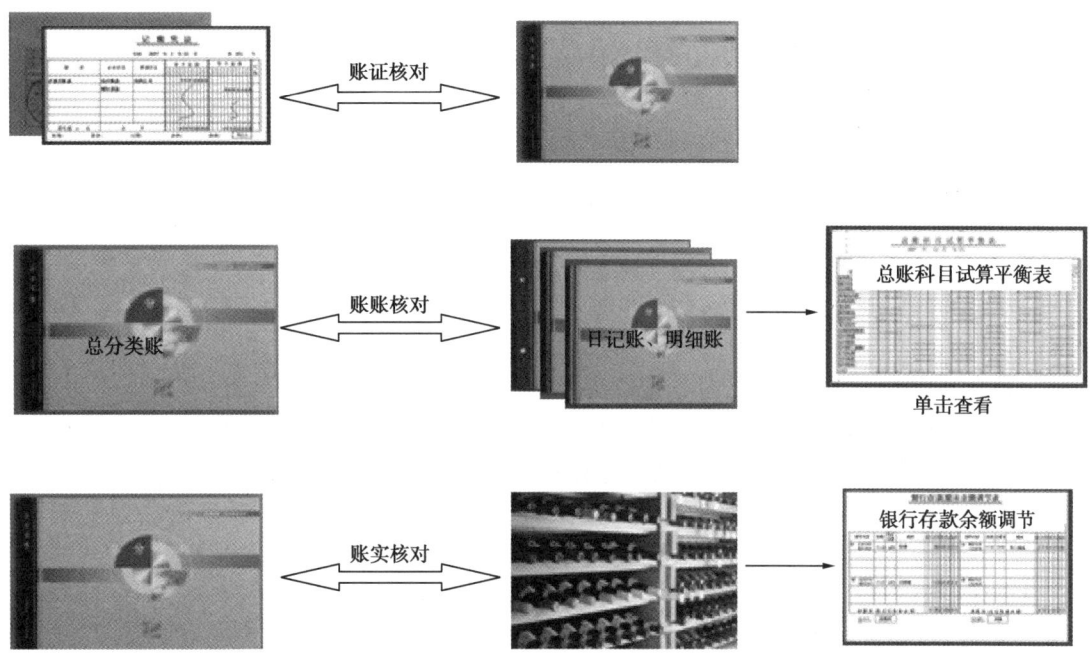

图9.3 对账的内容和方法

（1）账证核对。账证核对是指将各种会计账簿记录与原始凭证、记账凭证进行相互核对，核对的内容主要有经济业务的时间、凭证字号、内容、记账方向和金额是否一致。为了保证账证相符，一般来说，日记账应与收付款凭证相核对；总账应与记账凭证相核对；明细账应与记账凭证或原始凭证相核对，通常这些核对工作是在日常制证和记账工作中进行的。另外，月末若发现账证或账账不符，还有必要重新按一定的线索进行再核对。

（2）账账核对。账账核对是指为了保证账账相等，将不同会计账簿的记录进行核对，账簿之间相互联系、相互制约的关系是账账核对的客观依据。具体核对的内容有以下几个方面。

① 总分类账簿有关账户余额核对。总分类账中，各账户的借方发生额合计数与贷方发生额合计数、期末借方余额合计数与贷方余额合计数，应分别核对相符，以检查过账是否正确。

② 总分类账簿与所属明细分类账簿核对。总分类账户的期末余额应与所属各明细分类账户期末余额之和核对相符，以检查两者的登记是否正确。

③ 总分类账簿与日记账核对。主要是指总分类账与现金日记账、银行存款日记账间的核对，

现金日记账必须每天与库存现金核对相符,银行存款日记账也必须定期与银行对账单进行核对,现金日记账和银行存款日记账期末余额应分别同有关总分类账户的期末余额核对相符。

④ 明细分类账簿之间的核对。会计部门各种财产物资明细分类账与物资保管部门或使用部门有关明细分类账的期末余额核对相符。一般是由财产物资保管部门或使用部门定期编制收发结存汇总表报会计部门核对。

(3)账实核对。账实核对是各种财产物资的账面余额与实存数额相核对,也称财产清查。具体核对内容包括以下几方面。

① 现金日记账的账面余额与实际库存数额核对。
② 银行日记账的账面余额与银行对账单核对。
③ 各种财产物资明细账账面余额与实存数核对。
④ 各种债权债务明细账账面余额与对方单位的账面记录核对。
⑤ 各项投资是否存在,投资收益是否按照相关规定进行确认和计量。

造成账实不符的原因是多方面的。例如:管理不善、制度不严,造成财产损失;财产物资保管过程中的自然损益等,因此,需要通过定期的财产清查来弥补漏洞,保证会计信息真实可靠。

2. 错账更正的方法

在对账过程中,可能发生各种各样的差错,产生错账,如重记、漏记、数字颠倒、数字错位、数字记错、科目记错、借贷方向记反等,从而影响会计信息的准确性,应及时找出差错,按照规定的方法进行更正。账簿是重要的经济档案,应保持页面的整洁和文字的清晰,一旦账簿记录出现错误,不得刮、擦、挖补、随意涂改或用褪色药水更改字迹,必须按照规定的方法进行更正。一般的更正方法有划线更正法、红字更正法、补充登记法三种。

(1)划线更正法。在结账前发现账簿记录有文字或数字的错误,而记账凭证没有错误,可以采用划线更正法进行更正。

具体做法:首先在错误的文字或数字上画一条红线,以示注销,并使原来的字迹仍可辨认,以备考查。然后将正确的文字或数字用蓝字写在画线上方的空白处,并由记账人员在更正处盖章以明确责任。对错误的数字画线时,一定要用红线全部画去,不能只画去错误的个别数码;对于文字错误,可以只画去错误的部分。

【例 9.7】记账人员王新在登账时,把 634.25 误记为 643.25,应做如下更正:

$$634.25$$
$$\cancel{643.25}\quad \boxed{王新}$$

【例 9.8】记账人员王新在登账时,误把"主营业务收入"写成了"其他业务收入",应做如下更正:

主营
~~其他~~业务收入 $\boxed{王新}$

(2)红字更正法。红字更正法是指登记账簿后,发现记账凭证中的应借、应贷的会计科目或金额有错误时,用填制红字记账凭证(金额用红字)来更正错误的方法。这种方法一般适用于以下两种情况。

① 记账后，发现记账凭证的会计科目有错，从而引起的错误。

更正方法：首先，填制一张与错误记账凭证内容相同但金额是红字的记账凭证，并在摘要栏内写明"冲销某年某月第×号凭证"，据以登记账簿，冲销原有错误记录。然后，再用蓝字重新填制一张正确的记账凭证，登记账簿。

【例 9.9】采购员报销差旅费 700 元，以现金付给，填制记账凭证时，误做以下分录，并据以入账。

借：其他应收款　　　　　　　　　　700
　　贷：银行存款　　　　　　　　　　　700

发现时，填写一张红字记账凭证，用以冲销原来错误记录，其分录如下：

借：其他应收款　　　　　　　　　　|700|
　　贷：银行存款　　　　　　　　　　　|700|

然后，再用蓝字填写一张正确的记账凭证，重新入账：

借：其他应收款　　　　　　　　　　700
　　贷：库存现金　　　　　　　　　　　700

其他应收款	银行存款	库存现金
700		
|700|	|700|	
700	700	700

② 记账后，发现记账凭证应借、应贷的会计科目没有错，但所记金额大于应记金额，从而引起的记账错误。

更正方法：按多记的金额用红字填制一张会计科目与原错误凭证相同的记账凭证，在摘要栏中注明"冲销××凭证多记金额"，并据以入账，冲销多记金额。

【例 9.10】生产车间领用原材料 1 000 元，填制记账凭证时，误记为 10 000 元，并登记入账。错误分录如下：

借：生产成本　　　　　　　　　　10 000
　　贷：原材料　　　　　　　　　　　10 000

发现错误时，将多记的金额（10 000-1 000=9 000）用红字填写一张记账凭证，据以入账，其分录如下：

借：生产成本　　　　　　　　　　|9 000|
　　贷：原材料　　　　　　　　　　　|9 000|

生产成本	原材料
10 000	10 000
|9 000|	|9 000|
1 000	1 000

（3）补充登记法。记账后，发现记账凭证填写的会计科目无误，但所记金额小于应记的金额时，可以采用补充登记法更正。

更正方法：按少记的金额用蓝字填制一张与原记账凭证内容相同的记账凭证，在摘要栏注明"补记××凭证少计金额",并据以入账,补记少记的金额,使全部金额符合实际。

【例 9.11】收到货款 5 000 元存入银行,填制记账凭证时,误记为 500 元,并已入账。错误分录如下:

借:银行存款　　　　　　　　　　　　500
　　贷:主营业务收入　　　　　　　　　　　500

更正时,将少记的金额(5 000-500=4 500)用蓝字填制一张与原错误凭证科目相同、记账方向相同的记账凭证,并据以入账,补充原少记的金额。

借:银行存款　　　　　　　　　　　　4 500
　　贷:主营业务收入　　　　　　　　　　　4 500

银行存款	主营业务收入
500	500
4 500	4 500

将上述更正错误的记账凭证登记入账后,原账簿中的错误记录便得到了更正。

9.2.3　会计核算原则与账项调整

1. 会计核算原则

会计记账有两个核算原则:收付实现制和权责发生制。收付实现制,也称现金制,它是以实际收到或付出现金为标准来记录收入的实现或费用的发生,即现金的实际收入或发出时间,就是会计记作收入或费用的期间,而不考虑与其相关联的经济业务实质上是否已经发生。例如,企业 2012 年 9 月出租一台设备,租期一年,到 2020 年 9 月才收到租金。按收付实现制的要求,这笔租金应计入 2020 年 9 月这一期的收入,而不管出租业务是什么时候完成的。相应的,对租入设备一方来说,即使他在 2019 年 9 月—2020 年 9 月使用了租入设备,但支付租金的时间是在 2020 年 9 月,因此不能记入 2019 年 9 月—2020 年 9 月的费用,而只能记作 2020 年 9 月的费用。由于收付实现制对未收取的收入和未支付的费用,均不列入账,所示不能公正地表达会计主体各期的经营成果。因此,在实际工作中,我国除行政事业单位采用外,其他单位一般不用它作为记账的基础。

权责发生制的规定与收付实现制不同,它是以经济业务发生的权利或责任为标准来确认收入和费用的,即只要获得收取一项收入的权利,不论这项收入是否已实际得到,都应确认为收入;同样,只要已发生了承担某些费用的义务,即使该项费用并没有实际支出,也应入账确认为当期的费用。接上例,假设租金收入共 12 000 元,每月 1 000 元,按照权责发生制,出租设备方应在每月末确认收入 1 000 元,尽管并没收到现金,但它已获得了收取这笔款项的权利;同样,设备租入方应在 2019 年 9 月—2020 年 9 月这一期间每月承担 1 000 元费用,因为这笔费用的支付义务已经形成。

由于权责发生制是根据经济业务的发生与否来确认收入与费用,因此会形成相应的预收、预付、应收和应付等会计项目,它能够恰当地反映某一会计期间主体的经营成果,在实际工作中被绝大部分企业使用。

2. 账项调整

（1）期末账项调整的意义。在持续经营假设下，为了准确、及时地提供会计信息，需要将持续不断的生产经营活动划分为一定的会计期间，按照权责发生制来划分收入和费用的归属期。由于日常账簿记录仅根据有关原始凭证反映的交易或事项来记录收入和费用，而有些交易事项虽然在本期没有收到或支付款项，没有取得原始凭证，但根据权责发生制应在本期确认收入或费用，应计入相关的账户；有的款项虽然本期收到但却不属于本期的收入，不应计入本期的收入账；有些款项虽然本期支付但不属于本期的费用，不应计入本期的费用账。所以需要在期末结账前，按照权责发生制要求对日常的账簿记录进行调整，从而为决策者提供真实、可靠的信息，便于管理者做出正确的经营决策。

期末账项调整是会计期末结账前，为比较真实地反映企业的经营成果和财务状况，按照权责发生制要求，对有关会计事项予以调整的会计行为。

会计期末进行账项调整，虽然主要是为了能正确地反映本期的经营成果，但是在对收入和费用的调整过程中，必然也会造成资产或负债的增减变化。因此，合理、正确地进行期末账项调整，不仅关系到利润表能否正确反映，而且也关系到资产负债能否正确反映。

（2）期末账项调整的内容。期末结账前，应予调整的账项一般可分为以下三大类：

① 应计账项，包括应计收入、应计费用等；

② 递延账项，包括预收收入的分配、预付费用的摊销等；

③ 应提账项，包括固定资产折旧的计提、各种资产减值的计提等。

（3）期末账项的调整。

① 应计账项的调整。应计账项主要包括应计收入和应计费用。应计账项调整与否，直接关系到收入、费用能否合理配比，进而影响到能否正确、合理地反映企业本期的经营成果。

应计收入是本期收入已经发生，应入账而未入账的收入。如应入账的营业收入、应收的租金收入、应收的银行存款利息收入等。应计收入的调整一方面增加收入，另一方面也增加资产。

【例9.12】2021年1月月末、2月月末、3月月末，根据在银行的存款余额和存款利率计算，各月应计银行存款利息收入分别为4 000元、3 000元、1 800元；4月3日，银行已将利息8 800元转入公司存款户。

提示：银行对企业的存款通常按季结息，但根据权责发生制要求，企业在每个月月末应确认利息收入；确认的利息收入应冲减"财务费用"。

处理方法如下。

1月月末计提银行存款利息的处理：

借：应收利息　　　　　　　　　　　4 000
　　贷：财务费用　　　　　　　　　　　　4 000

2月月末计提银行存款利息的处理：

借：应收利息　　　　　　　　　　　3 000
　　贷：财务费用　　　　　　　　　　　　3 000

3月月末计提银行存款利息的处理：
借：应收利息　　　　　　　　　　　　　　　　1 800
　　贷：财务费用　　　　　　　　　　　　　　　　1 800
4月3日，收到银行利息的处理：
借：银行存款　　　　　　　　　　　　　　　　8 800
　　贷：应收利息　　　　　　　　　　　　　　　　8 800

【例9.13】上月发给某公司商品价款50 000元（增值税税率为13%、成本38 000元），本期得到对方承诺付款符合确认收入条件，期末予以转账。其处理方法如下。

收入的处理：
借：应收账款　　　　　　　　　　　　　　　　56 500
　　贷：主营业务收入　　　　　　　　　　　　　　50 000
　　　　应交税费——应交增值税（进项税额）　　　6 500

结转发出商品成本：
借：主营业务成本　　　　　　　　　　　　　　38 000
　　贷：发出商品　　　　　　　　　　　　　　　　38 000

应计费用是本期费用已经发生，应入账而尚未入账的费用，如借款利息、租房的房租等。应计费用的调整一方面确认费用，另一方面也会增加负债。

【例9.14】月初公司向东方租赁公司租赁生产设备一台（当即投入使用），租期半年，每月租金1 000元（约定租赁期满租金一次付清）。

月末应做如下处理：
借：制造费用——租赁费　　　　　　　　　　　1 000
　　贷：其他应付款——固定资产租金　　　　　　　1 000

② 递延账项的调整。企业产品在市场紧缺的情况下，会得到购买方预付的货款。虽然收到货款，但尚未交付产品或提供服务。按照权责发生制，收入的实现不以收到货款为标准，在采用预收货款结算的方式下，应在商品发出或劳务提供时，作为营业收入的实现。预收收入不能作为企业已经实现的收入，只有在以后交付产品或提供劳务后，才可以转作收入。因此，每期的会计期末，都要对预收收入账项进行调整，将已经实现的部分转入本期的收入账户，未实现部分递延到以后的会计期间。具体地讲，预收收入于现金收取时记为负债（如预收货款、预收利息、预收房租等），随着产品的交付、劳务的提供，已经实现的部分从负债账户调整到收入账户。发生预收收入在"预收账款"账户反映，预先收到现金时，借记"银行存款"账户，贷记"预收账款"账户；等到义务实际履行后，再相应地冲减"预收账款"。

【例9.15】年初公司出租房屋，租期为1年，收到1年的租金72 000元（每月6 000元）。
年初收到租金时，其处理如下：
借：银行存款　　　　　　　　　　　　　　　　72 000
　　贷：预收账款　　　　　　　　　　　　　　　　72 000

1—11月，各月月末都应进行预收租金的期末账项调整：
借：预收账款　　　　　　　　　　　　　　　　6 000
　　贷：其他业务收入——租金收入　　　　　　　　6 000

③ 应提账项的调整。这些账项与前述账项调整的不同之处在于调整的金额具有不确定性，如应收款项坏账准备的提取、固定资产折旧的计提、各种资产减值的计提等。

【例 9.16】应收账款余额为 800 000 元，估计大约有 3‰无法收回（提取损失和准备的比例），其处理如下：

借：资产减值损失　　　　　　　　　　　　　2 400
　　贷：坏账准备　　　　　　　　　　　　　　　2 400

结账时，资产减值损失转入本期利润账户计算盈亏，以后，若应收账款确认无法收回时，可借记"坏账准备"账户，贷记"应收账款"账户。

9.3 财务成果的核算

财务成果是指企业在一定会计期间所实现的最终经营成果，也就是企业所实现的利润总额。

1. 利润的形成

利润是企业在一定期间所获得的经营成果，即一定期间内的全部收入减去费用后的净额、直接计入当期利润的利得和损失等。该余额如为负数，则为亏损。

从企业利润的构成层次看，利润是由营业利润、利润总额、净利润构成的。

利润总额包括营业利润、投资净收益以及营业外收支净额等，其计算公式为

利润总额=营业利润+投资净收益+补贴收入+营业外收支净额

（1）营业利润。营业利润是指企业从事经营服务业务活动所取得的纯收益，其计算公式为

营业利润=营业收入-营业成本-税金及附加-销售费用-管理费用-财务费用

其中，营业收入主要由主营业务收入和其他业务收入构成；营业成本主要由主营业务成本和其他业务成本构成。

（2）投资净收益。投资净收益是指企业的对外投资收益减去对外投资损失后的净额。其中，投资收益是指企业对外投资获得的利润、股利和债券利息；企业对外投资到期收回或中途转让取得的款项高于实际投资数额或账面净值的差额，以及按照权益法核算的股权投资在被投资单位增加的净资产中所拥有的数额等。投资损失是指企业对外投资到期收回或中途转让取得的款项低于实际投资数额或账面净值的差额，以及按照权益法核算的股权投资在被投资单位减少的净资产中所分担的数额等。

（3）补贴收入。补贴收入是指企业从政府无偿取得的货币性资产或非货币性资产，但不包括政府作为企业所有者投入的资本。企业在当期损益中确认的政府补助，记入"营业外收入"；企业应在以后期间确认的损益的政府补助，应在"递延收益"账户中核算。

（4）营业外收支净额。营业外收支净额是指营业外收入减去营业外支出后的净额。营业外收入是指直接记入利润的利得，即与企业经营活动无直接关系的各种收入，包括固定资产的盘盈、处置固定资产净收益、出售无形资产净收益、罚款净收入、应确认为当期损益的政

府补助、确实无法支付而按规定程序经批准后转做营业外收入的应付款等；营业外支出是指直接计入利润的损失，即与企业经营活动无直接关系的各种支出，包括固定资产的盘亏、处置固定资产净损失、出售无形资产净损失、罚款支出、捐赠支出、债务重组损失、非货币性资产交换损失、非常损失等。

（5）净利润。企业的利润总额减去所得税费用后的数额即为企业的净利润。

2. 利润总额的核算

为了正确核算企业的经营成果，必须设置以下账户。

（1）"本年利润"账户。企业应设置"本年利润"账户，用以核算企业在本年度实现的利润（或亏损）总额。该账户为所有者权益类账户，期末结转利润时，企业将"主营业务收入""营业外收入""其他业务收入"账户的余额转入该账户的贷方；将"主营业务成本""其他业务成本""税金及附加""销售费用""管理费用""财务费用""营业外支出"等账户的余额转入该账户的借方；将"投资收益"账户的净收益转入该账户的贷方。如为投资损失则做相反分录。年度终了，企业将本年收入和支出相抵后计算出本年实现的利润总额（或亏损总额）全部转入"利润分配"账户，结转后本账户无余额。

（2）"投资收益"账户。企业应设置"投资收益"账户，用以核算企业对外投资取得的收入或发生的损失。该账户为损益类账户，企业取得投资收入时，借记"银行存款""长期投资"等账户，贷记本账户；企业转让、出售股票、债券时，借记"银行存款"等账户，贷记"交易性金融资产""长期投资"账户，借记（或贷记）本账户；债券到期，收回本息时，借记"银行存款"等账户，贷记"长期投资""交易性金融资产"账户和本账户；收回其他投资时，其收回的投资与投出资金的差额，作增减投资收益处理。期末应将本账户余额转入"本年利润"账户，结转后本账户应无余额。

（3）"营业外收入"账户。该账户属于损益类账户，其贷方反映本期发生的各项营业外收入，期末应将该账户余额转入"本年利润"账户，结转后该账户无余额。

（4）"营业外支出"账户。该账户属于损益类账户，其借方反映本期发生的各项营业外支出，期末应将该账户余额转入"本年利润"账户，结转后该账户无余额。

3. 利润的核算

按照会计制度规定，企业应按期结算利润，每月终了时，将各损益类账户的余额转入"本年利润"账户，企业实现的利润（或亏损）总额应一律通过"本年利润"账户进行核算。期末将各损益类账户的余额转入"本年利润"账户，其中将收入类账户的余额转入"本年利润"账户的贷方，将支出类账户的余额转入"本年利润"账户的借方，结平各损益类账户。结转后，"本年利润"账户如为贷方余额，为本期利润总额；如为借方余额，则为本期亏损总额。年度终了，必须将"本年利润"账户结平，转入"利润分配——未分配利润"账户。

【例9.17】某企业当月应结转的主营业务收入350 000元，其他业务收入10 000元，主营业务成本300 000元，税金及附加19 250元，其他业务成本8 000元，管理费用10 000元，财务费用2 000元，营业外收入600元，营业外支出500元，投资收益500元。作会计分录如下：

（1）结转收入。

借：主营业务收入　　　　　　　　　　　　350 000
　　　其他业务收入　　　　　　　　　　　　 10 000
　　　营业外收入　　　　　　　　　　　　　　 600
　　　投资收益　　　　　　　　　　　　　　　 500
　　贷：本年利润　　　　　　　　　　　　　361 100

（2）结转成本及费用。

借：本年利润　　　　　　　　　　　　　　339 750
　　贷：主营业务成本　　　　　　　　　　　300 000
　　　　其他业务成本　　　　　　　　　　　 8 000
　　　　税金及附加　　　　　　　　　　　　 19 250
　　　　管理费用　　　　　　　　　　　　　 10 000
　　　　财务费用　　　　　　　　　　　　　 2 000
　　　　营业外支出　　　　　　　　　　　　 500

结转后，"本年利润"账户贷方发生额 361 100 元，借方发生额 339 750 元，借贷方余额相抵后，贷方余额即为利润总额，为 21 350 元。利润总额减去企业所得税费用后即为企业的税后利润（净利润）。

4．企业所得税的核算

所得税是国家对企业的经营所得和其他所得征收的一种收益税，因此，在确定利润总额的基础上，按照《中华人民共和国企业所得税暂行条例》和我国《企业所得税会计处理的暂行规定》的要求，企业应调整应纳税所得额，依法计算与缴纳企业所得税。从收入与费用应当配比一致的原则来看，企业所得税是企业经营过程中的一项耗费，应当计入当期损益。所以，在会计核算时，应设置"所得税费用"账户，该账户属于损益类账户，用以核算企业按规定从本期损益中扣减的所得税费用。该科目借方登记按应纳税所得额计算的本期应交的所得税，贷方登记期末的结转额，结转后，本账户无余额。

企业所得税的核算有不同的方法，如应付税款法、纳税影响会计法等。采用应付税款法的企业，应以企业的应纳税所得额作为征税对象。其计征方法是：按月预交，年终结算。企业平时按每月实现的利润计算并预交所得税，年终根据最终实现的年度利润总额，计算出应交数，把应交数与预交数进行比较，如平时多交的，其多交数可抵交下期税款，少交的则应足额补交。

企业所得税的税率，按照 2018 年 12 月第十三届全国人民代表大会常务委员会第七次会议通过的《中华人民共和国企业所得税法（2018 年修正版）》中的规定："企业所得税的税率为 25%。非居民企业取得本法第三条第三款规定的所得，适用税率为 20%。"

【例 9.18】某企业按照本月应纳税所得额计算的应交所得税为 7 500 元，该企业采用应付税款法进行所得税的核算，用银行存款预交后，予以转账。作会计分录如下：

借：所得税费用　　　　　　　　　　　　　　　7 500
　　贷：应交税费——应交所得税　　　　　　　　　7 500
借：应交税费——应交所得税　　　　　　　　　7 500
　　贷：银行存款　　　　　　　　　　　　　　　7 500
借：本年利润　　　　　　　　　　　　　　　　7 500
　　贷：所得税费用　　　　　　　　　　　　　　7 500

结转后，"本年利润"账户的贷方余额应为 13 850 元（21 350-7 500），即为当月该企业实现的净利润。

5．利润分配的核算

（1）账户的设置。

①"利润分配"账户。企业应设置"利润分配"账户，用以核算企业利润分配（或亏损弥补）和历年分配（或弥补亏损）后的结存金额。该账户属所有者权益类账户，借方登记利润分配的数额，贷方登记"本年利润"账户的转入数及弥补亏损数。该账户应设置"盈余公积补亏""提取盈余公积""应付利润""未分配利润"等明细账户。

年终，企业将全年实现的利润总额从"本年利润"账户转入"利润分配——未分配利润"账户。同时，将本账户内其他明细账户的余额，也转入"未分配利润"明细账户。结转后，除了"未分配利润"明细账户有余额外，其他明细账户均无余额。"未分配利润"明细账户借方余额为未弥补亏损，贷方余额为未分配利润。

②"盈余公积"账户。"盈余公积"账户属于所有者权益类账户，用以核算企业提取的法定盈余公积金及法定公益金。企业提取法定盈余公积金、法定公益金时，借记"利润分配"账户，贷记本账户；企业用盈余公积金弥补亏损时，借记本账户，贷记"利润分配"账户；企业将盈余公积金转增资本金时，借记本账户，贷记"实收资本"账户。本账户的期末余额为法定盈余公积金及法定公益金的结余额。

③"应付利润"账户。"应付利润"账户属于负债类账户，用于核算企业应付给投资者的利润，包括应付给国家、其他单位以及个人的投资利润。企业与其他单位或个人的合作项目，如按协议或合同规定，应支付利润的，也在本账户核算。企业计算出应支付给投资者的利润，借记"利润分配"账户，贷记本账户；支付利润时，借记本账户，贷记"银行存款"等账户。本账户期末借方余额为多付利润，贷方余额为未支付利润。

（2）利润分配的核算。利润分配的核算应按照以下步骤进行。

第一步，结转本年利润。年终，从"本年利润"账户结转的利润总额，应记入"本年利润"账户的借方和"利润分配——未分配利润"账户的贷方；如发生亏损，结转的亏损额应记入"利润分配——未分配利润"账户的借方和"本年利润"账户的贷方。

按规定用本年利润弥补以前年度亏损时，应记入"盈余公积"账户的借方和"利润分配——盈余公积补亏"账户的贷方。

第二步，提取公积金。按规定从税后利润中提取盈余公积时，应记入"利润分配——提取法定盈余公积"账户的借方和"盈余公积——法定盈余公积"账户的贷方；提取任意盈余公积时，应记入"利润分配——提取任意盈余公积"账户的借方和"盈余公积——任意盈余公积"账户的贷方。

第三步,向投资者分配利润。按规定计算应分配给投资者的利润时,应记入"利润分配——应付现金股利"账户的借方和"应付利润"账户的贷方。

第四步,未分配利润的结转。年度实现的利润按照规定分配以后,应将"利润分配"账户所属的"提取法定盈余公积""提取任意盈余公积""应付现金股利"等二级账户的余额转入"利润分配——未分配利润"二级账户的借方;将"利润分配——盈余公积补亏"二级账户的余额转入"利润分配——未分配利润"账户的贷方。除"未分配利润"明细账户外,"利润分配"账户的其他明细账户应无余额。

结转后,"利润分配——未分配利润"二级账户如有余额,贷方为历年积存的未分配利润,借方为历年积存的未弥补亏损。

【例9.19】某企业年终"本年利润""利润分配"账户的余额如下:

本年利润:	贷方余额	300 000 元
利润分配——提取法定盈余公积	借方余额	30 000 元
——提取任意盈余公积	借方余额	30 000 元
——应付现金股利	借方余额	56 000 元

根据上述资料,编制年终结转分录如下:

借:本年利润　　　　　　　　　　　　300 000
　　贷:利润分配——未分配利润　　　　　　300 000
借:利润分配——未分配利润　　　　　116 000
　　贷:利润分配——提取法定盈余公积　　　30 000
　　　　　　——提取任意盈余公积　　　　　30 000
　　　　　　——应付现金股利　　　　　　　56 000

结转后,该企业"利润分配——未分配利润"账户贷方余额为184 000元(300 000-116 000),可转入以后年度分配。

9.4 结账

结账是指将一定时期内发生的经济业务在全部登记入账后,按照规定的方法对该时期内的账簿记录进行小结,结算出本期发生额合计和余额,并将余额结转下期或转入新账,以便根据账簿记录编制财务会计报告。

为了总结一个会计主体一定时期内的经济活动情况,取得企业财务状况和经营成果的核算资料,各单位必须在会计期末进行结账,不得为赶编会计报表而提前结账,更不得先编制会计报表后结账。月度、季度、半年度和年度结账日分别为公历年度的最后一日。

1. 结账的内容和程序

(1)结账前,必须将本期发生的经济业务全部登记入账,检查是否有漏记、错记,及时加以补记或更正,以保证其正确性。

（2）结账前，根据会计核算的一般原则，进行期末账项调整；查看各项要素的记录是否符合权责发生制的要求；是否正确划分了收益性支出和资本性支出；财务成果的确定是否遵循了配比原则等。

（3）结转过渡性账户，如将损益类账户转入"本年利润"账户；结平所有损益类科目，将"制造费用"转入"生产成本"账户等。

收入收益转入本年利润，其分录如下：

借：主营业务收入
　　其他业务收入
　　营业外收入
　　投资收益
　贷：本年利润

费用损失转入本年利润，其分录如下：

借：本年利润
　贷：主营业务成本
　　　税金及附加
　　　其他业务成本
　　　销售费用
　　　管理费用
　　　财务费用
　　　营业外支出
　　　所得税费用

将制造费用转入生产成本，其分录如下：

借：生产成本
　贷：制造费用

结转已售商品的成本，其分录如下：

借：主营业务成本
　贷：库存商品

（4）结算出资产、负债和所有者权益科目的本期发生额和期末余额，并结转下期。

在确认当前发生的经济业务、调整账项及有关转账业务全部登记入账后，可办理结账手续，结计总分类账、日记账、明细分类账各账户的当前发生额、余额及累计额，并结转下期账簿记录。

2. 结账的方法

结账时应根据不同的账户记录分别采用不同的方法。

（1）对于不需要按月结计本期发生额的账户，如各项应收款明细账和各项财产物资明细账等，每次记账以后，都要随时结出余额，每月最后一笔余额即为月末余额。也就是说，月末余额就是本月最后一笔经济业务记录的同一行内的余额。月末结账时，只需要在最后一笔经济业务记录之下画一条单红线，不需要再结计一次余额。

（2）现金、银行存款日记账和需要按月结计发生额的收入、费用等明细账，每月结账时，要在最后一笔经济业务记录下面画一条单红线，结出本月发生额和余额，在摘要栏内注明"本月合计"字样，并在下面再画一条单红线，其结账方法举例如图9.4所示。

应交税费（应交增值税）明细账　　　　　第 1 页　连续第 1 页

2013年		凭证字号	摘要	借方 合计	借方 进项税额	借方 已交税金	贷方 合计	贷方 销项税额	贷方 进项税额转出	借或贷	余额
月	日										
12	01		期初余额							贷	1896000
	05	004	购原材料	8296000	8296000						
	06	005	销售产品				2040000	2040000			
	07	007	缴纳税金	1896000		1896000					
	10	010	购材料金	1700000	1700000						
	12	011	销售产品				8160000	8160000			
	19	015	销售产品				340000	340000			
	23	020	销售材料				2040000	2040000		贷	748000
			本月合计	11892000	9996000	1896000	10744000	10744000			

图9.4　明细账结账方法举例

（3）需要结计本年累计发生额的某些明细账户，如产品销售收入、成本明细账等，每月结账时，应在"本月合计"行下结计自年初起至本月末止的累计发生额，登记在月份发生额下面，在摘要栏内注明"本年累计"字样，并在下面画一条单红线。12月月末的"本年累计"就是全年累计发生额，并在全年累计发生额下再画一条双红线，其结账方法举例如图9.5所示。

总分类账　　GENERAL LEDGER　　第45页

会计科目及编号 ACCOUNT NO. 6602　管理费用

2013年		凭证字号	摘要	借方	贷方	借或贷	余额
月	日						
12	10	科01	1-10日汇总	88500		借	88500
	20	科02	11-20日汇总	140000		借	228500
	31	科03	20-31日汇总	5520000	5748500	平	0
			本月合计	5748500	5748500		
			本年累计	62728500	62728500		

图9.5　需要结计本年累计发生额的明细账户结账方法举例

（4）总账账户平时只需结计月末余额。年终结账时，为了反映全年各项资产、负债及所有者权益增减变动的全貌，便于核对账目，要将所有总账账户结计全年发生额和年末余额，在摘要栏内注明"本年合计"字样，并在合计数下画一条双红线。其结账方法举例如图 9.6 所示。采用棋盘式总账和科目汇总表代替总账的单位，年终结账，应当汇编一张全年合计的科目汇总表和棋盘式总账。

总分类账　　　　　　　　　　　第25页
GENERAL LEDGER

会计科目及编号　2221　应交税费
ACCOUNT NO.

2013年		凭证字号	摘要	借方										贷方										借或贷	余额									
月	日			亿	千	百	十	万	千	百	十	元	角	分	亿	千	百	十	万	千	百	十	元	角	分		亿	千	百	十	万	千	百	十	元	角	分
12	01		期初余额																							贷				2	4	9	6	0	0	0	
	10	科01	1-10日汇总				1	2	4	9	2	0	0	0					2	0	4	0	0	0	0	借				7	9	5	6	0	0	0	
	20	科02	11-20日汇总																	8	5	0	0	0	0	0	贷					5	4	4	0	0	0	
	31	科03	20-31日汇总																1	3	2	1	4	0	6	5	贷		1	3	7	5	8	0	6	5	
			本月合计				1	2	4	9	2	0	0	0					2	3	7	5	4	0	6	5												
			结转下年																																		

图 9.6　只需结计月末余额总账账户结账方法举例

（5）需要结计本月发生额的某些账户，如果本月只发生一笔经济业务，由于这笔记录的金额就是本月发生额，结账时，只要在此行记录下画一条单红线，表示与下月的发生额分开就可以了，无须另结出"本月合计"数。

结账画线的目的，是为了突出本月合计数及月末余额，表示本会计期的会计记录已经截止或结束，并将本期与下期的记录明显分开。根据《会计基础工作规范》规定，月结画单线，年结画双线。画线时，应画红线；画线应画通栏线，不应只在本账页中的金额部分画线。

9.5　账簿的更换和保管

1. 账簿的更换

会计账簿的更换通常在下一会计年度建账时进行。一般来说，总账、日记账和多数明细账应每年更换一次；有些财产物资明细账和债权债务明细账，由于品种、规格和往来单位较多，更换新账的工作量较大，因此，可以跨年使用，不必每年更换一次。

更换账簿时，要将上年旧账簿在年终结账时将账户的年终余额直接转入下一年度启用的有关新账簿中的余额栏内，结转后新账的第一页第一行"摘要"栏注明"上年结转"字样。新旧账簿有关账户之间转记金额，无须编制记账凭证。账簿的更换如图 9.7 所示。

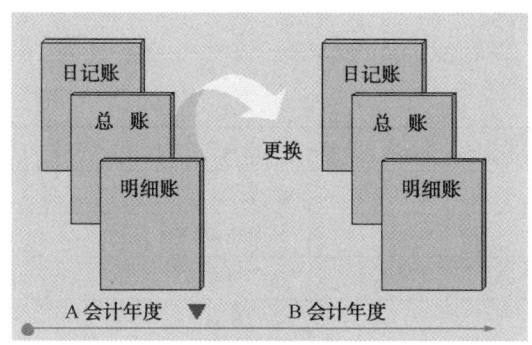

图 9.7 账簿的更换

2．账簿的保管

年度终了，各账户在建立新账后，一般要将旧账交给总账会计进行集中管理。会计账簿暂由本单位财会部门保管一年，期满之后，由财会部门编造清册移交本单位的档案部门保管。

会计人员将各种凭证和账簿，连同账簿启用表、经管人员一览表装订成册，加上封面，统一编号，一起归档保管。各单位保存的会计档案不得借出，如有特殊需要，经本单位负责人批准，可以查阅或者复制，并办理登记手续。各种账簿和会计凭证，都必须按照会计制度统一规定的保存年限妥善保管，不得丢失和随意销毁。

会计账簿的保管期限，根据我国《会计档案管理办法》的规定，至少保存 15 年，现金日记账、银行存款日记账一般保管 25 年，保管期满，按规定的审批程序报经批准后方可销毁。

9.6 财务会计报告的编报

9.6.1 资产负债表的编制方法

1．资产负债表的格式

资产负债表一般有表首、正表两部分。其中，表首概括地说明报表名称、编制单位、编制日期、报表编号、货币名称、计量单位等；正表是资产负债表的主体，列示了用以说明企业财务状况的各个项目。资产负债表正表的格式一般有两种：报告式资产负债表和账户式资产负债表。

（1）报告式资产负债表是上下结构，上半部列示资产，下半部列示负债及所有者权益。具体排列形式又有两种：一是按"资产=负债+所有者权益"的原理排列；二是按"资产-负债=所有者权益"的原理排列。

（2）账户式资产负债表是左右结构，左边列示资产，右边列示负债及所有者权益。不管采取什么格式，资产各项目的合计等于负债及所有者权益各项目的合计这一等式不变。在我国，资产负债表采用账户式，每个项目又分为"年初数"和"期末数"两栏分别填列，其基本结构如表 9.8 所示。

表9.8 资产负债表   会企01表

编制单位：　　　　　　　　　　　　　　　　__年__月__日　　　　　　　　　　　　　　　　单位：元

资产	期末余额	上年年末余额	负债和所有者权益（或股东权益）	期末余额	上年年末余额
流动资产：			流动负债：		
货币资金			短期借款		
交易性金融资产			交易性金融负债		
衍生金融资产			衍生金融负债		
应收票据			应付票据		
应收账款			应付账款		
应收款项融资			预收款项		
预付款项			合同负债		
其他应收款			应付职工薪酬		
存货			应交税费		
合同资产			其他应付款		
持有待售资产			持有待售负债		
一年内到期的非流动资产			一年内到期的非流动负债		
其他流动资产			其他流动负债		
流动资产合计			流动负债合计		
非流动资产：			非流动负债：		
债权投资			长期借款		
其他债权投资			应付债券		
长期应收款			其中：优先股		
长期股权投资			永续债		
其他权益工具投资			租赁负债		
其他非流动金融资产			长期应付款		
投资性房地产			预计负债		
固定资产			递延收益		
在建工程			递延所得税负债		
生产性生物资产			其他非流动负债		
油气资产			非流动负债合计		
使用权资产			负债合计		
无形资产			所有者权益（或股东权益）：		
开发支出			实收资本（或股本）		
商誉			其他权益工具		
长期待摊费用			其中：优先股		
递延所得税资产			永续债		

续表

资产	期末余额	上年年末余额	负债和所有者权益（或股东权益）	期末余额	上年年末余额
其他非流动资产			资本公积		
非流动资产合计			减：库存股		
			其他综合收益		
			专项储备		
			盈余公积		
			未分配利润		
			所有者权益（或股东权益）合计		
资产总计			负债和所有者权益（或股东权益）总计		

2. 资产负债表的编制

资产负债表各项目均需填列"期末余额"和"上年年末余额"两栏。资产负债表的"上年年末余额"栏内各项数字，应根据上年年末资产负债表的"期末余额"栏内所列数字填列。如果上年度资产负债表规定的各个项目的名称和内容与本年度不一致，应按照本年度的规定对上年年末资产负债表各项目的名称和数字进行调整，填入本表"上年年末余额"栏内。

资产负债表的"期末余额"栏主要有以下几种填列方法。

根据总账科目余额填列	（1）根据总账科目的期末余额直接填列，如"短期借款""资本公积"等项目 （2）根据几个总账科目的期末余额计算填列，如"货币资金"项目，需根据"库存现金""银行存款""其他货币资金"三个总账科目的期末余额合计数填列
根据明细账科目余额计算填列	（1）"预付款项"项目，需要根据"预付账款"和"应付账款"科目所属各明细科目的期末借方余额减去有关坏账准备贷方余额后的净额填列 （2）"应付账款"项目，需要根据"应付账款"和"预付账款"科目所属相关明细科目的期末贷方余额合计数填列 （3）"预收款项"项目，需要根据"预收账款"和"应收账款"科目所属相关明细科目的期末贷方余额合计数填列 （4）"开发支出"项目，需要根据"研发支出"科目中所属的"资本化支出"明细科目期末余额计算填列 （5）"应付职工薪酬"项目，需要根据"应付职工薪酬"科目的明细科目期末余额计算填列 （6）"一年内到期的非流动资产""一年内到期的非流动负债"项目，需要根据有关非流动资产和非流动负债项目的明细科目余额计算填列
根据总账科目和明细账科目余额分析计算填列	（1）"长期借款"项目，需要根据"长期借款"总账科目余额扣除"长期借款"科目所属的明细科目中将在资产负债表日起一年内到期且企业不能自主地将清偿义务展期的长期借款后的金额计算填列 （2）"其他非流动资产"项目，根据有关科目的期末余额减去将于一年内（含一年）收回数后的金额计算填列 （3）"其他非流动负债"项目，应根据有关科目的期末余额减去将于一年内（含一年）到期偿还数后的金额计算填列

续表

根据有关科目余额减去其备抵科目余额后的净额填列	（1）"应收账款"项目，需要根据"应收账款"和"预收账款"科目所属相关明细科目的期末借方余额减去有关的坏账准备贷方余额计算填列 （2）资产负债表中"应收票据""长期股权投资""在建工程"等项目，应当根据"应收票据""长期股权投资""在建工程"等科目的期末余额减去"坏账准备""长期股权投资减值准备""在建工程减值准备"等备抵科目余额后的净额填列 （3）"投资性房地产"（采用成本模式计量）项目，应当根据"投资性房地产"科目的期末余额，减去"投资性房地产累计折旧""投资性房地产减值准备"等备抵科目余额后的净额填列 （4）"固定资产"项目应当根据"固定资产"科目的期末余额，减去"累计折旧""固定资产减值准备"等备抵科目的期末余额，以及"固定资产清理"科目期末余额后的净额填列 （5）"无形资产"项目，应当根据"无形资产"科目的期末余额，减去"累计摊销""无形资产减值准备"等备抵科目余额后的净额填列
综合运用上述填列方法分析填列	"存货"项目，需要根据"原材料""库存商品""委托加工物资""周转材料""材料采购""在途物资""发出商品""材料成本差异"等总账科目期末余额的分析汇总数，再减去"存货跌价准备"科目余额后的净额填列

资产项目的填列说明：

（1）"货币资金"项目，反映企业期末持有的库存现金、银行存款、银行汇票存款、银行本票存款、信用卡存款、信用证保证金存款、外埠存款等的合计数。本项目应根据"库存现金""银行存款""其他货币资金"科目期末余额的合计数填列。

（2）"交易性金融资产"项目，反映资产负债表日企业分类为以公允价值计量且其变动计入当期损益的金融资产，以及企业持有的指定为以公允价值计量且其变动计入当期损益的金融资产的期末账面价值。该项目应根据"交易性金融资产"科目的相关明细科目期末余额分析填列。自资产负债表日起超过一年到期且预期持有超过一年的以公允价值计量且其变动计入当期损益的非流动金融资产的期末账面价值，在"其他非流动金融资产"项目反映。

（3）"应收票据"项目，反映资产负债表日以摊余成本计量的、企业因销售商品、提供服务等收到的商业汇票，包括银行承兑汇票和商业承兑汇票。该项目应根据"应收票据"科目的期末余额，减去"坏账准备"科目中相关坏账准备期末余额后的金额分析填列。

（4）"应收账款"项目，反映资产负债表日以摊余成本计量的、企业因销售商品、提供服务等经营活动应收取的款项。该项目应根据"应收账款"科目和"预收账款"科目所属相关明细科目期末借方余额合计数，减去"坏账准备"科目中相关坏账准备期末余额后的金额分析填列。

（5）"应收款项融资"项目，反映资产负债表日以公允价值计量且其变动计入其他综合收益的应收票据和应收账款等。

（6）"预付款项"项目，反映企业按照购货合同规定预付给供应单位的款项等。本项目应根据"预付账款"和"应付账款"科目所属相关明细科目的期末借方余额合计数，减去有关"坏账准备"科目的期末余额后的净额填列。如"预付账款"科目所属明细科目期末为贷方余额的，应在资产负债表"应付账款"项目内填列。

（7）"其他应收款"项目，应根据"应收利息""应收股利""其他应收款"科目的期末余额合计数,减去"坏账准备"科目中相关坏账准备期末余额后的金额填列。其中的"应收利息"仅反映相关金融工具已到期可收取但于资产负债表日尚未收到的利息。基于实际利率法计提的金融工具的利息应包含在相应金融工具的账面余额中。

(8)"存货"项目,反映企业期末在库、在途和在加工中的各种存货的可变现净值或成本(成本与可变现净值孰低)。本项目应根据"材料采购""原材料""库存商品""周转材料""委托加工物资""生产成本""受托代销商品""发出商品"等科目的期末余额合计数,减去"受托代销商品款""存货跌价准备"科目期末余额后的净额填列。材料采用计划成本核算,以及库存商品采用计划成本核算或售价核算的企业,还应按加或减材料成本差异、商品进销差价后的金额填列。

(9)"合同资产"项目,反映企业按照《企业会计准则第14号——收入》(2018年)的相关规定,根据本企业履行履约义务与客户付款之间的关系在资产负债表中列示的合同资产。该项目应根据"合同资产"科目的相关明细科目期末余额分析填列。

同一合同下的合同资产和合同负债应当以净额列示,其中净额为借方余额的,应当根据其流动性在"合同资产"或"其他非流动资产"项目中填列,已计提减值准备的,还应减去"合同资产减值准备"科目中相关的期末余额后的金额填列;其中净额为贷方余额的,应当根据其流动性在"合同负债"或"其他非流动负债"项目中填列。

(10)"持有待售资产"项目,反映资产负债表日划分为持有待售类别的非流动资产及划分为持有待售类别的处置组中的流动资产和非流动资产的期末账面价值。该项目应根据"持有待售资产"科目的期末余额,减去"持有待售资产减值准备"科目的期末余额后的金额填列。

(11)"一年内到期的非流动资产"项目,反映企业预计自资产负债表日起一年内变现的非流动资产。本项目应根据有关科目的期末余额分析填列。

(12)"债权投资"项目,反映资产负债表日企业以摊余成本计量的长期债权投资的期末账面价值。该项目应根据"债权投资"科目的相关明细科目期末余额,减去"债权投资减值准备"科目中相关减值准备的期末余额后的金额分析填列。自资产负债表日起一年内到期的长期债权投资的期末账面价值,在"一年内到期的非流动资产"项目反映。企业购入的以摊余成本计量的一年内到期的债权投资的期末账面价值,在"其他流动资产"项目反映。

(13)"其他债权投资"项目,反映资产负债表日企业分类为以公允价值计量且其变动计入其他综合收益的长期债权投资的期末账面价值。该项目应根据"其他债权投资"科目的相关明细科目期末余额分析填列。自资产负债表日起一年内到期的长期债权投资的期末账面价值,在"一年内到期的非流动资产"项目反映。企业购入的以公允价值计量且其变动计入其他综合收益的一年内到期的债权投资的期末账面价值,在"其他流动资产"项目反映。

(14)"长期应收款"项目,反映企业租赁产生的应收款项和采用递延方式分期收款、实质上具有融资性质的销售商品和提供劳务等经营活动产生的应收款项。本项目应根据"长期应收款"科目的期末余额,减去相应的"未实现融资收益"科目和"坏账准备"科目所属相关明细科目期末余额后的金额填列。

(15)"长期股权投资"项目,反映投资方对被投资单位实施控制、重大影响的权益性投资,以及对其合营企业的权益性投资。本项目应根据"长期股权投资"科目的期末余额,减去"长期股权投资减值准备"科目的期末余额后的净额填列。

（16）"其他权益工具投资"项目，反映资产负债表日企业指定为以公允价值计量且其变动计入其他综合收益的非交易性权益工具投资的期末账面价值。该项目应根据"其他权益工具投资"科目的期末余额填列。

（17）"固定资产"项目，反映资产负债表日企业固定资产的期末账面价值和企业尚未清理完毕的固定资产清理净损益。该项目应根据"固定资产"科目的期末余额，减去"累计折旧"和"固定资产减值准备"科目的期末余额后的金额，以及"固定资产清理"科目的期末余额填列。

（18）"在建工程"项目，反映资产负债表日企业尚未达到预定可使用状态的在建工程的期末账面价值和企业为在建工程准备的各种物资的期末账面价值。该项目应根据"在建工程"科目的期末余额，减去"在建工程减值准备"科目的期末余额后的金额，以及"工程物资"科目的期末余额，减去"工程物资减值准备"科目的期末余额后的金额填列。

（19）"使用权资产"项目，反映资产负债表日承租人企业持有的使用权资产的期末账面价值。该项目应根据"使用权资产"科目的期末余额，减去"使用权资产累计折旧"和"使用权资产减值准备"科目的期末余额后的金额填列。

（20）"无形资产"项目，反映企业持有的专利权、非专利技术、商标权、著作权、土地使用权等无形资产的成本减去累计摊销和减值准备后的净值。本项目应根据"无形资产"科目的期末余额，减去"累计摊销"和"无形资产减值准备"科目的期末余额后的净额填列。

（21）"开发支出"项目，反映企业开发无形资产过程中能够资本化形成无形资产成本的支出部分。该项目应当根据"研发支出"科目中所属的"资本化支出"明细科目期末余额填列。

（22）"长期待摊费用"项目，反映企业已经发生但应由本期和以后各期负担的分摊期限在一年以上的各项费用。本项目应根据"长期待摊费用"科目的期末余额分析填列。长期待摊费用的摊销年限只剩一年或不足一年的，或预计在一年内（含一年）进行摊销的部分，不得归类为流动资产，仍在各该非流动资产项目中填列，不转入"一年内到期的非流动资产"项目。

（23）"递延所得税资产"项目，反映企业根据所得税准则确认的可抵扣暂时性差异产生的所得税资产。该项目应根据"递延所得税资产"科目的期末余额填列。

（24）"其他非流动资产"项目，反映企业除上述非流动资产以外的其他非流动资产。本项目应根据有关科目的期末余额填列。

负债项目的填列说明：

（1）"短期借款"项目，反映企业向银行或其他金融机构等借入的期限在一年以下（含一年）的各种借款。该项目应根据"短期借款"科目的期末余额填列。

（2）"交易性金融负债"项目，反映企业资产负债表日承担的交易性金融负债，以及企业持有的指定为以公允价值计量且其变动计入当期损益的金融负债的期末账面价值。该项目应根据"交易性金融负债"科目的相关明细科目期末余额填列。

（3）"应付票据"项目，反映资产负债表日以摊余成本计量的，企业因购买材料、商品和接受服务等开出、承兑的商业汇票，包括银行承兑汇票和商业承兑汇票。该项目应根据"应付票据"科目的期末余额填列。

（4）"应付账款"项目，反映资产负债表日以摊余成本计量的，企业因购买材料、商品和接受服务等经营活动应支付的款项。该项目应根据"应付账款"和"预付账款"科目所属的相关明细科目的期末贷方余额合计数填列。

（5）"预收款项"项目，应根据"预收账款"和"应收账款"科目所属各明细科目的期末贷方余额合计数填列。如"预收账款"科目所属明细科目期末为借方余额的，应在资产负债表"应收账款"项目内填列。

"预收账款"科目和"预付账款"科目期末填列方法。

会计科目	借方明细科目余额填列的项目	贷方明细科目余额填列的项目
预收账款	"应收账款"项目	"预收款项"项目
预付账款	"预付款项"项目	"应付账款"项目

（6）"合同负债"项目，反映企业按照《企业会计准则第14号——收入》（2018年）的相关规定，根据本企业履行履约义务与客户付款之间的关系在资产负债表中列示的合同负债。该项目应根据"合同负债"的相关明细科目期末余额分析填列。

（7）"应付职工薪酬"项目，反映企业为获得职工提供的服务或解除劳动关系而给予的各种形式的报酬或补偿。该项目应根据"应付职工薪酬"科目所属各明细科目的期末贷方余额分析填列。外商投资企业按规定从净利润中提取的职工奖励及福利基金，也在本项目列示。

（8）"应交税费"项目，反映企业按照税法规定计算应交纳的各种税费，包括增值税、消费税、资源税、土地增值税、城市维护建设税、房产税、城镇土地使用税、车船税、教育费附加、企业所得税等。企业代扣代缴的个人所得税，也通过本项目列示。企业所交纳的税金不需要预计应交数的，如印花税、耕地占用税等，不在本项目列示。该项目应根据"应交税费"科目的期末贷方余额填列，如"应交税费"科目期末为借方余额，应以"-"号填列。

（9）"其他应付款"项目，应根据"应付股利""应付利息""其他应付款"科目的期末余额合计数填列。其中的"应付利息"仅反映相关金融工具已到期应支付但于资产负债表日尚未支付的利息。基于实际利率法计提的金融工具的利息应包含在相应金融工具的账面余额中。

（10）"持有待售负债"项目，反映资产负债表日处置组中与划分为持有待售类别的资产直接相关的负债的期末账面价值。该项目应根据"持有待售负债"科目的期末余额填列。

（11）"一年内到期的非流动负债"项目，反映企业非流动负债中将于资产负债表日后一年内到期部分的金额，如将于一年内偿还的长期借款。本项目应根据有关科目的期末余额分析填列。

（12）"长期借款"项目，反映企业向银行或其他金融机构借入的期限在一年以上（不含一年）的各项借款。本项目应根据"长期借款"科目的期末余额，扣除"长期借款"科目所属的明细科目中将在资产负债表日起一年内到期且企业不能自主地将清偿义务展期的长期借款后的金额计算填列。

（13）"应付债券"项目，反映企业为筹集长期资金而发行的债券本金（和利息）。该项目应根据"应付债券"总账科目余额扣除"应付债券"科目所属的明细科目中将在一年内到期且企业不能自主的将清偿义务展期的应付债券后的金额计算填列。

（14）"租赁负债"项目，反映资产负债表日承租人企业尚未支付的租赁付款额的期末账面价值。该项目应根据"租赁负债"科目的期末余额填列。自资产负债表日起一年内到期应予以清偿的租赁负债的期末账面价值,在"一年内到期的非流动负债"项目反映。

(15)"长期应付款"项目,反映资产负债表日企业除长期借款和应付债券以外的其他各种长期应付款项的期末账面价值。该项目应根据"长期应付款"科目的期末余额,减去相关的"未确认融资费用"科目的期末余额后的金额,以及"专项应付款"科目的期末余额填列。

(16)"预计负债"项目,反映企业根据或有事项等相关准则确认的各项预计负债,包括对外提供担保、未决诉讼、产品质量保证、重组义务以及固定资产和矿区权益弃置义务等产生的预计负债。该项目应根据"预计负债"科目的期末余额填列。企业按照《企业会计准则第22号—金融工具确认和计量》(2018年)的相关规定,对贷款承诺等项目计提的损失准备,应当在本项目中填列。

(17)"递延收益"项目,反映尚待确认的收入或收益。该项目核算包括企业根据政府补助准则确认的应在以后期间计入当期损益的政府补助金额、售后租回形成融资租赁的售价与资产账面价值差额等其他递延性收入。本项目应根据"递延收益"科目的期末余额填列。本项目中摊销期限只剩一年或不足一年的,或预计在一年内(含一年)进行摊销的部分,不得归类为流动负债,仍在该项目中填列,不转入"一年内到期的非流动负债"项目。

(18)"递延所得税负债"项目,反映企业根据所得税准则确认的应纳税暂时性差异产生的所得税负债。该项目应根据"递延所得税负债"科目的期末余额填列。

(19)"其他非流动负债"项目,反映企业除上述非流动负债以外的其他非流动负债。本项目应根据有关科目的期末余额,减去将于一年内(含一年)到期偿还数后的余额分析填列。非流动负债各项目中将于一年内(含一年)到期的非流动负债,应在"一年内到期的非流动负债"项目内反映。

所有者权益项目的填列说明:

(1)"实收资本(或股本)"项目,反映资产负债表日企业各投资者实际投入的资本(或股本)总额。该项目应根据"实收资本(或股本)"科目的期末余额填列。

(2)"其他权益工具"项目,反映资产负债表日企业发行在外的除普通股以外分类为权益工具的金融工具的期末账面价值。对于资产负债表日企业发行的金融工具,分类为金融负债的,应在"应付债券"项目填列,对于优先股和永续债,还应在"应付债券"项目下的"优先股"项目和"永续债"项目分别填列;分类为权益工具的,应在"其他权益工具"项目填列,对于优先股和永续债,还应在"其他权益工具"项目下的"优先股"项目和"永续债"项目分别填列。

(3)"资本公积"项目,反映企业收到的投资者出资超出其在注册资本或股本中所占的份额以及直接计入所有者权益的利得和损失。该项目应根据"资本公积"科目的期末余额填列。

(4)"其他综合收益"项目,应根据"其他综合收益"科目的期末余额填列。

(5)"专项储备"项目,反映高危行业企业按国家规定提取的安全生产费的期末账面价值。该项目应根据"专项储备"科目的期末余额填列。

(6)"盈余公积"项目,应根据"盈余公积"科目的期末余额填列。

(7)"未分配利润"项目,应根据"本年利润"科目和"利润分配"科目的余额计算填列。未弥补的亏损在本项目内以"-"号填列。

【例9.20】大华公司2021年12月31日账户余额如表9.9所示。

表9.9 总账和有关明细账余额表

单位：元

总账	明细账户	借方余额	贷方余额	总账	明细账户	借方余额	贷方余额
库存现金		40 000		短期借款			140 000
银行存款		320 000		应付账款			220 000
交易性金融资产		300 000			F企业		140 000
应收账款		480 000			H企业	100 000	
	A企业	220 000			W企业		180 000
	B企业		60 000	预收账款			940 000
	C企业	320 000			U企业		1 020 000
预付账款		114 000			V企业	80 000	
	D企业	120 000		其他应付款			200 000
	E企业		6 000	应付职工薪酬			714 000
其他应收款		220 000		应交税费			1 220 000
原材料		560 000		应付利息			80 000
生产成本		180 000		应付股利			420 000
库存商品		420 000		长期借款			1 300 000
长期股权投资		4 560 000		实收资本			5 800 000
固定资产		14 020 000		盈余公积			1 500 585
累计折旧			1 220 000	利润分配	未分配利润		9 210 145
无形资产		1 290 730					
长期待摊费用		100 000					

根据上述资料，编制该公司2021年12月31日的资产负债表，如表9.10所示。

表9.10 资产负债表

编制单位：大华公司　　　　　　　　　　　　2021年12月31日　　　　　　　　　　　　单位：元

资　　产	期末数	负债及所有者权益	期末数
流动资产：		流动负债：	
货币资金	360 000	短期借款	140 000
交易性金融资产	300 000	应付票据	
应收票据		应付账款	326 000
应收账款	620 000	预收账款	1 080 000
预付账款	220 000	应付职工薪酬	714 000
其他应收款	220 000	应交税费	1 220 000
存货	1 160 000	应付利息	80 000
其他流动资产		应付股利	420 000
流动资产合计	2 880 000	其他应付款	200 000

续表

资　　产	期末数	负债及所有者权益	期末数
非流动资产：		其他流动负债	
长期股权投资	4 560 000	流动负债合计	4 180 000
固定资产	12 800 000	非流动负债：	
固定资产清理		长期借款	940 000
无形资产	1 290 730	长期应付款	
长期待摊费用	100 000	非流动负债合计	940 000
其他长期资产		负债合计	5 120 000
非流动资产合计	18 750 730	所有者权益：	
		实收资本	5 800 000
		资本公积	
		盈余公积	1 500 585
		未分配利润	9 210 145
		所有者权益合计	16 510 730
资产总计	21 630 730	负债及所有者权益总计	21 630 730

9.6.2 利润表的编制

1. 利润表的格式

在利润表中，企业通常以各项收入、费用以及构成利润的各个项目分类分项列示。也就是说，收入按其重要性进行列示，主要包括主营业务收入、其他业务收入、投资收益、补贴收入、营业外收入；费用按其性质进行列示，主要包括主营业务成本、主营业务税金及附加、营业费用、管理费用、财务费用、其他业务成本、营业外支出、所得税费用等；利润按营业利润、利润总额和净利润等利润的构成分类分项列示。

利润表一般有表首、正表两部分。其中，表首说明报表名称、编制单位、编制日期、报表编号、货币名称、计量单位等；正表是利润表的主体，反映形成经营成果的各个项目和其计算过程。利润表正表的格式有两种：单步式利润表和多步式利润表。

（1）单步式利润表是先将当期所有的收入列在一起，然后将所有的费用列在一起，两者相减得出当期净损益。

（2）多步式利润表是通过对当期的收入、费用、支出项目按性质加以归类，按利润形成的主要环节列示一些中间性利润指标，如主营业务利润、营业利润、利润总额、净利润，分步计算当期净损益。

在我国，利润表采用多步式，每个项目通常又分为"本月数"和"本年累计数"两栏分别用列。"本月数"栏反映各项目的本月实际发生数；在编报中期财务会计报告时，填列上年同期累计实际发生数；在编报年度财务会计报告时，填列上年全年累计实际发生数。如果上年度利润表与本年度利润表的项目名称和内容不一致，则按编报当年的口径对上年度利润表项目的名称和数字进行调整，填入本表"上年数"栏。在编报中期和年度财务会计报告时，将"本月数"栏改成"上年数"栏。本表"本年累计数"栏反映各项目自年初起至报告期末止的累计实际发生数。其基本格式如表 9.11 所示。

表 9.11 利润表

编制单位： 20××年××月 单位：

项　　目	行　　次	本期金额	上期金额
一、营业收入			
减：营业成本			
税金及附加			
销售费用			
管理费用			
财务费用			
资产减值损失			
加：公允价值变动损益（净损失以"-"号填列）			
投资收益（净损失以"-"号填列）			
二、营业利润（亏损以"-"号填列）			
加：营业外收入			
减：营业外支出			
其中：非流动资产处置净损失			
三、利润总额（亏损总额以"-"号填列）			
减：所得税费用（25%）			
四、净利润（净亏损以"-"号填列）			
五、每股收益			
（一）基本每股收益			
（二）稀释每股收益			

2．利润表的编制

利润表是反映资金运动的动态报表，各项目的数额主要根据有关损益类账户的发生额填列。表中"本月数"栏反映各项目的本月实际发生数，在编制年度报表时，填列上年全年累计实际发生数，并将"本月数"栏改为"上年数"栏。如果上年度利润表项目的名称和内容与本年度利润表不一致，应加以调整。利润表中的"本年累计数"栏，反映各项目自年初起至本月止的累计实际发生数。

利润表各主要项目的内容及填列方法如下。

（1）"营业收入"项目，反映企业销售商品和提供劳务等主要经营业务取得的收入额。本项目应根据"主营业务收入""其他业务收入"等账户的发生额分析填列。

（2）"营业成本"项目，反映企业主要经营业务发生的成本。本项目应根据"主营业务成本""其他业务成本"等账户的发生额分析填列。

(3)"税金及附加"项目，反映企业经营活动应负担的营业税、消费税、城市维护建设税、资源税、土地增值税和教育费附加等。本项目应根据"税金及附加"账户的发生额分析填列。

(4)"销售费用"项目，反映企业在销售商品和商品流通企业在购入商品等过程中发生的费用。本项目应根据"销售费用"账户的发生额分析填列。

(5)"管理费用"项目，反映企业的管理费用。本项目应根据"管理费用"账户的发生额分析填列。

(6)"财务费用"项目，反映企业发生的财务费用。本项目应根据"财务费用"账户的发生额分析填列。

(7)"资产减值损失"项目，反映企业确认的资产减值损失。本项目应根据"资产减值损失"账户的发生额分析填列。

(8)"公允价值变动损益"项目，反映企业确认的交易性金融资产或交易性金融负债的公允价值变动额。本项目应根据"公允价值变动损益"账户的发生额分析填列。

(9)"投资收益"项目，反映企业以各种方式对外投资所取得的收益。本项目应根据"投资收益"账户的发生额分析填列，如为投资损失，以"-"号填列。

(10)"营业外收入"项目，反映企业发生的与其生产经营无直接关系的各项收入。本项目应根据"营业外收入"账户的发生额分析填列。

(11)"营业外支出"项目，反映企业发生的与其生产经营无直接关系的各项支出。本项目应根据"营业外支出"账户的发生额分析填列。

(12)"利润总额"项目，反映企业实现的利润总额，如为亏损总额，以"-"号填列。

(13)"所得税费用"项目，反映企业按规定从本期损益中减去的所得税。本项目应根据"所得税费用"账户的发生额分析填列。

(14)"净利润"项目，反映企业实现的净利润，如为净亏损，以"-"号填列。

【例9.21】紫光公司2021年12月31日的有关收入、费用类账户的发生额如下。

主营业务收入	2 600 000
主营业务成本	1 480 000
税金及附加	100 000
销售费用	140 000
管理费用	212 000
财务费用	68 000
投资收益	180 000
营业外收入	50 000
营业外支出	39 000
其他业务收入	200 000
其他业务成本	120 000
所得税费用	300 000

该公司截至2021年11月的利润表中的有关数据如表9.12所示。

表9.12 利润表

编制单位：紫光公司　　　　　　　　　　　2021年11月　　　　　　　　　　　　　单位：元

项　　目	本　月　数	本年累计数
一、营业收入	（略）	21 600 000
减：营业成本		9 420 000
税金及附加		1 520 000
销售费用		1 320 000
管理费用		1 560 000
财务费用		880 000
资产减值损失		
加：公允价值变动损益		
投资收益		1 220 000
二、营业利润		8 120 000
加：营业外收入		470 000
减：营业外支出		165 000
三、利润总额		8 425 000
减：所得税费用		2 793 650
四、净利润		5 651 350

根据上述2021年11月利润表及12月有关资料，编制2021年12月利润表，如表9.13所示。

表9.13 利润表

编制单位：紫光公司　　　　　　　　　　　2021年12月　　　　　　　　　　　　　单位：元

项　　目	本　月　数	本年累计数
一、营业收入	2 600 000	24 200 000
减：营业成本	1 480 000	10 900 000
税金及附加	100 000	1 620 000
销售费用	140 000	1 460 000
管理费用	212 000	1 772 000
财务费用	68 000	948 000
资产减值损失	0	0
加：公允价值变动损益	0	0
投资收益	180 000	1 400 000
二、营业利润	780 000	8 900 000
加：营业外收入	50 000	520 000
减：营业外支出	39 000	204 000
三、利润总额	791 000	9 216 000
减：所得税费用	300 000	3 093 650
四、净利润	491 000	6 142 350

9.6.3 现金流量表的编制

1. 现金流量表的格式

我国企业的现金流量表包括主表和补充资料两部分。

正表是现金流量表的主体,企业一定会计期间的信息主要由会计正表提供。正表采用报告式,按照现金流量的性质,依次分类排列。

(1) 经营活动产生的现金流量。
(2) 投资活动产生的现金流量。
(3) 筹资活动产生的现金流量。
(4) 汇率变动对现金的影响。
(5) 现金及现金等价物净增加额。

补充资料包括以下三部分内容:

(1) 将净利润调节为经营活动的现金流量,即按间接法编制的经营活动现金流量。它与正表的经营活动产生的现金流量净额相符。
(2) 不涉及现金收支的投资活动和筹资活动。
(3) 现金及现金等价物净增加额情况。

现金流量表及其附表的基本格式如表 9.14 所示。

表 9.14 现金流量表及其附表
(现金流量表)

编制单位:　　　　　　　　　　　年　月　　　　　　　　　　单位:

项　目	本期金额	上期金额
一、经营活动产生的现金流量		
销售商品、提供劳务收到的现金		
收到的税费返还		
收到的其他与经营活动有关的现金		
经营活动现金流入小计		
购买商品、接受劳务支付的现金		
支付给职工以及为职工支付的现金		
支付的各项税费		
支付的其他与经营活动有关的现金		
经营活动现金流出小计		
经营活动产生的现金流量净额		
二、投资活动产生的现金流量		
收回投资所收到的现金		
取得投资收益所收到的现金		
处置固定资产、无形资产和其他长期资产所收回的现金净额		
处置子公司及其他营业单位收到的现金净额		
收到的其他与投资活动有关的现金		

续表

项　　目	本 期 金 额	上 期 金 额
投资活动现金流入小计		
购建固定资产、无形资产和其他长期资产所支付的现金		
投资所支付的现金		
取得子公司及其他营业单位支付的现金净额		
支付的其他与投资活动有关的现金		
投资活动现金流出小计		
投资活动产生的现金流量净额		
三、筹资活动产生的现金流量		
吸收投资所收到的现金		
取得借款所收到的现金		
收到的其他与筹资活动有关的现金		
筹资活动现金流入小计		
偿还债务所支付的现金		
分配股利、利润或偿付利息所支付的现金		
支付的其他与筹资活动有关的现金		
筹资活动现金流出小计		
筹资活动产生的现金流量净额		
四、汇率变动对现金及现金等价物的影响		
五、现金及现金等价物净增加额		
加：期初现金及现金等价物余额		
六、期末现金及现金等价物余额		

（附表）

编制单位：　　　　　　　　　年度　　　　　　　　　　　　　　　单位：

补 充 资 料	金　　额
1．将净利润调节为经营活动现金流量	
净利润	
加：计提的资产减值准备	
固定资产折旧	
无形资产摊销	
长期待摊费用摊销	
处置固定资产、无形资产和其他长期资产的损失（减：收益）	
固定资产报废损失	
财务费用	
投资损失（减：收益）	
递延税款贷项（减：借项）	
存货的减少（减：增加）	
经营性应收项目的减少（减：增加）	

续表

补 充 资 料	金 额
经营性应付项目的增加（减：减少）	
其他	
经营活动产生的现金流量净额	
2. 不涉及现金收支的投资和筹资活动	
债务转为资本	
一年内到期的可转换公司债券	
融资租入固定资产	
3. 现金及现金等价物净增加情况	
现金的期末余额	
减：现金的期初余额	
加：现金等价物的期末余额	
减：现金等价物的期初余额	
现金及现金等价物净增加额	

| 企业负责人： | 主管会计： | 制表： | 报出日期： 年 月 日 |

2．现金流量表各项目的内容及填列方法

在现金流量表中，经营活动产生的现金流量可以采用直接法和间接法两种方法反映。其中，直接法是以营业收入为起算点计算调整与经营活动有关项目的增减变动，然后计算出经营活动的现金流量，在现金流量表主表中经营活动的现金流量就是以直接法列报的；间接法以净利润为起算点，通过调整不涉及现金的收支费用、营业外收支以及经营性应收应付等项目的增减变动，调整不属于经营活动的现金收支项目，据此计算并列示经营活动的现金流量的方法。

在现金流量表的补充资料中应按照间接法反映经营活动现金流量的情况，以对主表中按直接法反映的经营活动现金流量进行核对和补充说明。

下面分别说明现金流量表各项目的内容及填列方法。

（1）经营活动产生的现金流量。

①"销售商品、提供劳务收到的现金"项目。该项目反映企业销售商品、提供劳务实际收到的现金（含销售收入和向购买者收取的增值税额），包括本期销售的商品、提供劳务收到的现金，以及前期销售和前期提供劳务本期收到的现金和本期预收的账款，减去本期退回本期销售的商品和前期销售本期退回的商品支付的现金。企业销售材料和代购代销业务收到的现金，也在本项目反映。本项目根据"现金""银行存款""应收账款""主营业务收入""其他业务收入"等账户的记录分析填列。

②"收到的税费返还"项目，反映企业收到的返还税费，如收到的增值税、所得税返还等。本项目根据"现金""银行存款""税金及附加"等账户的记录分析填列。

③"收到的其他与经营活动有关的现金"项目，反映企业除了上述各项目外，收到的其他与经营活动有关的现金流入，如罚款收入、流动资产损失中由个人赔偿的现金收入等。本

项目根据"现金""银行存款""营业外收入"等账户的记录分析填列。

④"购买商品、接受劳务支付的现金"项目，反映企业购买材料、商品、接受劳务实际支付的现金。本项目包括本期购入材料、商品、接受劳务支付的现金（包括增值税进项税额），以及本期偿付前期购入商品、接受劳务的应付款项和本期预付款项。本期发生的购货退出收到的现金应从本项目内减去。本项目根据"现金""银行存款""应付账款""应付票据""主营业务成本"等账户的记录分析填列。

⑤"支付给职工以及为职工支付的现金"项目，反映企业实际支付给职工以及为职工支付的现金，包括本期实际支付给职工的工资、奖金、各种津贴、补贴等。企业支付给离退休人员的各项费用，包括支付的统筹退休金以及未参加统筹的退休人员的费用，在"支付的其他与经营活动有关的现金"项目中反映；企业支付给在建工程人员的工资，在"购建固定资产、无形资产和其他长期资产所支付的现金"项目中反映。本项目根据"应付职工薪酬""现金""银行存款"等账户的记录分析填列。

⑥"支付的各项税费"项目，反映企业按规定支付的各种税费，包括本期发生并支付的税费，以及本期支付以前各期发生的税费和预交的税金等。本项目可以根据"现金""银行存款""应交税费"等账户的记录分析填列。

⑦"支付的其他与经营活动有关的现金"项目，反映企业支付的其他与经营活动有关的现金支出，如罚款支出、支付的差旅费、业务招待费的现金支出、支付的保险费等。本项目根据"现金""银行存款""管理费用""销售费用""营业外收入"等有关账户的记录分析填列。

（2）投资活动产生的现金流量。

①"收回投资所收到的现金"项目，反映企业出售、转让或到期收回除现金等价物以外的投资而收到的现金。本项目根据"交易性金融资产""长期股权投资""持有至到期投资""现金""银行存款"等账户的记录分析填列。

②"取得投资收益所收到的现金"项目，反映企业因股权性投资和债权性投资而取得的现金股利、利息，以及从子公司、联营企业和合营企业分回利润收到的现金，不包括股票股利。本项目根据"现金""银行存款""投资收益""交易性金融资产""长期股权投资""持有至到期投资"等账户的记录分析填列。

③"处置固定资产、无形资产和其他长期资产所收回的现金净额"项目，反映企业处置固定资产、无形资产和其他长期资产所收到的现金，减去为处置这些资产而支付的有关费用后的净额。由于自然灾害所造成的固定资产等长期资产损失而收到的保险赔偿收入，也在本项目反映。本项目根据"现金""银行存款""固定资产清理"等账户的记录分析填列。

④"收到的其他与投资活动有关的现金"项目，反映企业除了上述各项以外，收到的其他与投资活动有关的现金流入。其他现金流入价值较大时，应单列项目反映。本项目根据"现金""银行存款"等账户的记录分析填列。

⑤"购建固定资产、无形资产和其他长期资产所支付的现金"项目，反映企业处置固定资产、无形资产和其他长期资产所支付的现金，不包括为购建固定资产而发生的借款利息和融资租入固定资产支付的租赁费。本项目根据"现金""银行存款""在建工程""无形资产""固定资产"等账户的记录分析填列。

⑥ "投资所支付的现金"项目，反映企业进行权益性投资和债权性投资所支付的现金，包括企业取得的除现金等价物以外的股票投资和债券投资等支付的现金等。本项目根据"现金""银行存款""交易性金融资产""长期股权投资""持有至到期投资"等账户的记录分析填列。

⑦ "支付的其他与投资活动有关的现金"项目，反映企业除了上述各项以外，支付的其他与投资活动有关的现金流出。其他流出，如价值较大的，应单列项目反映。本项目可以根据有关账户的记录分析填列。

（3）筹资活动产生的现金流量。

① "吸收投资所收到的现金"项目，反映企业收到的投资者投入的现金，包括以发行股票、债券等方式筹集的资金实际收到的净额。以发行股票、债券等方式筹集资金而由企业直接支付的审计、咨询等费用，在"支付的其他与筹资活动有关的现金"项目反映，不从本项目内减去。本项目根据"实收资本（股本）""现金""银行存款"等账户的记录分析填列。

② "取得借款所收到的现金"项目，反映企业举借各种短期借款、长期借款所收到的现金。本项目根据"短期借款""长期借款""现金""银行存款"等账户的记录分析填列。

③ "收到的其他与筹资活动有关的现金"项目，反映企业收到的其他与筹资活动有关的现金流入，如接受现金捐赠等。本项目根据"资本公积""现金""银行存款"等账户的记录分析填列。

④ "偿还债务所支付的现金"项目，反映企业以现金偿还债务的本金，包括偿还金融企业的借款本金、偿还债券本金等。企业偿还的借款利息、债券利息，在"分配股利、利润或偿付利息所支付的现金"项目反映，不包括在本项目内。本项目根据"短期借款""长期借款""现金""银行存款"等账户的记录分析填列。

⑤ "分配股利、利润或偿付利息所支付的现金"项目，反映企业实际支付给投资人的利润以及支付的借款利息、债券利息等。本项目根据"应付股利""财务费用""长期借款""现金""银行存款"等账户的记录分析填列。

⑥ "支付的其他与筹资活动有关的现金"项目，反映企业支付的其他与筹资活动有关的现金流出，如融资租入固定资产支付的租赁费等。本项目根据有关账户的记录分析填列。

⑦ "汇率变动对现金及现金等价物的影响"项目，反映企业外币现金流量及境外子公司的现金流量折算为人民币时，所采用的现金流量发生日的汇率或平均汇率折算的人民币金额与"现金及现金等价物净增加额"中外币现金净增加按期末汇率折算的人民币金额之间的差额。

3．现金流量表补充资料各项目的内容和填列方法

（1）将净利润调节为经营活动的现金流量。以净利润为起算点，调整计算出经营活动产生的现金流量。由于净利润是按照权责发生制原则确定的，且包括了投资活动和筹资活动的收益和费用，将净利润调节为经营活动现金流量实际上就是将按权责发生制原则确定的净利润调整为按收付实现制的现金净流入，并剔除投资活动和筹资活动对现金流量的影响。

具体项目内容说明如下：

① "计提的资产减值准备"项目，资产减值准备项目包括坏账准备、存货跌价准备、短

期投资跌价准备、长期投资减值准备、固定资产减值准备和无形资产减值准备等。本期资产计提减值准备时，记入当期的利润表中的"损益类"项目。但实际上并未影响经营活动现金流量，因此，应在净利润的基础上进行调整。当计提资产减值准备时，应将其加回到净利润中，若恢复以前年度计提的减值准备，应从净利润中将其扣除。

②"固定资产折旧"项目，企业计提固定资产折旧时，有的计入管理费用等期间费用，有的计入制造费用。计入期间费用部分已列入了利润表，计入制造费用部分则可能通过销售成本列入利润表，也可能形成企业的存货。企业计提的固定资产折旧，并不影响经营活动现金流量，应在净利润的基础上将其全部加回。当计提的固定资产折旧费包含在存货中时，虽然未影响净利润，但是增加了存货，这里也将其加回，然后在"存货的减少（减：增加）"项目中再将其相同净额扣除，形成自动平衡。

③"无形资产摊销和长期待摊费用摊销"项目，无形资产摊销时，计入了管理费用，使本期净利润减少，应在净利润的基础上将其全部加回。长期待摊费用摊销时，计入了管理费用或制造费用等。本项目的确定原理与固定资产折旧项目相同，应在净利润的基础上将其全部加回。

④"处置固定资产、无形资产和其他长期资产的损失（减：收益）"项目，处置固定资产、无形资产和其他长期资产业务，不会影响经营活动产生的现金流量的增减变化。若导致净利润和经营活动产生的现金流量净额不一致，一定是这种业务影响了净利润。因此，应在净利润的基础上加回或扣除。

⑤"固定资产报废损失"项目，固定资产报废损失计入了营业外支出，使净利润减少，但这部分损失并没有影响经营活动现金流量，所以应在调节净利润时加回。固定资产的盘盈和盘亏的处置，也会影响净利润，也应在净利润基础上加回。

⑥"财务费用"项目，企业发生的财务费用可以分别归属于经营活动、投资活动和筹资活动。对属于经营活动产生的财务费用，若既影响净利润又影响经营活动现金流量的业务，则无须进行调整；若影响净利润但不影响经营活动现金流量的业务，应通过调整经营性项目本身来完成，如应收票据贴现业务，计入财务费用的金额应通过调整"经营性应收项目的减少（减：增加）"项目来完成。对属于投资活动和筹资活动产生的财务费用，只影响净利润，但不影响经营活动现金流量，应在净利润的基础上进行调整。也就是说，与投资活动和筹资活动有关的财务费用应全额考虑，与经营活动有关的财务费用不予考虑。

⑦"投资损失（减：收益）"项目，投资收益是因为投资活动所引起的，与经营活动无关。也就是说，该项目影响净利润的变化但不会影响经营活动现金流量。若为投资收益，调节净利润时应减去；若为投资损失，调节净利润时应加回。本项目不考虑投资计提减值准备影响的净利润。

⑧"存货的减少（减：增加）"项目，存货的增减变动一般属于经营活动。存货增加，说明现金减少或经营性应付项目增加；存货减少，说明销售成本增加，净利润减少。所以在调节净利润时，应减去存货的增加数，或加上存货的减少数。在存在赊购的情况下，还应通过调整经营性应付项目的增减变动来反映赊购对现金流量的影响。若存货的增减变动不属于经营活动，则不能对其进行调整，如对外投资减少的存货，接受投资者投入的存货等业务。

⑨ "经营性应收项目的减少（减：增加）"项目，经营性应收项目主要是指应收账款、应收票据和其他应收款中与经营活动有关的部分（包括应收的增值税销项税额）等。经营性应收项目的增减变动一般属于经营活动。经营性应收项目增加，说明收入增加，净利润增加；经营性应收项目减少，说明现金增加。所以在调节净利润时，应减去经营性应收项目的增加数，或加上经营性应收项目的减少数。若经营性应收项目的增减变动不属于经营活动，则不能对其进行调整，如收到客户以固定资产抵债业务减少的应收账款等业务。

⑩ "经营性应付项目的增加（减：减少）"项目，经营性应付项目主要是指应付账款、应付票据、应付福利费、应交税费、其他应付款中与经营活动有关的部分（包括应付的增值税进项税额）等。经营性应付项目的增减变动一般属于经营活动。经营性应付项目增加，说明存货增加，最终导致销售成本增加，净利润减少；经营性应付项目减少，说明现金减少。所以在调节净利润时，应加上经营性应付项目的增加数，或减去经营性应付项目的减少数。若经营性应付项目的增减变动不属于经营活动，则不能对其进行调整，如债务重组业务中以固定资产抵债减少的应付账款等业务。

(2) 不涉及现金收支的投资和筹资活动。该项目反映企业一定会计期间影响资产、负债但不影响该期现金收支的所有投资和筹资活动的信息。这些投资和筹资活动是企业的重要理财活动，对以后各期的现金流量会产生重大影响，因此，单列项目应在补充资料中反映。

① 债务转为资本，反映企业本期转为资本的债务金额。
② 一年内到期的可转换公司债券，反映企业一年内到期的可转换公司债券的本息。
③ 融资租入固定资产，反映企业本期融资租入固定资产计入"长期应付款"账户的金额。

(3) 现金及现金等价物净增加情况。该项目反映企业一定会计期间现金及现金等价物的期末余额减去期初余额后的净增加额（或净减少额），是对现金流量表中"现金及现金等价物净增加额"项目的补充说明。该项目的金额应与正表中最后一项"现金及现金等价物净增加额"项目的金额核对相符。

4. 现金流量表的编制

具体编制现金流量表时，企业可以根据业务量的大小及复杂程度，采用工作底稿法、"T"形账户法或直接根据有关账户的记录分析填列。

(1) 工作底稿法是以工作底稿为手段，以利润表和资产负债表数据为基础，结合有关账户的记录，对现金流量表的每个项目进行分析并编制调整分录，从而编制出现金流量表的一种方法。

(2) "T"形账户法是以利润表和资产负债表数据为基础，结合有关账户的记录，对现金流量表的每个项目进行分析并编制调整分录，通过"T"形账户编制出现金流量表的一种方法。

(3) 分析填列法是根据资产负债表、利润表和有关会计账户明细账的记录，分析计算出现金流量表各项目的金额，并据以编制现金流量表的一种方法。

下面举例说明如何运用分析填列法编制现金流量表。

【例9.22】T公司2020年度资产负债表和利润表分别如表9.15和表9.16所示。

表 9.15 资产负债表

编制单位：T公司　　　　　　　　　　　　　2020年度　　　　　　　　　　　　　　　　单位：元

资　产	年初数	期末数	负债及所有者（股东）权益	年初数	期末数
流动资产：			流动负债：		
货币资金	73 500	55 500	应付票据	120 000	0
短期投资	20 000	18 000	应付账款	49 500	93 000
应收账款	54 000	39 000	流动负债合计	169 500	93 000
存货	80 000	165 000	非流动负债：		
流动资产合计	234 500	286 500	应付债券	80 000	225 000
固定资产：	249 500	318 000	非流动负债合计	80 000	225 000
固定资产原值	250 000	507 000	负债合计	249 500	318 000
减：累计折旧	15 000	31 500	所有者（股东）权益：		
固定资产净值	235 000	475 500	股本	190 000	240 000
固定资产合计	235 000	475 500	未分配利润	30 000	204 000
资产总计	469 500	762 000	所有者（股东）权益合计	220 000	444 000
			负债及所有者（股东）权益总计	469 500	762 000

表 9.16 利润表

编制单位：T公司　　　　　　　　　　　　　2020年度　　　　　　　　　　　　　　　　单位：元

项　目	年初数	本年累计数
一、主营业务收入		738 000
减：主营业务成本		360 000
二、主营业务利润（亏损以"-"号填列）		378 000
减：管理费用		61 000
财务费用		10 000
三、营业利润（亏损以"-"号填列）		307 000
加：投资收益（亏损以"-"号填列）		3 000
营业外收入		3 000
减：营业外支出		10 000
四、利润总额（亏损以"-"号填列）		303 000
减：所得税费用		102 000
五、净利润（净亏损以"-"号填列）		201 000

其他有关资料如下。

（1）本年度支付了 27 000 元现金股利。

（2）主营业务成本 360 000 元中，包括工资费用 165 000 元。管理费用 61 000 元中，包括折旧费用 21 500，长期待摊费用摊销 3 000 元，支付其他费用 36 500 元。

（3）本年度出售固定资产一台，原价 60 000 元，已提折旧 5 000 元，处置价格为 58 000 元，已收到现金。

（4）本年度购入固定资产，价款 317 000 元，以银行存款支付。

（5）本年度购入短期股票投资，支付价款 13 000 元。

（6）本年度出售短期投资收到现金 18 000 元，成本 15 000 元。

（7）本年度偿付应付公司债券 70 000 元；新发行债券 215 000 元，已收到现金。

（8）本年度发生火灾造成存货损失 10 000 元，已计入营业外支出。

（9）本年度预付保险费 5 000 元。

（10）本年度发行新股 50 000 元，已收到现金。

（11）财务费用 10 000 元系支付的债券利息。

（12）期末存货均为外购原材料。

为了简便起见，不考虑流转税，假定 T 公司没有现金等价物，应收账款全部为应收销货款，应付账款全部为应付购货款。

要求：根据上述资料编制 T 公司的现金流量表。

（1）各项目金额分析确定如下。

① 销售商品、提供劳务收到的现金=主营业务收入 738 000+增值税销项税额 0（题目已经说明不考虑流转税）+应收账款的减少额（54 000-39 000）=753 000（元）。

② 收到的税费返还反映企业收到返还的各种税费，包括收到返还的增值税、消费税、营业税、关税、所得税、教育费附加等。本题中没有收到返还的各种税费，应为 0。

③ 收到的其他与经营活动有关的现金项目也是 0。

④ 购买商品、接受劳务支付的现金=主营业务成本 360 000-其中包含的工资费用 165 000（工资费用应当记入"支付给职工以及为职工支付的现金"项目中）+本期存货的增加额（165 000-80 000）+应付账款的减少额（49 500-93 000）（年初数-期末数）+应付票据的减少额（120 000-0）+火灾造成的存货损失额 10 000（火灾造成的存货损失，导致期末存货减少，在计算本期存货的增加数时导致少记了，但该部分存货购入时确实支付了现金，所以在计算购买商品、接受劳务支付的现金时，要调增）=366 500（元）。

⑤ 支付给职工以及为职工支付的现金=支付给职工的工资费用 165 000 元（因为资产负债表中没有应付工资项目，说明没有尚未支付的工资，所以题目中的工资费用是已经支付了的）。

⑥ 支付的各项税费：本题不考虑各种流转税，因此支付的各项税费项目中只有所得税，利润表中给出了所得税费用的金额为 102 000 元，因此支付各项税费的项目金额为 102 000 元。

⑦ 支付的其他与经营活动有关的现金=支付的其他费用 36 500+预付的保险费 5 000=41 500（元）。

⑧ 支付的其他与经营活动有关的现金计入金额为 36 500 元。

⑨ 收回投资所收到的现金＝出售短期投资所收到的现金 18 000 元（包括成本 15 000 元和出售所产生的投资收益 3 000 元）。

⑩ 取得投资收益所收到的现金本题中为 0。

⑪ 处置固定资产、无形资产和其他长期资产所收回的现金净额和补充资料中的"处置固定资产、无形资产和其他长期资产的损失（减：收益）"：见其他有关资料（3）中的说明，固定资产处置价格为 58 000 元，已收到现金，这是处置固定资产、无形资产和其他长期资产所收回的现金净额。而该固定资产原价 60 000 元，已计提折旧 5 000 元，账面净值为：60 000-5 000=55 000（元），收到了 58 000 元，获得收益为：58 000-55 000=3 000（元），因此处置固定资产、无形资产和其他长期资产的损失为-3 000 元。

⑫ 购建固定资产、无形资产和其他长期资产所支付的现金：见资料（4）中的本年度购入固定资产价款 317 000 元，以银行存款支付。

⑬ 投资所支付的现金：见资料（5）本年度购入短期股票投资，支付价款 13 000 元。

⑭ 吸收投资所收到的现金：见资料（7）本年度新发行债券 215 000 元，已收到现金，以及资料（10）本年度发行新股 50 000 元，已收到现金。这两项都属于吸收投资所收到的现金，共计 265 000 元。

⑮ 偿还债务所支付的现金：见资料（7）本年度偿还应付公司债券 70 000 元。

⑯ 分配股利、利润和偿付利息所支付的现金：见资料（1）本年度支付了 27 000 元的现金股利和资料（11）财务费用 10 000 元系支付的债券利息，共计 37 000 元。

（2）补充资料如下。

① 固定资产折旧：见资料（2）中本年度折旧费用 21 500 元。

② 待摊费用减少（减：增加）：根据已知条件中的资产负债表，待摊费用本年度增加 9 000-7 000=2 000（元），所以补充资料中应填列-2 000。

③ 财务费用：根据已知条件中的利润表得出应填列 10 000。

④ 投资损失（减：收益）：根据已知的利润表得出应填列-3 000。

⑤ 存货的减少（减：增加）：根据资产负债表中存货项目的年初数和期末数得出本年度存货增加额为 165 000-80 000=85 000（元），所以应填列-85 000；这里的-85 000 中已经包含了火灾毁损的部分，在购买商品或接受劳务支付的现金中加上了火灾损毁的存货。

⑥ 经营性应收项目的减少（减：增加）：根据本题的已知条件，经营性应收项目中只有应收账款，根据资产负债表中应收账款的减少得出应填列数额为 54 000-39 000=15 000（元）。

⑦ 经营性应付项目的增加（减：减少）：根据本题的已知条件，经营性应付项目包括应付票据和应付账款。应付票据本期的减少额是 120 000 元，应付账款本期的减少额为 49 500-93 000=-43 500（元），所以应填列的金额为 120 000-43 500=76 500（元）。

（3）将以上数据填入现金流量表中，如表 9.17 所示。

表 9.17 现金流量表

编制单位：T公司　　　　　　　　2020 年度　　　　　　　　单位：元

项　　目	金　　额
一、经营活动产生的现金流量	
销售商品、提供劳务收到的现金	753 000
收到的税费返还	
收到的其他与经营活动有关的现金	
经营活动现金流入小计	753 000
购买商品、接受劳务支付的现金	366 500
支付给职工以及为职工支付的现金	165 000
支付的各项税费	102 000
支付的其他与经营活动有关的现金	41 500
经营活动现金流出小计	675 000
经营活动产生的现金流量净额	78 000

续表

项　目	金　额
二、投资活动产生的现金流量	
收回投资所收到的现金	18 000
取得投资收益所收到的现金	
处置固定资产、无形资产和其他长期资产所收回的现金净额	58 000
收到的其他与投资活动有关的现金	
投资活动现金流入小计	76 000
购建固定资产、无形资产和其他长期资产所支付的现金	317 000
投资所支付的现金	13 000
支付的其他与投资活动有关的现金	
投资活动现金流出小计	330 000
投资活动产生的现金流量净额	−254 000
三、筹资活动产生的现金流量	
吸收投资所收到的现金	265 000
取得借款所收到的现金	
收到的其他与筹资活动有关的现金	
筹资活动现金流入小计	265 000
偿还债务所支付的现金	70 000
分配股利、利润或偿付利息所支付的现金	37 000
支付的其他与筹资活动有关的现金	
筹资活动现金流出小计	107 000
筹资活动产生的现金流量净额	158 000
四、汇率变动对现金及现金等价物的影响	
五、现金及现金等价物净增加额	−18 000
将净利润调节为经营活动现金流量：	
净利润	
加：计提的资产减值准备	
固定资产折旧	
无形资产摊销	
长期待摊费用摊销	
处置固定资产、无形资产和其他长期资产的损失（减：收益）	−3 000
固定资产报废损失	
财务费用	10 000
投资损失（减：收益）	−3 000
递延税款贷项（减：借项）	
存货的减少（减：增加）	−85 000
经营性应收项目的减少（减：增加）	15 000
经营性应付项目的增加（减：减少）	−76 500
经营活动产生的现金流量净额	78 000

9.6.4 财务报表的报送与审核

1. 财务报表的报送

企业应当按照国家统一的会计制度规定的会计报表格式和内容，根据登记完整、核对无误的会计账簿记录和其他有关资料编制会计报表，不得漏报或者任意进行取舍，还应对会计报表中需要说明的事项在会计报表附注和财务情况说明书中做出真实、完整、清楚的说明，并在规定的时间内，按照规定的方式，向内部相关负责人及其外部使用者报送财务报告，及时披露相关信息，确保所有财务报告使用者同时、同质、公平地获取财务报告信息。

2. 财务报表的审核

根据国家法律法规和有关监管规定，企业应聘请会计师事务所对财务报告进行审计。企业要配合注册会计师的审计工作，及时提供与财务报告相关的资料。已经审计人员同意的财务报告草稿，经由企业总会计师和经理审核并签署真实性承诺后，及时提交董事会及其审计委员会（或类似机构）审议确认。董事会正式批准财务报告后，注册会计师方可签发审计报告。经过审计的财务报告应当按照有关规定装订成册，加盖公章，并由企业经理、总会计师、会计机构负责人签名。

本章小结

财产清查是指通过对企业的实物、现金、有价证券的实地盘点和对银行存款、往来款项的核对，以确定各项财产物资、货币资金以及往来款项的实有数与账面数是否相符的一种方法。

在会计实务中，财产清查是企业期末的重要业务之一，其意义主要表现在以下几方面：保证会计核算资料的真实性；挖掘财产潜力，提高资金使用效率；完善企业财产物资内部控制制度；保证财产物资的安全与完整。

财产清查，按照财产清查的范围，可分为全面清查和局部清查；按照财产清查时间，可分为定期清查和不定期清查；按照执行单位，可分为内部清查和外部清查；按财产物资的盘存制度不同，可分为永续盘存制和实地盘存制。在不同的财产盘存制度下，财产物资的账簿记录方法和清查盘点的目的是不同的。

财产清查结果的处理，主要是查明财产物资的盘盈、盘亏原因并按规定进行处理。

试算平衡是通过对所有账户的发生额和余额进行汇总计算和比较，来检查账户记录是否正确的一种方法，包括发生额试算平衡和余额试算平衡。在实际工作中，试算平衡是通过编制试算平衡表来进行的。试算平衡表通常是在期末结出各账户的本期发生额合计和期末余额后编制的，表中借方合计与贷方合计应该平衡相等，从而可以推断出账户记录或计算是否正确。

在对账前后，要通过对有关账簿记录和会计核算资料进行核对，确保会计资料的正确性和完整性，为编制会计报表提供真实可靠的数据资料，主要是通过账证核对、账账核对、账实核对来完成。

在对账过程中，可能发生各种各样的差错，产生错账，从而影响会计信息的准确性，应及时找出差错，按照规定的方法进行更正。一般的更正方法有划线更正法、红字更正法、补充登记法三种。

在结账前必须对有些经济业务进行调整，经过调整将那些应属于本期的费用和收入调整入账，正确、真实地反映本期收入和费用的实际水平，准确计算本期经营成果。这种在会计期末结账前，为比较真实地反映企业的经营成果和财务状况，按照权责发生制要求，对有关会计事项予以调整的会计行为称为期末账项调整。

为了总结一个会计主体一定时期内的经济活动情况，取得企业财务状况和经营成果的核算资料，各单位必须在会计期末进行结账。

年终决算后，需要更换旧账，建立新账，进行新旧账的结转更换工作。一般来说，总账、日记账和多数明细账应每年更换一次；有些财产物资明细账和债权债务明细账，由于品种、规格和往来单位较多，更换新账的工作量较大，因此，可以跨年使用，不必每年更换一次。

会计账簿的保管期限，根据我国《会计档案管理办法》的规定，至少保存15年，现金日记账、银行存款日记账一般保管25年，保管期满，按规定的审批程序报经批准后方可销毁。

财务会计报告，是指企业对外提供的反映企业某一特定日前财务状况和某一会计期间经营成果、现金流量等会计信息的文件。

财务会计报表可以按照不同的内容进行分类。按其反映的经济内容不同，可分为资产负债表、利润表、现金流量表和所有者权益变动表；按其资金运动状态的不同，可分为静态报表和动态报表；按编制的时间不同，可分为月度报表、季度报表、半年度报表和年度报表；按报送对象的不同，可分为外部报表和内部报表；按编报单位的不同，可分为单位报表、汇总报表和合并报表。

财务会计报告是传递会计信息的主要形式，应在规定时间内编报月度、季度、年度会计报表，做到手续齐备、数字真实、计算准确、内容完整、说明清楚、报送及时，不得为了赶编报表提前结账，不得任意估计数字，严禁弄虚作假、篡改数字。

会计报表附注是对会计报表的补充说明，也是财务会计报告的重要组成部分。在会计报表附注中对会计报表的某些项目做进一步的补充说明，提供了企业财务状况、经营成果和现金流量增减变动的更详细的资料。

企业应在规定的时间，按照规定的方式，向内部相关负责人及其外部使用者报送财务报告，及时披露相关信息，确保所有财务报告使用者同时、同质、公平地获取财务报告信息。

思考与实践 9

一、关键词

财产清查　　余额调整　　试算平衡　　账项调整　　错账更正　　结账　　财务成果

二、思考题

1. 什么是财产清查，意义何在？
2. 试比较永续盘存制与实地盘存制。
3. 如何编制"银行存款余额调节表"？
4. 如何进行财产实物的清查？
5. 进行财产清查核算需要设置哪些账户？如何核算？
6. 如何进行财产清查结果的处理？
7. 什么是试算平衡？如何进行试算平衡？
8. 什么是对账与结账？它们各包括哪些内容？
9. 什么是期末账项调整？
10. 错账更正的方法有哪些？如何更正错账？
11. 如何保管会计账簿？
12. 请帮助小华解释她所遇到的几个问题。

三、实务题

实务一

1. 某企业 2021 年 8 月 23—31 日银行存款账面记录如下：
（1）23 日，开出支票#1153，支付运输费 340 元；
（2）25 日，开出支票#1157，支付购货款 38 340 元；
（3）26 日，存入销货款 42 000 元；
（4）28 日，开出转账支票#1158，支付广告费 8 000 元；
（5）29 日，转账支票存入销货款 30 000 元；
（6）31 日，银行存款账面结存余额 62 498 元。

2. 银行对账单记录如下：
（1）27 日，支票#1157 付出 38 340 元；
（2）28 日，转账收入 42 000 元；
（3）28 日，代付水电费 3 320 元；
（4）28 日，支票#1153 支付 340 元；
（5）29 日，存款利息收入 386 元；
（6）30 日，代收销货款 12 820 元；
（7）30 日，支票#1158 支出 8 000 元；
（8）31 日，结存余额 38 724 元。

要求：根据上述资料，查明银行存款记录与银行对账单不符的原因，编制银行存款余额调节表。

实务二

东鹏公司年终进行财产清查，发现下列事项：
（1）盘亏电动机一台，原价 7 300 元，已提折旧 2 200 元，作非常损失处理。
（2）盘盈机器一台，估价 12 000 元，原价 8 000 元，做营业外收入处理。

(3) 甲材料账面价值 17 110 元，255 千克，发现短缺 5 千克，其中，3 千克为定额内损耗，2 千克为保管人员失职造成。

(4) 盘盈乙材料 25 千克，价值 750 元，经查，其中 20 千克为长兴公司尚未提走的，5 千克为计量错误。

(5) 应收兴丰公司货款 50 000 元，经查，确实无法收回，经批准转作坏账损失。

要求：对清查结果进行相关账务处理。

实务三

东方公司 2021 年 11 月发生以下经济业务。

(1) 开出转账支票 4 200 元偿还上月未付大同公司的货款，编制记账凭证如下：

借：应付账款——大同公司　　　　4 800
　　贷：银行存款　　　　　　　　　　4 800

该凭证已登记入账。

(2) 收到外单位欠款 6 500 元，存入银行，编制记账凭证如下：

借：银行存款　　　　　　　　　　5 500
　　贷：应收账款　　　　　　　　　　5 500

该凭证已登记入账。

(3) 签发转账支票 3 500 元，预付本季度房租，编制记账凭证如下：

借：制造费用　　　　　　　　　　3 500
　　贷：银行存款　　　　　　　　　　3 500

该凭证已登记入账。

(4) 收到包装物押金 800 元，编制记账凭证如下：

借：银行存款　　　　　　　　　　800
　　贷：其他应收款　　　　　　　　　800

该凭证已登记入账。

要求：指出上述会计处理错误之处，并予以更正。

实务四

1. 大华公司 2021 年 10 月月末有关账户余额如下：

单位：元

总　账	明细账	借方余额	贷方余额	总　账	明细账	借方余额	贷方余额
库存现金		4 000		短期借款			9 000
银行存款		24 000		应付账款			40 000
交易性金融资产		27 000			F 企业		22 000
应收账款		25 000			H 企业	14 000	
	A 企业	12 000			W 企业		32 000
	B 企业		4 000	预收账款			5 000
	C 企业	17 000			U 企业	4 000	
预付账款		5 000			V 企业		9 000
	D 企业	6 000		应付职工薪酬			5 000
	E 企业		1 000	应付利润			22 000

续表

总账	明细账	借方余额	贷方余额	总账	明细账	借方余额	贷方余额
其他应收款		7 000		应交税费			3 000
	行政科	5 000		其他应付款			11 000
	某职工	1 000		长期借款			40 000
	保险公司	1 000		实收资本			246 000
原材料		29 000		盈余公积			111 000
生产成本		5 000		本年利润			722 000
库存商品		22 000		利润分配		202 000	
持有至到期投资		677 000					
固定资产		190 000					
累计折旧			15 000				
无形资产		12 000					

要求：根据上表所列资料，编制该企业 2020 年 10 月的资产负债表。

2．新兴公司 2021 年 8 月有关账户发生额如下：

单位：元

账户名称	2021 年 8 月	
	借方发生额	贷方发生额
主营业务收入		520 000
主营业务成本	245 000	
税金及附加	95 000	
销售费用	80 000	
管理费用	60 000	
财务费用	30 000	
投资收益		160 000
营业外收入		50 000
营业外支出	95 000	
所得税费用	81 050	

要求：根据上述资料，编制该企业 2021 年 8 月的利润表。

四、知识与能力拓展

1．财产物资的清查制度有永续盘存制和实地盘存制，这两种制度有各自的优缺点，你有更好的方法吗？
2．除了本章中介绍的更正错账的方法外，你还有更好的方法吗？说说你所采取方法的具体操作和优点。
3．你认为目前的财务会计报表体系还存在哪些不足？是否能全面反映企业的生产经营活动？

参考文献

[1] 中华人民共和国财政部. 企业会计准则. 北京：中国财政经济出版社，2006.

[2] 中华人民共和国财政部. 企业会计准则应用指南. 北京：中国财政经济出版社，2006.

[3] 何任远. 基础会计学. 广州：暨南大学出版社，2003.

[4] 财政部会计资格评价中心. 初级会计实务. 北京：中国财政经济出版社，2004.

[5] 孙建良，王芬，何德宏，张延洁. 基础会计. 上海：上海财经大学出版社，2007.

[6] 韩明君. 基础会计. 北京：经济日报出版社，2007.

[7] 唐国平. 会计学基础. 北京：高等教育出版社，2007.

[8] 刘永泽. 会计学. 大连：东北财经大学出版社，2007.

[9] 周晓苏. 会计学. 北京：清华大学出版社，2007.

[10] 李瑞生. 基础会计学. 北京：中国人民大学出版社，2007.

[11] 高香林. 基础会计. 北京：高等教育出版社，2007.